HISTÓRIAS DA ADOLESCÊNCIA

Experiências em terapia familiar

Maurizio Andolfi
Anna Mascellani

HISTÓRIAS DA ADOLESCÊNCIA

Experiências em terapia familiar

TRADUÇÃO
Aline Pereira de Barros
Paola Aroldi Santagada

Artesã

Histórias da adolescência – Experiências em terapia familiar

COORDENAÇÃO EDITORIAL
Karol Oliveira

DIREÇÃO DE ARTE
Tiago Rabello

TRADUÇÃO
Aline Pereira de Barros
Paola Aroldi Santagada

REVISÃO
Silvia P. Barbosa

REVISÃO TÉCNICA
Juliana Seger Sanvicente

CAPA
Karol Oliveira

PROJETO GRÁFICO E DIAGRAMAÇÃO
Conrado Esteves

A553 Andolfi, Maurizio, 1942-.
Histórias da adolescência : experiências em terapia familiar / Maurizio Andolfi , Anna Mascellani ; tradução: Aline Pereira de Barros e Paola Aroldi Santagada. – Belo Horizonte : Artesã, 2019.
296 p. ; 23 cm.

ISBN: 978-85-7074-031-1

1. Psicoterapia. 2. Psicoterapia familiar. 3. Terapia sistêmica (Terapia familiar). I. Mascellani, Anna. II. Barros, Aline Pereira de. III. Santagada, Paola Aroldi. IV. Título.

CDU 615.85

Catalogação: Aline M. Sima CRB-6/2645

IMPRESSO NO BRASIL
Printed in Brazil

(31)2511-2040 (31)99403-2227
www.artesaeditora.com.br
Rua Rio Pomba 455, Carlos Prates - Cep: 30720-290 | Belo Horizonte - MG
/artesaeditora

A Lorena, Jonathan, Carlo e Giulia

SUMÁRIO

ELENCO DE CASOS CLÍNICOS

Prefácio

HISTÓRIAS DA ADOLESCÊNCIA. Experiências em Terapia Familiar

Luiz Carlos Osório

O convite para escrever o prefácio deste livro proporcionou-me uma imersão nostálgica em momentos significativos da minha trajetória profissional. O mais marcante deles, sem dúvida, está vinculado à minha decisão de fazer o *Praticum III* no *Istituto di Terapia Familiare*, em 1983, com Andolfi e sua equipe. Este foi o ponto de mutação em meu percurso como terapeuta: descolar dos marcos referenciais teórico-clínicos do paradigma linear, padrão causa-efeito, que balizaram minha formação como psicanalista, e assumir o pensamento sistêmico-relacional, o qual, desde então, sustenta minha práxis como terapeuta e consultor de sistemas humanos.

O entusiasmo com a experiência em Roma levou-me ao regresso de supervisionar a tradução do livro recém-lançado em inglês e italiano intitulado "Por trás da Máscara Familiar", do qual também fiz o prefácio e cuja edição em português saiu no ano de 1984. Na apresentação, eu dizia, que a sua leitura somada às vivências proporcionadas pelo curso me trouxeram a impressão de estarmos diante de uma proposta tão original quanto revolucionária no campo psicoterápico, a ponto de, num arroubo hiperbólico, afirmar que estávamos diante da "psicoterapia do futuro". Não foi apenas o contato com as novas ideias que Andolfi nos aportava, mas também o encantamento com seu singular talento como terapeuta de famílias, o que tornou a experiência no *Praticum* tão marcante para mim.

Em fevereiro de 1986, em colaboração com Olga Falceto e Francisco Baptista Neto, realizávamos em Florianópolis um encontro de terapeutas familiares, o qual trazia Andolfi pela primeira vez ao Brasil. Posteriormente, em 1987, fui a Siena com alunos dos cursos anteriores participar do *Metapraticum* voltado a estrangeiros, do *Istituto di Terapia Familiare,* e, desde então, constitui-me no maior incentivador de colegas brasileiros a irem para Roma conhecer as ideias e o trabalho de Andolfi, o qual voltou outras vezes ao Brasil para participar de eventos, além de ter outros livros seus traduzidos e publicados por aqui.

Acabamos por, nos identificar, como "andolfianos", uma família de profissionais influenciados pelo pensamento e estilo terapêutico de Andolfi, de tal forma que, muitas vezes, não conseguimos discriminar onde está a presença do discípulo nos escritos conjuntos com o mestre, como aconteceu comigo na tentativa de assinalar a participação da coautora deste livro, Anna Mascellani, na elaboração do texto. Precisei recorrer a Andolfi para obter a informação de que sua colaboração foi particularmente significativa e preciosa na construção dos capítulos referentes à terapia do divórcio e a dos casais de famílias reconstituídas.

Toda a experiência de aprendizagem é transformadora e, em certo sentido, subversiva e revolucionária. Até o *Praticum*, a imagem que me fora transmitida era a do terapeuta como figura centralizadora nas prescrições que fazia, nas ações que conduzia ou nas interpretações que dirigia ao paciente, e esse, com a conotação passiva que o termo traz, deveria se submeter às iniciativas do terapeuta como via de acesso à cura. A experiência com Andolfi consolidou minha visão do paciente como "agente" de seu processo de cura, além de desencadear em mim um gradativo afastamento da matriz conservadora do paradigma linear.

Ao me defrontar com a tarefa de escrever o prefácio de um livro com as "histórias da adolescência" nas experiências em terapia familiar de Andolfi e sua coautora, outro momento significativo de minha vida profissional em seus primórdios foi evocado: a decisão de colocar o adolescente como objeto primordial de minha atividade clínica e de pesquisa.

Quando fui a Roma, eu já trazia em minha bagagem uma alentada experiência com adolescentes, como psicanalista individual e de grupo. Na década de setenta, eu havia publicado três livros com a temática adolescente, em que temerariamente esboçava ideias que se contrapunham às noções correntes sobre a problemática adolescente e questionava o enquadramento da crise adolescente como expressão de uma "psicopatologia" peculiar a essa faixa etária. Em minha prática clínica já fugia do padrão: entrevista com os pais, depois conversa em separado com o adolescente, devolução diagnóstica para os pais e, finalmente, quando indicada, a abordagem psicoterápica individual ou em grupo do paciente adolescente. Eu entendia que não podia tratar o adolescente fora de seu contexto familiar, mas não sabia bem como fazê-lo.

Como é mencionado no livro, pouco se estudava sobre a adolescência no limiar da segunda metade do século passado. A adolescência era considerada uma invenção do século XX e o adolescente permanecia como o paciente enjeitado da Medicina e da Psiquiatria: pediatras e psiquiatras infantis não se sentiam à vontade em atender aquele que não era mais uma criança, mas tampouco um adulto. Os raros profissionais que ousavam atendê-lo sentiam-se como Freud ao descrever a mente feminina, que estavam frente a um território estranho e inexplorado. Por essa razão, na década de 70, um grupo de psiquiatras de adolescentes das três Américas, do qual eu participava, sob a liderança de Eduardo Kalina, da Argentina, criou o "Fórum Pan-americano para o Estudo da Adolescência" que, durante mais de uma década, se reuniu bienalmente para trocar ideias sobre as perplexidades no trabalho com adolescentes e para que todos expusessem o progresso em seus antedimentos e abordagens psicoterápicas.

Tudo isso aconteceu antes da minha ida ao *Praticum*, em Roma, de onde retornei tendo assimilado o modelo trigeracional adotado por Andolfi, o qual influenciou não só o meu trabalho com os adolescentes e suas famílias, mas também o atendimento a casais, outro desafio que eu estava enfrentando no início da década de 80.

De regresso encontrei, como esperava, aliás, forte resistência dos familiares a participarem do processo terapêutico dos adolescentes que traziam para serem tratados. Lembro-me de uma ocasião em que uma mãe indignada dizia:

"— Meu filho é quem está com problemas, a família está muito bem, obrigada. Trouxe ele aqui porque soube que o senhor é um grande especialista em adolescentes e queremos para ele o melhor".

— "Minha senhora – respondi – então terá que levá-lo a outro colega, pois não sei tratar adolescentes sem a ajuda de suas famílias."

E, me sentindo respaldado pelo aval do mestre lá do outro continente, mantive firme a minha decisão de não me submeter aos desejos dessa senhora, assim como de outros pais, declarando-me incompetente para tratar filhos adolescentes sem a participação da família.

Essa resistência foi gradativamente declinando pela ação conjunta dos terapeutas de família de linhagem sistêmica, fugindo à esfera da influência da ortodoxia psicanalítica vigente em nosso meio. E, graças a Andolfi, pude criar uma nova identidade como "especialista em adolescentes", embora conservando meu entusiasmo com os resultados obtidos nas terapias com grupos de adolescentes, por valorizar o grupo de iguais como um espaço privilegiado de apoio recíproco para a superação dos conflitos e das angústias próprias dessa faixa etária.

Voltando ao texto do presente livro.

Antes de nos apresentar suas criativas contribuições para a abordagem dos adolescentes e suas famílias, na complexa e multifacética realidade do mundo contemporâneo, Andolfi menciona alguns pontos chaves para a compreensão da adolescência, os quais, mais uma vez, evidenciam minha afinidade com suas ideias, por isso os subscrevo por inteiro:

> *a adolescência não é uma doença: não devemos estigmatizar como patológico o comportamento dos adolescentes; a adolescência não é a idade da desvinculação: a necessidade de separação do adolescente é tão forte quanto à exigência de pertencimento; o adolescente possui a história familiar em seu interior; o grupo de pares é um laboratório de conhecimento e de experimentação fundamental para o adolescente.* (Andolfi, 2019)

E se não me alongo citando outras ideias que endosso é porque penso que um prefácio não deve ser um resumo da obra, mas uma oportunidade de interagirmos com ela, estimulando os leitores a fazer o mesmo.

Na farta ilustração clínica que o livro nos traz, podemos ver como Andolfi se move com suas notáveis habilidades como terapeuta para lidar com o polimorfismo dos problemas e conflitos familiares na contemporaneidade.

Rastreando a abordagem dos casos apresentados, vamos encontrar alguns elementos que referenciam sua práxis clínica atual: a busca das competências dos membros da família para guiar o processo terapêutico; a ampliação do sistema terapêutico com o grupo de iguais dos adolescentes; a construção de fortes alianças terapêuticas, tanto com o paciente identificado, como com eventuais "co-terapeutas" que emerjam do sistema em atendimento; o adolescente como porta de entrada às situações subjacentes de sofrimento familiar e, em contrapartida, a família como meio de acesso ao sofrimento do adolescente; o diálogo do terapeuta consigo mesmo (supervisão interna) como âncora das emoções que acompanham seu trabalho de pesquisa com a família que, se por um lado visa não contaminar o espaço terapêutico com experiências familiares anteriores do terapeuta, por outro tende a favorecer seu crescimento pessoal e dar sentido ao seu papel profissional.

Em suma, a par de sua original maneira de abordar as famílias, Andolfi nos encanta por seu talento como terapeuta, pela forma como integra diferentes maneiras de pensar no universo da nossa atividade psicoterápica, sem discriminar nenhuma delas, de acordo com a concepção sistêmica, na qual diferentes olhares ampliam a visão do todo. O respeito à diversidade comparece na forma como inseriu em sua equipe profissionais com diferentes referenciais teórico-técnicos: psicanalistas, psicodramatistas, terapeutas influenciados por filosofias orientais, e assim por diante. Mas, sobretudo, sobressai seu humanismo no trato com o sofrimento dos pacientes, sua maneira de interagir e compartilhar emoções com o sistema familiar, bem como sua independência em relação aos preceitos técnicos, resumidos nesta frase com que encerra o texto, comentando o desfecho de um de seus atendimentos, e onde encontramos a marca registrada deste grande mestre da terapia familiar mundial:

> "... momentos íntimos e únicos, onde as lágrimas e a comoção se unem e dão força à família, bem como aos terapeutas, em um verdadeiro encontro, no qual a essência do ser humano é tocada e nos livramos de tantas superestruturas inúteis que nós, terapeutas, frequentemente construímos para desempenhar essa profissão fantástica". (Andolfi, 2019)

Andolfi enfatiza a riqueza da visita domiciliar no contexto de uma terapia familiar, e a menção a isso me trouxe a mais remota das evocações que seu livro me proporcionou. Iniciei minha vida profissional como pediatra e, enquanto meus colegas luziam seus jalecos brancos no território protegido de seus consultórios e consideravam isso o ritual consagrador da escolha de sua especialidade, eu privilegiava as visitas domiciliares como veículos indispensáveis para aprimorar minha competência na especialidade. Nelas, por exemplo, podia constatar porque, muitas vezes, um antibiótico prescrito não estava obtendo seus resultados por não ser administrado como deveria por uma avó desmemoriada ou uma babá negligente; por outro lado podia atender o doente e não a doença, visualizando-o no contexto de seu ambiente familiar. Quero crer que com essas experiências de visitas domiciliares como pediatra estava esboçando o terapeuta familiar em que me tornei, legitimado pela postura que Andolfi expressa neste trecho do texto:

> *"Ao explorar os espaços familiares, os quartos dos pais e dos filhos, a cozinha, a sala, o layout do banheiro e ao ouvir como eles vivem poderíamos ter, em menos de meia hora, muito mais informações sobre a qualidade das relações familiares e sobre suas dificuldades do que fazer várias sessões em nossos consultórios profissionais. Em muitos casos, poderíamos entender em pouco tempo a natureza de tantas distorções relacionais".* (ANDOLFI, 2019)

E foi num desses atendimentos domiciliares que vivi um dos momentos mais tocantes de minha experiência como terapeuta de famílias. Com o propósito de interagir com os conteúdos do livro e enfatizar a presença de Andolfi naquele que, talvez, seja o seu maior legado aos seus discípulos, segue breve relato, onde se evidencia o aprendizado de como criar um clima propício à emergência do sofrimento psíquico e dos segredos que afligem os membros de uma família.

Certa ocasião, após meu expediente no consultório, fui atender em domicílio uma família que pela primeira vez podia reunir a totalidade de seus membros em torno do "paciente identificado", um idoso deprimido que, recentemente, sofrera um acidente automobilístico por ter dormido à direção enquanto levava um neto e seu amigo a passeio, felizmente sem nenhum ferido. Ele era um europeu que migrara para o Brasil após a 2ª Guerra Mundial, que aqui casara e tivera filhos.

Era uma noite fria de inverno, o ambiente aquecido por uma lareira, e a conversa girava em torno das preocupações de todos com o que julgavam ser a razão do acidente: o cansaço daquele senhor que ainda era o principal provedor de uma família de limitados recursos, a qual compartilhava a mesma casa e os anexos que a ela foram sendo acrescentados para abrigar todos.

Uma das netas estava sentada numa almofada ao chão com a cabeça recostada ao joelho do avô e num determinado momento encarou-o e indagou:

"— Vovô, por que você é sempre tão triste? Já era assim quando criança? Nunca nos contou nada daquela época antes de vir para o Brasil!"

A partir de então, Frans, o avô, com os olhos marejados de lágrimas, fixando o olhar receptivo e encorajador que lhe dirigi, contou que tinha uma grande vergonha de seu pai por ele ter sido um colaboracionista dos nazistas durante a guerra e, por isso, ter sofrido discriminações por parte de seus conterrâneos após o término da guerra, o que foi determinante em sua decisão de migrar tão logo se fez adulto. Ele disse que nunca pôde comentar isso nem mesmo com sua esposa.

Com a participação decisiva da neta como minha "co-terapeuta", pudemos auxiliar seu avô a rememorar boas lembranças do convívio com seu pai e entender que a atitude dele fora mais um gesto de amor pela família, a quem pôde proteger e sustentar durante o domínio nazista, do que uma traição à pátria. Com este "*insight*", e uma redistribuição das tarefas provedoras que o sobrecarregavam, não só ocorreu a remissão do quadro depressivo do paciente identificado, como outros membros da família experimentaram uma série de eventos transformadores, capazes de dar um novo rumo aos seus projetos existenciais.

Frans era um armador, construtor de barcos de pesca e pequenos veleiros e, embora construísse embarcações para seus clientes, nunca havia feito um para seu próprio uso. E esse era um de seus sonhos não realizados: construir um pequeno barco em que pudesse sair com seus netos a passear e pescar no rio que margeava a cidade. Esse projeto de vida ele pôde realizar a partir desse encontro familiar.

Por que, neste prefácio, me estendi no relato desse fragmento referente a um atendimento domiciliar o qual eu fiz? Porque entendo que nele comparece não só o legado do *modus operandi* da abordagem trigeracional de Andolfi, como sua decisiva influência na adoção do olhar prospectivo que hoje referencia minha atividade terapêutica. A vida de todos nós é o que está por vir e o caminho a percorrer, independentemente da idade que temos, é o que transcende a experiência terapêutica.

A Psicanálise, mãe de todas as psicoterapias dinâmicas, tem seu foco metodológico no passado, na elaboração das situações traumáticas vivenciadas pelos pacientes como via para a cura. A terapia familiar sistêmica nos ensinou a articular tais sofrimentos passados com as interações disfuncionais atuais dos membros de uma família. Entretanto, há um "mais além" que está nas entrelinhas dos atendimentos e ilustram este livro, não só por se tratarem de adolescentes – a geração do futuro –, mas também porque esse futuro se mostra caótico e imprevisível para todas as idades, com crescentes índices de violência física do indivíduo contra si mesmo, contra seus semelhantes e contra a natureza da qual depende a sobrevivência da espécie. E é nesta ambiência que exercemos nossa atividade profissional, e não podemos ignorar as ameaças que circulam nos sistemas societários, amplificando o mal-estar nas famílias que atendemos.

Nesse contexto, ter o futuro como referência passou a ser um "*must*" em minhas abordagens terapêuticas e, mais uma vez, nessa conexão do aqui e agora da sessão terapêutica, com o vir a ser da família no seu amanhã, imersa num mundo em aceleradas e imprevisíveis transformações, encontro a presença de Andolfi, com o estímulo para que seus discípulos busquem seus próprios caminhos, pautados pela independência em relação a parâmetros técnicos restritivos, guiados pela leitura empática do sofrimento dos membros da família e, sobretudo, deixando-se conduzir pela intuição criativa no curso do processo terapêutico.

Que os leitores possam, nas páginas que seguem, usufruir esse estimulante convívio com as ideias do autor e a originalidade de suas abordagens com os adolescentes em suas famílias!

Capítulo 1

A ADOLESCÊNCIA: ETAPA COM FREQUÊNCIA INCOMPREENDIDA DO CICLO VITAL DA FAMÍLIA

"O *cedê*, o *plaistation*, o *aifone*, o *emepetrês*, o *feicebuque*, a *balada*...", no lugar do radinho, do jogo de tabuleiro, da ficha telefônica, do mural, do toca-discos, do jogo da garrafa. O adulto de hoje está, com frequência, confuso perante os filhos adolescentes. Conhece-os, mas não os conhece. Não sabe bem se são indivíduos grandes ou pequenos e, principalmente, como devem ser tratados. Está preocupado. A sensação é de não conseguir compreender e adentrar, sem atrapalhar demais, o mundo dos jovens, um mundo freneticamente mutável e, principalmente, de limites ilimitados. Qualquer um que tenha um filho adolescente, em nossos dias, prepara-se para passar um período difícil, por não se sentir suficientemente munido e seguro para enfrentar as mudanças que o filho lhe impõe em uma sociedade muito diferente daquela de um tempo atrás. Mas por que tanto medo da adolescência?

A realidade é, como sempre, complexa. Todavia, uma olhada no panorama Família e Sociedade do último meio século pode nos fornecer alguns elementos sobre os quais refletir para termos uma resposta.

Hoje um pai ou mãe, com frequência, possui uma diferença de idade maior em relação a seus filhos do que tinha em relação a seus pais quando era adolescente. As famílias envelhecem cada vez mais: em uma proporção de menos de uma sobre três encontramos um chefe de família com menos de 45 anos (Volpi, 2007). Os filhos, com frequência únicos, são geralmente programados em número e em tempo, assumindo cada vez mais a importância de uma escolha do casal, quando não individual; os filhos, cada vez com mais frequência, representam um tipo de cereja do bolo da realização pessoal, que passa primeiro pelo alcance de diversas metas, das formativas, sempre mais demoradas, às profissionais. Dessa forma, um filho também pode representar uma meta de vida e, como tal, pode assumir uma importância muito grande, seja no que diz respeito às instâncias psicológicas pessoais e de casal, seja por aquilo que concerne à aprovação social de seus pais: deve ser saudável, bonito, inteligente e, principalmente, não ter e não causar problemas. Gerar um filho, hoje, tornou-se um empreendimento; ser pai ou mãe é uma profissão qualificada, livros e revistas sobre o assunto se multiplicam, cursos específicos sobre parentalidade se alastram. O filho, no centro das atenções sociais, é considerado como uma criatura a ser protegida em seus direitos, quase alheia aos deveres, correndo o risco de se tornar um elemento passivo, enquanto os pais e suas capacidades de confeccionar um bom produto e de não danificá-lo tornam-se a medida do sucesso familiar. Por outro lado, se na família moderna é menor a essencialidade dos filhos (Volpi, 2007), quando eles existem, são frutos de uma escolha, que deve manifestar-se como ato responsável por parte de dois adultos, e não, como se dizia a um tempo, como "um presente de Deus". Se os filhos crescem bem, é o dever das famílias que seja assim. Se, em vez disso, ficam mal, esta família não é digna deste nome. Sobre esses pais se pergunta: por que colocaram filhos no mundo se não podiam mantê-los, instruí-los e fazê-los crescer como se deve?

Nos dias atuais, uma sentença da Corte de Cassação[1] julgou ser obrigação de um pai e de uma mãe sustentar seu filho de 35 anos que não teve condições de conseguir um trabalho adequado à sua formação e que nunca conseguira se adaptar a um trabalho alternativo; neste caso, a lei sustenta que a adolescência possa se prolongar até a idade de 35 anos. A adolescência se tornou um pedaço da vida que se está ampliando excessivamente, produzindo uma grande confusão sobre quais sejam os elementos centrais que definem os problemas relativos a ela.

[1] N.de T. A Corte de Cassação da Itália equivale, em linhas gerais, ao Superior Tribunal de Justiça brasileiro, sendo a última instância de análise de direito constitucional. No entanto, como diz o nome, a Corte italiana apenas cassa ou mantém as decisões das instâncias inferiores e as devolve para rejulgamento, quando é o caso.

Hoje em dia, a adolescência aparece como sendo a fase mais confusa do ciclo vital, inclusive para os especialistas. A psicologia relacional sistêmica, abordagem que se ocupa das problemáticas individuais em relação aos contextos, não produziu literatura suficiente sobre crianças e adolescentes. Existem diversos artigos que abordam este tema, no entanto, não existe um só texto que se intitule "A adolescência no ciclo vital da família", nem "A adolescência na terapia familiar".

A adolescência é o período crítico menos claro, até porque nunca se definiu que período é este. Segundo a psiquiatria e a psicologia clássica, considera-se adolescente o jovem entre 14 e 18 anos, o *teenager*, como se diz em inglês, enquanto dos 11 aos 13 anos devemos falar de pré-adolescentes. Com o alcance da maioridade, por sua vez antecipada para 18 anos *versus* os 21 de alguns anos atrás, se deveria lidar com uma pessoa adulta. Porém, quantos de nós podemos afirmar que uma pessoa de 18 anos seja adulta? Até poderíamos defini-la assim, mas saberíamos bem estar ainda falando de um adolescente. A psicologia cunhou o termo *adolescência prolongada* (Scabini, 1997), a qual, todavia, não fica claro quando termina.

Os terapeutas sempre tiveram mais facilidade em trabalhar com os adultos que com os menores de idade. Para muitos profissionais é sempre mais simples pensar que o adolescente seja um indivíduo de 20, 25 anos, porque é muito mais fácil conversar com estes que com um rapazinho de 15 anos. Até 30 anos atrás não existia um serviço para adolescentes em psiquiatria: existia a psiquiatria infantil, que se ocupava de crianças até 14 anos, e a psiquiatria para adultos, que se ocupava de adultos a partir de 18 anos, gerando um *gap* de quatro anos. Jovens de 15 anos, se não fossem muito desenvolvidos fisicamente e não apresentassem problemas graves de comportamento, eram encaminhados à Neuropsiquiatria Infantil; se, por sua vez, fossem bem desenvolvidos fisicamente e manifestassem comportamentos agressivos, eram encaminhados à Neuropsiquiatria para Adultos. Somente nos anos de 1980 que se começou a considerar a adolescência como um período da vida por si só e surgiram numerosos centros de "adolescentologia", embora existam pouquíssimas realidades de acolhimento para adolescentes no mundo da medicina. Ainda hoje, um pediatra atende indivíduos de 0 a 18 anos: por sua formação, ele enxerga sempre e somente uma criança.

PSICODINÂMICA DA ADOLESCÊNCIA

Os precursores estrangeiros

O modelo psicanalítico considera a adolescência como o período da vida do indivíduo em que ocorre uma remodelagem da identidade baseada em diversos processos de identificação, em mudanças dos vínculos com os diferentes objetos edípicos e na integração da pulsão genital à personalidade. A perspectiva psicanalítica também se baseia em um postulado: a possibilidade de descrever e compreender a adolescência como um processo psicológico relativamente homogêneo dentro da mesma sociedade.

Alguns psicanalistas conceitualizam a adolescência como um período crítico: distinguir as manifestações típicas da fase de transtornos psíquicos permanentes é difícil, quando não impossível. Outros autores conceitualizam a adolescência como uma etapa do desenvolvimento que pode ter, por sua vez, fases diferentes próprias e cuja função no geral se reaproxima daquela da primeira infância, em particular na dinâmica da separação-individuação. De acordo com esta última concepção, a adolescência representa um processo que implica diferentes tarefas que devem ser realizadas para chegar à idade adulta, acessar a estabilidade das relações de objeto e a possibilidade de se tornar, por sua vez, pais de crianças e adolescentes (Ammaniti; Novelletto, 1994).

Erik Erikson (1968) foi um dos primeiros psicanalistas a considerar a adolescência como uma etapa bem definida do ciclo vital. Ele ocupou dentro da Psicologia do Eu, que dominou a psicanálise americana até os anos de 1970, uma posição cultural bastante original: incluiu o desenvolvimento da criança e do adolescente no quadro de um complexo plano de adaptação do indivíduo ao contexto social para aquisição de um firme senso de identidade, em contato com o mundo e capaz de construir relações.

Erikson sofre a influência de uma ligação significativa com a escola interpessoal neofreudiana (K. Horney, E. Jacobson, H. Sullivan, E. Fromm), a qual, naqueles anos, se opunha ao campo da Psicologia do Eu, e que foi fortemente revalidada na época pós-moderna por ter ressaltado uma espécie de ponte entre o intrapsíquico e o interpessoal. Por outro lado, a abordagem intersubjetiva e os conceitos de identidade e de capacidade de relação figuram particularmente adequados com o período da adolescência. Insistindo na busca de identidade da juventude contemporânea, Erikson abriu caminho a uma compreensão psicossocial da crise adolescente (Maggiolini; Pietropolli Charmet, 1994).

A vida inteira, de acordo com Erikson, é descrita como um processo formado por oito estágios ou etapas. Cada estágio representa uma tarefa psíquica definida e se traduz por uma crise particular. Erikson utiliza o conceito de *epigênese* para indicar a organização progressiva do indivíduo, que é uma construção dependente tanto de fatores genéticos, quanto das informações colocadas à disposição pelo ambiente. A epigênese estende-se por toda a vida. Com um olhar bastante inovador no panorama da psicologia, Erikson observa que a crise da meia-idade (*midlife crisis*) dos pais chega contemporaneamente à crise dos adolescentes, provocando, por vezes, profundas perturbações familiares.

A identidade é vista como síntese e integração entre as diversas partes da personalidade do adolescente, como sentido da continuidade histórica do Eu e exterioridade social das funções de Si. A antítese da identidade alcançada é a dispersão de si, o que Erikson define como *identidade difusa*, compreendida como desagregação do Eu em partes internas separadas ou em âmbitos relacionais não simbolizáveis pelo sujeito. Esta falha prejudica a possibilidade de o jovem ingressar em uma vida adulta e experimentar a intimidade, uma vez que somente quando se formou um verdadeiro senso de identidade pode-se chegar a experimentar a intimidade consigo mesmo e com o outro, aquisição que caracteriza a fase sucessiva, pós-adolescente, do desenvolvimento individual.

O pensamento eriksoniano caracteriza-se por uma visão não determinística da adolescência, que é conceitualizada como uma fase evolutiva na qual todas as fases precedentes do desenvolvimento são colocadas em discussão e podem, então, ser reorganizadas. Ele prefere falar de *transtornos situacionais* dos adolescentes para indicar que se trata de transtornos ligados a uma situação particular, mas sem que sejam consequência, por um lado, de um determinismo causal particular (implícito na noção psicanalítica de *transtorno reativo*) e sem definir, por outro lado, uma precisa organização estrutural, em oposição, assim, à definição de *transtornos estruturais*.

Outro autor que se insere na Psicologia do Eu, mas que pode ser considerado um precursor da psicologia do desenvolvimento, é Peter Blos (1962, 1979). Retomando os conceitos desenvolvidos por Margareth

Mahler a partir de sua pesquisa sobre o recém-nascido e sobre a relação mãe-criança, Blos comparou o processo juvenil com o processo de separação da criança descrito por esta autora. A sua teoria, considerada, em parte, superada pela própria psicanálise, apresenta, contudo, diversas contribuições teóricas e clínicas de grande utilidade. É sua a primeira tentativa de abordar a adolescência em suas diferenças de acordo com a idade.

Particularmente atento às funções do Eu e aos seus processos maturativos, Blos subdivide a adolescência em diversas fases sequenciais, muito diferentes entre si. A *pré-adolescência* é caracterizada por um aumento da tensão pulsional ligada à puberdade. A *primeira adolescência* inclui diversas tarefas: o início do processo de separação dos pais, a renúncia à ilusão infantil da bissexualidade e a construção dos ideais do Eu. Tornam-se cruciais, neste período, o grupo de pares, os ídolos do esporte, da música e do *show business*, os professores, os amigos do peito, as paixonites. A *segunda adolescência*, que constitui a adolescência propriamente dita, caracteriza-se mais primorosamente pela busca do objeto de amor, experiência que pode ser fácil para alguns adolescentes, mas para outros pode ser muito problemática. A *adolescência tardia* e a *pós-adolescência*, por fim, são as duas últimas fases que, no esquema de Blos, aparecem pouco diferenciadas e que dizem respeito à obtenção de um Eu orgânico e integrado e à constituição de um Eu coeso, compreendido como um princípio organizador que supervisiona a integração entre os vários processos identificadores que definem o Eu, os ideais do Eu e um Superego maduro, coerente e flexível (Maggiolini; Pietropolli Charmet, 1994).

Um pioneiro que vê a adolescência como um período do desenvolvimento de extrema importância pela concretização da independência individual é Donald Winnicott. Médico, pediatra, observador cuidadoso das interações entre mãe e criança, Winicott é particularmente atento à relação do adolescente com o ambiente social. É nesta ótica que ele indica as principais necessidades evolutivas do adolescente.

Winnicott (1965), diferentemente de outros psicanalistas, focou sua atenção na profunda angústia do adolescente, que deve necessariamente equilibrar-se entre forças contrastantes. A ambivalência é reconhecida como uma característica típica do *status* da adolescência, sendo necessária para poder alcançar a independência individual. Ela se manifesta como uma alternância entre um arrogante espírito de independência e um espírito regressivo em direção à dependência infantil. Os adolescentes desafiam o ambiente familiar do qual dependem e, concomitantemente, incitam a sociedade como se buscassem uma ruptura ao mesmo tempo em que desejam profundamente manter os laços, mesmo que isso se manifeste sob forma de revolta. Não existe nada pior para um adolescente que revoltar-se contra ninguém (WINNICOTT, 1965). O que importa, afirma Winnicott, é que a provocação do adolescente seja acolhida, caso contrário a ruptura total dos relacionamentos leva o jovem a se confrontar com o vazio ou com uma regressão que, na maioria das vezes, terá dificuldades em superar. "Se nas fantasias da infância existe a morte, nas de adolescência existe o homicídio (...) crescer é, por natureza, um ato agressivo" (WINNICOTT, 1971).

O adolescente visto por Donald Meltzer é aquele que, mesmo parecendo preocupado principalmente com a sexualidade, preocupa-se sobretudo, na realidade, com o conhecer e o compreender (MELTZER; HARRIS, 1979). Já Bion (1963), ao qual Meltzer se vincula, salienta que, assim como o corpo necessita de alimento para viver, o aparato mental necessita de verdade. Se, assim, a adolescência é marcada pela paixão pela verdade, a descoberta de que os próprios pais não são onipotentes, e nem sábios e oniscientes, é fonte de uma imensa consternação para o adolescente. Ele deve levar em conta que o conhecimento é uma conquista solitária e árdua, que comporta a capacidade de tolerar a confusão e o sofrimento necessário, seja para aceitar a própria fragilidade e impotência, seja para abandonar as ilusões infantis (MAGGIOLINI; PIETROPOLLI CHARMET, 1994).

Muito interessantes são as diversas soluções que o adolescente pode adotar para avançar em seu caminho (MELTZER; HARRIS, 1979): uma primeira categoria de adolescentes busca permanecer em família, adquirindo o conhecimento de modo passivo, por mimese, e acessando um mundo adulto que, não obstante, reproduzirá em modo passivamente imitativo; a segunda categoria diz respeito a adolescentes precocemente adultos, muito provavelmente voltados para a realização de ambições não atingidas por seus pais; uma outra solução é a de isolar-se do mundo dos coetâneos em uma espécie de isolamento anestesiante, que preocupa os pais, mas não o jovem, o qual, do lugar em que ocupa, vive de certa forma uma ilusória sensação de onipotência; os adolescentes mais saudáveis, por outro lado, aceitam fazer parte da comunidade de coetâneos em busca da verdade, tolerando as experiências depressivas que tal busca acarreta.

Os precursores italianos

Além dos numerosos centros e escolas presentes no cenário cultural, educativo e terapêutico italiano que fazem clara referência a vertentes de pensamento de grande prestígio no âmbito da história da psicanálise (A. Freud, D. Winnicott, M. Klein), diversos autores italianos produziram uma reflexão teórica original, mais atenta ao novo e, contemporaneamente, orientada a integrar diferentes modelos teóricos, em sintonia com as características da adolescência. Por este ponto de vista, é possível identificar uma "Escola italiana" da adolescência.

O primeiro a sistematizar o seu trabalho com os adolescentes, durante a década de 1980, foi Tommaso Senise, o qual construiu um modelo de intervenção denominado *consulta e psicoterapia breve de individuação* (Aliprandi; Pelanda; Senise, 1990). Pela primeira vez, em âmbito psicanalítico, fala-se de consulta, atribuindo um valor ao que, até o momento, fora sempre muito pouco considerado. O sentido da psicoterapia breve é interferir o mínimo possível nos naturais processos evolutivos do adolescente, com o único objetivo de reativá-los rapidamente, se possível, para, então, devolvê-los ao seu natural estímulo interno. O termo *individuação*, por fim, refere-se não tanto à resolução do conflito sexual, mas sim à possibilidade do adolescente de encontrar-se como um sujeito separado dos outros. São, sobretudo, as vicissitudes da relação com o objeto que decidem a modalidade pela qual o adolescente poderá enfrentar a difícil tarefa da separação. Na sequência das teorizações de Senise, numerosos centros de psicanálise voltados à adolescência surgiram em Milão.

Em Roma, um autor que desperta grande interesse é Arnaldo Novelletto. Ele também se caracteriza por uma abordagem teórico-clínica que presta uma atenção especial aos contextos de vida do adolescente. A contribuição particular de Novelletto diz respeito à integração da categoria do *Self* no complexo sistema conceitual do esquema tripartido freudiano, construindo uma representação do aparato psíquico em que Eu e *Self*, de um lado, e Id e Superego de outro, constituem duas polaridades dialéticas de organização da vida psíquica em interação recíproca, particularmente problemática durante a adolescência (Novelletto, 1986).

Outro autor italiano de particular importância é Gustavo Pietropolli Charmet. Grande divulgador, além de estudioso dedicado, ele conseguiu com frequência tornar acessível ao público o seu pensamento teórico-clínico. Retomando a reflexão teórica de Franco Fornari, centrada na ideia de *código afetivo primário*, Pietropolli Charmet integra a ela as tarefas evolutivas primárias (PIETROPOLLI CHARMET; ROSCI, 1992), mantendo uma abordagem naturalística e evolutiva, atenta às mudanças socioculturais, às novidades antropológicas, às transformações dos contextos de vida e às reorganizações internas com as quais, no plano intrapsíquico, o adolescente se depara na sucessão dos períodos históricos.

O trabalho clínico de tais autores italianos e de seus seguidores, além de ser frequentemente criticado pela psicanálise mais ortodoxa, afasta-se desta no que diz respeito às hipóteses diagnósticas e às modalidades de intervenção; todavia, nenhum desses autores nunca consideraria útil uma sessão do adolescente acompanhado de sua família. A sacralidade do *setting* individual nunca foi infringida mesmo por eles. Nos casos em que se julga útil convocar os pais, eles são atendidos em sessões separadas por terapeutas diferentes, realizando um trabalho sobre linhas paralelas de intervenção.

Um último autor que é muito dedicado ao estudo da adolescência é Vittorino Andreoli. Este, mais próximo a uma concepção evolutiva da psicopatologia, considera a adolescência como o tempo da metamorfose: é aguda, rápida, associando a mudança somática e a emotiva da personalidade (ANDREOLI, 2006). A adolescência, em resumo, representaria a distorção completa dos pontos de referência. A metamorfose somática contempla a mudança hormonal e também corporal: o adolescente não se gosta e põe em prática uma série de recursos para disfarçar um corpo indesejado por meio dos rituais da maquiagem, do *piercing* e das tatuagens. A metamorfose da personalidade tem a ver com a transformação do *Self* e das relações intergeracionais: os pais são percebidos de maneira diferente. A metamorfose social, ainda, coloca o adolescente em confronto não mais com o mundo familiar, mas com o grupo de pares. Muda a relação com a escola e com os locais de encontro: o bar, a praça, o pub. Por fim, até a relação com os adultos se modifica. Esta perturbação conduz o adolescente a uma profunda crise de identidade, na qual os pontos de referência antigamente claros e estáveis perdem sua validade e sua funcionalidade.

Esta crise de identidade, segundo Andreoli, faz com que a adolescência seja facilmente equiparável a uma época de insegurança e de medo. Frente a este último ativam-se os mecanismos de defesa clássicos: a fuga ou a violência. A fuga pode manifestar-se com uma verdadeira fuga de casa ou como uma fuga psicológica mais ou menos grave: a depressão como fuga de si mesmo, o isolamento da escola como fuga dos outros, tendo o próprio quarto como refúgio, a tentativa de suicídio como fuga do mundo. A violência, por sua vez, pode ser praticada contra os outros, por meio de gestos destrutivos dirigidos à família ou à sociedade (*bullying*), ou contra si mesmo por meio do uso de drogas, de álcool, pelos transtornos alimentares e automutilações.

As concepções de Andreoli mostram-se muito estimulantes para um terapeuta familiar. Sobretudo o conceito de "transformação das relações familiares" leva logo a refletir sobre como devam se sentir os pais frente a uma mudança tão radical do filho. Para os pais está é uma experiência dramática. Muito trabalho, na realidade, deveria dizer respeito especificamente aos pais que devem aprender a tolerar a ansiedade, o medo, a incerteza e, principalmente, o sentimento de inadequação que experimentam diante de um filho "que não é mais o mesmo"! Na verdade, para os pais, este período é como um preço a pagar, um teste de resistência por parte dos jovens, travado entre o estar dentro e o estar fora da família.

A insegurança e o medo na adolescência não constituem um mal ou uma psicopatologia, mas são ingredientes fundamentais para o crescimento. Existem pessoas que nunca experimentaram isso; trata-se de pessoas que nunca foram adolescentes, que "pularam" essa fase evolutiva. São com frequência indivíduos que poderiam viver a adolescência mais tarde, na fase adulta, assumindo para si riscos muito maiores.

O SISTEMA DO *SELF* DO ADOLESCENTE

As transformações psicodinâmicas do indivíduo adolescente possuem, sem dúvida, uma valência singular: o processo evolutivo segue uma estrada tortuosa, feita de retas e curvas, de expansões e contrações. *Dentro* e *fora* colocam-se no mesmo eixo de equilíbrio em busca da harmonia. Se a psicanálise, salvo por algumas exceções tratadas anteriormente, comete o equívoco de subvalorizar o mundo relacional do indivíduo em fase de desenvolvimento, muitos teóricos e clínicos sistêmicos que se ocuparam da adolescência parecem negligenciar a importância das leis próprias do intrapsíquico e do que é endógeno, lendo a realidade somente pela lente das relações. A adolescência, na realidade, não é predisposta por algum jogo familiar ou de casal; quando muito, é predisposta pela natureza.

Paradoxalmente, a adolescência, em função dessas suas características específicas, poderia ser colocada justo naquela zona de sombra que separa a psicanálise das teorias sistêmicas: os psicanalistas, totalmente voltados ao intrapsíquico; os sistêmicos-relacionais, às relações.

Um autor sistêmico que tem o mérito de tentar integrar as dimensões intrapsíquica e relacional do adolescente é Luigi Baldascini. Em seu livro *Vita da adolescenti* (1993), se reconhece o esforço constante de unir o particular e o universal, de detectar ligações e conexões entre os mundos nos quais o adolescente se move em busca da própria identidade.

> A psicopatologia juvenil é trazida com frequência para a família, às vezes para a escola, com muita frequência ao interior do próprio adolescente, porém, se olharmos bem, ela interessa sempre a todos os sistemas, pois é extremamente correta a busca por um modelo teórico de referência e por um modelo clínico de intervenção que leve em conta esta complexidade. (Baldascini, 1993)

O sistema do *Self*, segundo Baldascini, instala-se no adolescente como um único organizador que conecta todos os sistemas intrapsíquicos entre si e estes com os interpessoais. É uma espécie de reservatório dinâmico de tudo aquilo que decorre do que o autor define como *articulação intersistêmica*.

Os subsistemas intrapsíquicos incluem: o *sistema cognitivo*, ou seja, as funções do pensamento; o *sistema emotivo*: o sentir, o impulso espiritual, o corar-se, a contração da musculatura lisa; o *sistema motório-instintivo*: a prevalência das funções do instinto e do movimento, o impulso de agir, de bater, o impulso sexual.

Os subsistemas interpessoais compreendem: o *sistema familiar*, com suas fronteiras, sua flexibilidade, seus moldes relacionais; o *sistema de pares*: experimenta-se o agir, o bem-estar afetivo ("estamos bem juntos!") e a validação cognitiva ("pensamos todos assim!"); o sistema relacional adulto, ou seja, o impulso à competição construtiva, ao cuidado com os outros, a assumir responsabilidades, possível evolução da ambivalência do adolescente.

A articulação intersistêmica, segundo esta teoria, prevê duas possibilidades, segundo um *continuum* que vai da normalidade à patologia: a primeira é a *mobilidade intersistêmica*, compreendida como a articulação sincrônica dos diversos sistemas de origem e que permite ao adolescente utilizar, com objetivo de um desenvolvimento harmônico, os recursos que emanam, baseados em suas funcionalidades específicas, de seus diversos sistemas de referência. A segunda é constituída pela *imobilidade intersistêmica*, que leva, por sua vez, a diversas formas de psicopatologia.

A TEORIA TRIGERACIONAL DA ADOLESCÊNCIA

A partir dos estudos pioneiros de Murray Bowen (1979) e de James Framo (1992), a abordagem relacional sistêmica deu profundo valor ao processo de diferenciação do *Self* da própria família de origem. Em outras palavras, no equilíbrio dinâmico entre pertencimento e separação, cada indivíduo, no curso de sua história, deveria estar à altura de se emancipar da própria família, superando as necessidades de dependência.

O modelo trigeracional, como foi proposto por diversos precursores da terapia familiar, entre eles Whitaker (1989), Bowen (1979), Framo (1992), Williamson (1982) e, após, elaborado por Andolfi em numerosas publicações científicas (Andolfi, 2000A, 2003; Andolfi; Angelo; D'Atena, 2001; Andolfi et al, 2007), prevê a observação das relações familiares em sua evolução no tempo. É um modelo que leva em conta tanto a dimensão estrutural (Minuchin, 1974), quanto a dimensão histórico-evolutiva do sistema com o qual o terapeuta interage. Isso contribui, não somente para a história pessoal do adolescente problemático, mas também para a dos pais e das relações entre estes últimos e com suas respectivas famílias de origem, sendo um longo percurso de pesquisa que vem, assim, a interligar, de acordo com um eixo vertical, tantos planos quantas são as gerações observadas (Andolfi; Angelo; D'Atena, 2001).

No âmbito das teorias sistêmicas, são muitos os autores que propuseram o triângulo como unidade de medida das relações familiares em sua constituição: Bowen (1979), Whitaker (1989), Walsh (1982), Hoffman (1981), Minuchin (1974), Scabini (1985), Andolfi (1987), só para citar os mais relevantes, enquanto no âmbito da pesquisa, são mencionados os estudos recentes de Elisabeth Fivaz sobre o triângulo primário (Fivaz-Depeursinge; Corboz-Warnery, 1999). Uma vez adotada a tríade como unidade de estudo das relações humanas, dos padrões relacionais do grupo familiar e, ainda mais, das emergências psicopatológicas de um membro da família, as observações sobre a realidade serão profundamente diferentes das daqueles que utilizam a díade como lente de observação. Obviamente, até as modalidades de intervenção clínica e de pesquisa serão influenciadas por estes pressupostos: basta pensar, por exemplo, na teoria do apego, baseada na observação mãe-criança.

Por triângulos relacionais podemos, então, compreender as estruturas básicas de todas as relações, incluídas aquelas que, aparentemente, são de interesse de somente duas pessoas. Neste caso é possível observar que existe também, para cada um dos dois sujeitos, uma figura de referência que faz as vezes de "terceiro" na relação, mesmo pertencendo a um outro espaço, a um outro tempo ou, mais frequentemente, a um outro nível geracional.

Como descrito em muitos trabalhos (Andolfi; Angelo, 1987; Andolfi, 2003; Falcucci et al, 2006), definimos como trigeracionais os triângulos relacionais em que as pessoas envolvidas se situam em três planos geracionais diferentes (por exemplo, avô, pai e neto), e por família trigeracional compreendemos aquele mapa familiar ampliado disposto ao longo de um plano vertical, cruzado, pelo menos, por três planos horizontais. Sobre cada plano são colocados todos aqueles que pertencem ao mesmo nível geracional; assim, de alto a baixo, encontraremos, respectivamente a geração dos avós, dos filhos e dos netos, unidas de vários modos entre si por triângulos relacionais identificados no espaço por tipos de coordenadas familiares, que indicam quais as pessoas envolvidas e a qual plano pertencem.

Afirmamos muitas vezes que a compreensão do indivíduo e de seus processos de desenvolvimento é favorecida pela construção de um esquema de observação que permite ver o comportamento atual de uma pessoa como metáforas relacionais, ou como sinais indiretos de necessidades e envolvimentos emotivos do passado, que encontram o espaço e o tempo de se manifestar concretamente nas relações do presente (Andolfi; Angelo, 1987). Assim, uma informação, verbal ou analógica, sobre como se expressa, hoje, o relacionamento entre um pai e seu filho adolescente (que identificaremos como segunda e terceira geração) contém um aspecto implícito e complementar que nos informa também sobre a percepção que um pai tem, hoje, sobre a relação que tinha no passado com seu próprio pai, deslocando assim o conteúdo emotivo da informação a um nível superior, ou seja, entre segunda e primeira geração.

A complexidade aumenta se tudo se conectar às imagens mais abstratas e ideais do "ser pai, ser filho" que cada um incorporou com mais ou menos intensidade dentro de seu contexto familiar e cultural e que, por vezes, assumem o valor de verdadeiros códigos de comportamento.

Nesta teia de dimensões e significados, pessoais e culturais, adquire grande utilidade o estudo dos mitos familiares e a sua evolução na constituição das relações. O mito se torna uma grade de leitura da realidade na qual coexistem elementos reais e fantásticos, em parte herdada da família de origem, em parte construída pela família atual (Andolfi; Angelo, 1987). Eventos específicos da vida familiar ou individual, em especial fases críticas da existência (nascimentos, mortes, casamentos, divórcios, doenças crônicas, falências, acidentes, etc.), poderão incentivar fortes respostas emocionais e imponentes tensões familiares, que chamarão cada membro da família a assumir e manter papeis e funções diversas segundo a posição de cada um dentro da *constelação mítica* particular familiar.

O mito pode ser construído e desenvolver-se através de, pelo menos, três gerações e tornar-se, assim, uma matriz de conhecimento, representando um elemento de união e um fator de coesão para aqueles que creem em sua verdade. Porém, em outras situações, o peso do mito familiar pode penalizar as novas gerações e tornar mais difícil um processo de crescimento sadio e autônomo e, não raramente na adolescência, pode levar a formas de depressão reativa, como podemos ver no caso de Ciro.

Ciro e a escolha do nome

Ciro, um rapaz de 15 anos, é trazido à terapia por conta da depressão. Conversando com a família, descobrimos que o rapaz nasceu dois anos depois da morte do primogênito, de 8 anos, afogado em um lago próximo à casa da família. Ciro nasceu com a tarefa de preencher um trágico vazio familiar: a perda do irmãozinho. Além disso, o nome que lhe deram quando nasceu complica posteriormente seu crescimento. Ciro era, na verdade, o nome do avô paterno, homem excepcional, prefeito da cidadezinha de origem da família e, oportunamente, o primogênito entre os netos recebera este nome em homenagem ao heroico avô. Assim, o nome se perpetua pela terceira vez e, junto dele, as expectativas que este encoraja dentro da família: podemos facilmente imaginar o quanto foi difícil para Ciro III crescer saudável, tendo que carregar nas costas o peso de figuras heroicas e de trágicas perdas! Sobre a escolha dos nomes nas famílias poder-se-ia escrever um tratado e descobrir muito sobre mitos familiares e sobre como se transmitem entre gerações (Dogana, 2000).

Sem dúvida, a visão trigeracional das relações permite apreender diferenças e semelhanças, criando conexões entre as várias dimensões históricas das relações. Como existe uma história das relações que se criam no tempo entre pessoas pertencentes ao mesmo plano geracional, e que condicionam as escolhas dos indivíduos, existe paralelamente uma história de relações entre figuras pertencentes a diferentes planos que se influenciam reciprocamente. Um dos erros mais comuns é o de levar em consideração somente o plano horizontal das relações: por exemplo, pode-se continuar a acreditar que repetidos fracassos sentimentais sejam atribuíveis a uma série de acontecimentos infelizes na relação conjugal, sem se dar conta de quanto esta relação seja marcada verticalmente pelas vicissitudes das relações com os pais ou com outros membros importantes da família de origem.

As coisas se complicam mais tarde se entramos no mundo do adolescente sem uma lente de observação plurigeracional. Se é verdade que a adolescência representa o primeiro estágio importante no qual a relação dinâmica entre pertencer e separar-se das próprias raízes familiares parece inclinar-se em direção à segunda opção, é igualmente verdade que o adolescente representa, de forma frequentemente provocatória e contraditória, a busca por limite e pertencimento: é um pouco como querer verificar a capacidade dos pais de não deixarem-se manipular excessivamente por suas reivindicações por liberdade e autonomia (Andolfi, 2000b). O conflito entre filho e pai, por exemplo, constituído por provocações do primeiro em relação ao segundo, é necessário para o crescimento de um filho adolescente, que admira o pai à medida que não se furta à prova e consegue conter a necessidade de ruptura do filho.

Pensamos ser possível afirmar que é propagada uma série de preconceitos que, geralmente, não são suficientemente abordados na terapia individual, onde o lugar comum é que o adolescente seria centrado somente em si mesmo e em suas necessidades (geralmente materiais), sem nutrir nenhum interesse pelos próprios pais e pela família em geral (Andolfi; Angelo; D'Atena, 2001). Por meio da terapia, ao contrário, pudemos constatar que os jovens fazem de tudo para ajudar os pais a enfrentar seus problemas de casal, para defender o mais frágil, colocando-se ora como mediador, ora como obstáculo em situações de grande hostilidade e violência entre os pais. E são eles que, ajudados pelo terapeuta, permitem aos pais de retornar a sua própria adolescência, de modo a recordar os seus processos de desenvolvimento, incluindo suas dificuldades de relacionamento com suas respectivas famílias de origem. Esta viagem ao revés na memória tem o poder de tornar aos problemas de hoje com uma visão mais realista e benevolente das dificuldades atuais e, principalmente, de favorecer uma aliança afetiva entre pais e filhos.

Concluindo, consideramos o modelo trigeracional uma grade de leitura essencial para explorar os processos de desenvolvimento e o ciclo vital da família, na busca por nós problemáticos que, uma vez individuados, permitem ao terapeuta e principalmente aos membros da família utilizar os recursos e as competências de cada indivíduo. Assim, a doença, o distúrbio psicológico ou relacional de um adolescente, assim como os sofrimentos que derivam disso, não são somente fontes de mal-estar para a família inteira, mas se tornam pontes de conhecimento e ocasiões vitais para reencontrar o sentido do Nós e para redescobrir o valor da solidariedade e do suporte recíproco.

DESENVOLVIMENTO E DICOTOMIAS NO MODELO SISTÊMICO: AS DUAS ALMAS DA TERAPIA FAMILIAR

O compartilhamento de um modelo teórico de referência no âmbito da psicologia relacional sistêmica do último meio século não se revelou suficiente para delinear um modelo conceitual e operativo comum. Uma diferença fundamental diz respeito à consideração do indivíduo e dos aspectos subjetivos e históricos, incluindo os relativos à pessoa do terapeuta, na conceitualização do sistema familiar e do modelo terapêutico.

O desenvolvimento da *práxis* clínica dos terapeutas familiares acentuam, a longo prazo, substanciais diferenças metodológicas de intervenção que, na fase inicial, localizam-se espacialmente na Costa Leste e na Costa Oeste dos Estados Unidos, com sucessivos reflexos sempre mais dicotômicos na Europa e, principalmente, na Itália, onde modalidades operativas diversas são verificadas inclusive entre Roma e Milão.

Já nos anos 1960 começam a ser individuados dois núcleos no nascente movimento da terapia familiar: os *conductors*, ou seja, aqueles terapeutas que usam a própria personalidade, incluindo a intuição e a criatividade, como instrumentos de avaliação e de intervenção (ver Ackerman, Satir, Whitaker, Minuchin) e os *system purists*, ou seja, aqueles terapeutas que estudam a família como sistemas de relação, colocando-se em uma posição de relativa distância a todo tipo de envolvimento pessoal e/ou ressonância emotiva (ver o grupo de Palo Alto, Haley, Sluzki, Hoffman e a Escola de Milão em sua primeira fase de pesquisa).

No início dos anos 1980 este debate acendeu-se ainda mais por meio de uma série de artigos publicados em *Family Process*, onde se questiona sobre se o terapeuta deve conduzir a terapia de uma posição pragmática ou estética: a primeira posição assume que a terapia deva resolver os sintomas como são apresentados, definindo com clareza os objetivos, enquanto a segunda orientação considera a terapia como um processo criativo, de crescimento, com o objetivo de favorecer o desenvolvimento da família e de seu ecossistema.

Ao longo dos anos, tal debate encorajou muitos clínicos familiares a tomar partido de uma ou de outra abordagem, sem conseguir integrar de modo harmônico a pessoa e o papel do terapeuta, assumindo a responsabilidade de enfrentar os sintomas e, ao mesmo tempo, favorecer o desenvolvimento da família e de seu mundo relacional (ANDOLFI, 1995).

Ainda maior parece a dicotomia em tempos mais recentes, pensando no forte desenvolvimento das assim chamadas terapias familiares narrativas e na dificuldade de muitos estudiosos e terapeutas de família de aceitar a lente das teorias pós-modernas e, em particular, do construcionismo social, para compreender a família. Um ataque a essa forma de ver a realidade vem de Salvador Minuchin, que intitula como "Onde está a família na terapia familiar narrativa?" um trabalho publicado em *Terapia Familiare*, em 1999. Ele coloca em discussão os tópicos de base, essencialmente políticos, do construcionismo social, no que diz respeito a sua utilidade para fins terapêuticos, e sustenta que, nesta teoria, os interlocutores permanecem sendo o indivíduo e o ambiente social, enquanto a família, como elemento de mediação entre os dois, desaparece. Além disso, Minuchin critica a posição de um terapeuta narrativo, mais uma vez imparcial, que não deve influenciar ou se envolver pessoalmente na situação terapêutica.

Na resposta apaixonada de Carlos Sluzki ao provocativo artigo de Minuchin, em um debate totalmente argentino, foi reiterado que a família não é o único centro de atenção dos terapeutas sistêmicos e que o indivíduo adquiriu um papel cada vez mais relevante na intervenção terapêutica.

A partir deste momento, assistimos o florescer das assim chamadas *terapias sistêmicas individuais* e de terapias familiares conduzidas com a presença de um só sujeito, que traz dentro de si a família!

Vincenzo Di Nicola (1990), partindo das diferenças entre os modelos milaneses (Selvini e colaboradores de um lado, Boscolo e Cecchin de outro), descreve dois tipos de temperamentos terapêuticos que durante os anos 1980 se confrontaram dentro das maiores escolas de terapia familiar: o temperamento *tecnocrático* e o *fenomenológico*.

O primeiro tipo (do qual Haley e a terapia estratégica são bons exemplos) ressalta a terapia, voltando-se a privilegiar a técnica e a basear a intervenção na individuação de princípios e regras precisas em base das quais o sistema-família organiza os seus comportamentos. Ressonâncias afetivas e movimentos contratransferenciais do terapeuta são absolutamente alheios ao cenário terapêutico.

O terapeuta de orientação fenomenológica, por sua vez, tem diante de si, em todo o tempo, o sofrimento da família e os modos como esta última enfrenta esta experiência. O seu interesse é voltado à compreensão da essência da família, e não somente às suas funções e disfunções. A sua pesquisa não é tão guiada pelo pensar, mas nasce, principalmente, da experiência que se origina no encontro terapêutico.

Esses dois temperamentos não possuem muito a compartilhar. Em síntese, trata-se de escolher intervir focando na modificação do comportamento ou utilizar os comportamentos ativamente para conhecer o mundo dos afetos da família e favorecer que sejam melhor expressados.

A TERAPIA SIMBÓLICO-EXPERIENCIAL: O MODELO DE WHITAKER

A partir dos anos 1940 Carl Whitaker praticava e ensinava um modelo de terapia familiar denominado terapia simbólico-experiencial. Tal modelo nascia essencialmente para o tratamento de pacientes psicóticos e de suas famílias; sucessivamente foi utilizado também por famílias profundamente estressadas por eventos ambientais profundamente desestabilizantes, como a guerra (Gurman; Kniskern, 1981). Com esta prática terapêutica, foi necessário elaborar métodos para gerir intensas relações transferenciais e comportamentos fortemente regressivos; sintomas deste tipo exigem a capacidade de se sintonizar afetivamente com os pacientes em uma posição terapêutica mais próxima, para poder oferecer contenção e tranquilidade em termos emotivos.

Este aspecto do desenvolvimento histórico da terapia simbólico-experiencial influenciou consideravelmente o papel que nela desempenha o terapeuta e distingue este modelo dos sistêmicos e estratégicos, que postulam maior distância e neutralidade por parte do terapeuta.

As primeiras aplicações do modelo em indivíduos deprimidos, que viveram situações traumáticas na guerra, influenciaram os primeiros autores, induzindo-lhes a refletir sobre o fato que os acontecimentos da vida, as "experiências simbólicas (emotivas) de origem, derivam da consciência da unicidade das percepções, da vulnerabilidade, dos limites de cada indivíduo" (Whitaker; Keith, 1981) no âmbitos dos diferentes contextos sociais e culturais e de períodos específicos.

O papel central da experiência emotiva, em terapia, requer que o terapeuta esteja disponível a um envolvimento e a uma participação afetiva nas questões da família, considerada como um organismo vital, rico em recursos. Diante do terapeuta tem uma família longitudinal, que se articula em subsistemas e que reescreve sua história de desenvolvimento ao longo da terapia. O genograma trigeracional como esquema de referência guia a sessão, prescindindo de quem participa de um encontro individual. O objetivo das intervenções simbólico-experienciais não é simplesmente o alívio dos sintomas, mas, sobretudo, a modificação dos modelos intergeracionais que produzem sintomas (Gurman; Kniskern, 1981).

Na terapia simbólico-experiencial,

> (...) confrontando na sessão dificuldades reais, impasses relacionais, patologias individuais, transtornos mentais, cada indivíduo, incluindo o terapeuta, pode entrar em contato profundo com partes de si, frequentemente ocultas ou comprimidas em esquemas relacionais repetitivos e improdutivos, onde não há espaço para a criatividade e o crescimento. Conseguir se permitir estar nas coisas de modo vital produz uma expansão do espírito; isto

é, permite alcançar uma nova forma de harmonia entre si e os outros. (ANDOLFI, 2002, p. 68-69)

Para fazer isso, Whitaker atingia suas pesquisas cognitivas, emocionais, afetivas, fazendo amplo uso do próprio *Self*. Mesmo sem ter nunca utilizado o termo *Self disclosure* (autorrevelação), sem dúvida Whitaker usava com frequência fragmentos de experiência terapêutica, reflexões pessoais, episódios amostrais ou "ideias malucas", de modo a trazer luz às deformações familiares e criar, paralelamente, momentos de contato profundo com o sofrimento e as dificuldades da família. Helm Stierlin definiu este comportamento como cura por meio do encontro, um processo no qual o terapeuta não induz a mudança através da reestruturação dos laços familiares, mas graças a uma espécie de observação partícipe (GURMAN; KNISKERN, 1981).

A TERAPIA COMO EXPERIÊNCIA INTERSUBJETIVA

Quando Jim Framo[2] desembarcou na Itália, seu país de origem, no distante 1971, para apresentar seu trabalho clínico em Roma, o que surpreendeu a audiência foi sua profunda humanidade e sua atitude calorosa ao entrevistar um casal de terapeutas familiares diante de todos os presentes; sobretudo, surpreendia a sua participação emotiva no sofrimento do casal, que passara pela dor de sucessivos abortos, sem conseguir ter filhos. Parecia que ele conseguia adentrar o sentido de perda deles, de modo direto e autêntico, sem recorrer a técnicas específicas. Impressionava também a sua afirmação: *"Therapy is na experience!"*, repetida muitas vezes; soava um pouco como uma frase de efeito, um pouco "americana".

O fato que se pudessem expor temáticas conjugais tão delicadas e pessoais diante de um auditório de profissionais, sem nenhuma proteção de sua privacidade era, para muitos dos presentes, um tanto incomum. Isso também parecia muito "americano" e um pouco exibicionista. Somente alguns decênios depois, descobrimos o valor da *experiência compartilhada*

[2] James L. Framo foi o primeiro pioneiro da terapia familiar a vir para a Itália apresentar seu trabalho. De origem italiana, trabalhou desde os anos 1950 na Filadélfia, com Ivan Boszormenyi-Nagy e, sucessivamente, em San Diego, Califórnia.

na sessão com a família, como elemento fundador da estrutura terapêutica como um todo.

Os 15 anos passados em contato com Whitaker e com seu trabalho clínico (de 1977 a 1992), nos levaram a incorporar muitas de suas ideias sobre o relacionamento terapêutico, sobre a utilidade de ampliar o sistema familiar, a fim de encontrar recursos na história de desenvolvimento da família, normalizando os sintomas do paciente e valorizando o ser e não o fazer do terapeuta. Contudo, é muito difícil descrever a essência do terapeuta sem correr o risco de banalizar seu sentido mais profundo ou, pior ainda, de transformar o todo em um dogma religioso, correndo outro risco: perder o limite de nosso âmbito de atuação, que é sempre o de um profissional de saúde. Por outro lado, Kitty La Perriere, já em 1999, escrevia no livro *La crisi della coppia*: "Com muita frequência, os terapeutas familiares foram seduzidos pela necessidade de mudar as pessoas, as relações funcionais, os comportamentos, perdendo o mérito espiritual de estar em dor, em dificuldade, em estado de impotência".

Talvez seja exatamente esta tensão entre os aspectos mais elevados do indivíduo e a capacidade de estar em contato com suas emoções mais profundas que permite o processo de normalização, onde se deixa de lado o limite do dado psicopatológico de alguém para buscar na história longitudinal da família os elementos de compreensão do mundo interior de cada um e, fazendo assim, reconstruir laços afetivos mais autênticos.

Em seu último trabalho, "La vita interiore del consulente", Whitaker afirma ir em busca daqueles fragmentos de experiências passadas dos clientes que não foram ainda reveladas ou assimiladas; à medida que estas experiências sejam trazidas à luz da nossa consciência, elas projetam suas sombras sobre o que fora dito ou sentido anteriormente na terapia. "E naturalmente", disse Whitaker, "(...) eu também levo para a terapia as minhas *sombras de contexto* pessoais de terapias passadas, de forma que esta nova experiência se converte em uma oportunidade de descobrir novas partes de mim mesmo" (Whitaker; Simons, 1994, p. 73-74).

A ideia de que o espaço terapêutico deva ser o lugar onde experimentar juntos algo de humano e criativo acompanhou por muitos anos nosso trabalho clínico. As próprias expectativas da família quando busca ajuda, juntamente com os sentimentos de impotência ou fracasso experimentados pela família como grupo antes de chegar na terapia, são os primeiros elementos vitais sobre os quais fundar o encontro terapêutico.

Então precisamos nos perguntar: "O que o terapeuta coloca de seu para criar esta experiência compartilhada?". É muito fácil e arriscado responder "sua competência profissional", uma vez que tal afirmação desequilibraria a relação para o lado da função terapêutica e a privaria da parte mais autêntica e humana, que não pode ser expressa plenamente dentro de uma função.

O dilema entre função e pessoa sempre esteve presente nas assim chamadas profissões de ajuda, dentre as quais se encontra a psicoterapia. Sem dúvida, as terapias que se baseiam em aspectos de forte dependência, como as individuais, tenderão a organizar a sessão em bases predominantemente hierárquicas e assimétricas, em que o terapeuta pode sentir-se compelido a assumir um papel parental, fortemente exigido por um *setting* bem definido. Nas terapias grupais, em particular nas familiares, o conceito de dependência está absolutamente deslocado; uma família pode decidir não voltar para a terapia depois de poucas sessões ou cada vez que desejar, assim como um membro do grupo, durante a sessão, pode bater a porta e partir, se julgar oportuno; além disso, um paciente escolhe ir à terapia individual, uma família nunca escolhe, pois a escolha e o consenso de um grupo são sujeitos a consideráveis compromissos e a uma constante dialética. Dar vida a uma motivação conjunta é o primeiro objetivo de um terapeuta familiar para construir o sistema terapêutico. Isso não é fácil porque, com frequência, dois pais, ou um casal de cônjuges, ou um adolescente problemático, chegam na sessão sem concordar sobre a mesma natureza do problema ou sobre uma eventual busca por soluções. Porém, já escrevemos vários artigos em trabalhos anteriores sobre como motivar os vários membros da família e muito abordaremos isso nos próximos capítulos deste livro (Andolfi et al., 2007; Falcucci et al., 2006).

Aqui nos interessa explorar o que ocorre na mente e no coração de um terapeuta que acolhe uma família. Em poucos instantes, configura-se um encontro entre dois mundos familiares, o da família, presente na sessão com toda sua problemática, e o da "família interna" do terapeuta; incontáveis são as solicitações que o terapeuta pode receber de seus clientes, que podem reativar, no presente, imagens, expressões, gestos, palavras, perguntas, piadas, estados anímicos, reações cinestésicas, as quais remetem ao seu mundo familiar ou a experiências terapêuticas anteriores. Sem falar em eventos da vida, como lutos, divórcios, nascimentos, doenças que, narradas pela família, podem se sobrepor a lembranças de acontecimentos similares vividos pelo terapeuta ao longo de sua existência!

Alguns autores, como Mony Elkaïm, falaram de *ressonâncias terapêuticas* ou de *reações emocionais*, já Whitaker fala de *sombras de contexto* que nascem de experiências pregressas, familiares ou terapêuticas, para descrever, em última instância, a mesma coisa, ou seja, a natureza extremamente especial da experiência que poderão compartilhar juntos família e terapeuta.

Desde a época do assim chamado *joining* com a família, adequadamente descrito por Minuchin em seus trabalhos clássicos (Minuchin, 1947; Minuchin; Rosman; Baker, 1978), parecia muito limitante considerá-lo uma espécie de fase de formalidades sociais ou um tipo de início tranquilizante, voltado a diminuir a ansiedade da família. Observar a família desde os diálogos iniciais, o modo como cada um se senta e interage com os outros, pode tornar possível ao terapeuta imaginar como ela funciona e, principalmente, intuir quais sejam suas áreas de sofrimento, com frequência escondidas por trás da *máscara familiar* e, no fim das contas, por trás dos sintomas do paciente; tudo isso pode encorajar o terapeuta a afirmar ou indagar sobre coisas que não são explicitamente visíveis ou louváveis, tentando acessar o coração do que imagina que seja a essência do seu mal estar. Nesta busca pelas rotas de sofrimento familiar, é útil deixar-se guiar por um componente da família, geralmente o problemático. Com frequência, se trata de uma criança ou de um adolescente, com o qual é possível rapidamente estreitar um laço muito forte, baseado sempre na observação do não dito ou do implícito e na convicção de que, em torno de seu problema, giram os sentimentos e emoções do grupo familiar inteiro.

Assim, por um lado, é possível construir uma forte aliança terapêutica com o assim chamado paciente, o qual ancora aspectos do mundo afetivo de toda a família; por outro, pode-se iniciar um diálogo interno consigo mesmo, voltado a dar sentido às reações emocionais que, inevitavelmente, acompanham o nosso trabalho de pesquisa com a família. Este diálogo nos ajuda a selecionar, quase inconscientemente, fragmentos e imagens de nossas próprias experiências familiares ou de terapia anteriores e a associar somente aqueles estados de ânimo que nos parecem mais apropriados às situações do momento, apresentando-os à família de forma implícita, seja através de uma pergunta, uma metáfora ou, simplesmente, um gracejo. Somente de forma ocasional pode acontecer de se fazer referência, explicitamente, a experiências realmente vividas em nossa própria família, ou em terapias precedentes, para se conectar com as vivências da família. Dessa forma, começa a montagem do quebra-cabeça onde cada um, incluindo o terapeuta, coloca parte de si para formar, no fim, o sistema terapêutico. Em seguida, a família poderá decidir qual "peça do terapeuta" levará junto para casa, recompondo, assim, como novos elementos, o próprio quebra-cabeça. Seria este o início da construção de uma consciência intersubjetiva como descrito por Stern (2004)?

Talvez seja exatamente a persistência ao longo do tempo destes fragmentos de experiências do terapeuta, interiorizados, que permite à família, depois de muitos anos do fim da terapia, lembrar como se fosse ontem dos momentos marcantes (feitos de imagens, de objetos metafóricos ou de perguntas que permaneceram em suspenso por anos). O mesmo ocorre ao terapeuta, que também recordará, ao longo dos anos, momentos significativos de cada terapia; e, provavelmente, é exatamente esta bagagem de experiências íntimas vividas junto às famílias que favorece o seu crescimento pessoal e dá sentido ao seu papel profissional. Além disso, é a força moral que se adquire ao encontrar o sofrimento humano que permite ao terapeuta adquirir aquela serenidade, muito bem descrita por Roustang (2004), que permite a ele entrar em contato profundo com a dor dos outros sem carregá-la nas costas.

É claro que, em uma situação na qual se trabalha com o sofrimento e o senso de impotência de muitas famílias em resolver os próprios conflitos e problemas relacionais, deve-se estar muito atento a não sobrepor problemáticas do terapeuta, não resolvidas ou em suspenso e com forte carga emocional, às dificuldades trazidas pela família para a terapia. Em relação a isso, não são poucas as situações em que um terapeuta poderia não ser consciente da própria contratransferência, arriscando projetar parte de si no cenário terapêutico sem nem dar-se conta disso. Este é o motivo pelo qual, desde sempre, é aconselhada a coterapia e o trabalho em equipe na terapia familiar, de forma a ter sempre um contraponto e um vértice crítico e não autorreferencial.

Ao longo dos anos e da experiência é, então, possível conseguir construir pra si aquilo que, em outras ocasiões, descrevemos como *supervisor interno*, ou seja, uma parte de nós que observa, em um *metanível*, a outra, enquanto interage com um ou outro membro da família.

No mundo das teorias sistêmicas não é fácil aprofundar estes aspectos, que consideramos fundamentais nos futuros terapeutas, talvez porque as teorias supracitadas ainda são afetadas por um forte tecnicismo e por uma dificuldade de observar a família em termos de desenvolvimento e de dar valor à reescrita da história em terapia. Consideravelmente mais interessantes para nosso crescimento pessoal e profissional, e sobretudo essenciais na comunidade científica, são os trabalhos de Daniel Stern que, mesmo não sendo terapeuta de família, pode iluminar-nos com suas pesquisas e ajudar-nos a definir melhor a essência da terapia.

O CONHECIMENTO IMPLÍCITO E A CONSCIÊNCIA INTERSUBJETIVA DE DANIEL STERN

Principalmente nos últimos anos, Stern se dedicou ao estudo sobre o valor do *conhecimento implícito*. Em seu livro *O momento presente*, ele enfatiza os acontecimentos fugazes que constituem nosso mundo de experiências, interessado a ressaltar "(...) principalmente aqueles momentos compartilhados entre duas pessoas, que geram sabedoria, representando experiências fundamentais de mudança na psicoterapia e um ponto de referência na trama de nossas relações cotidianas mais profundas" (Stern, 2004, p. XI). O assunto de base ao qual Stern faz referência e que a mudança seja fundada na experiência vivida e que muito do que é vivido no momento presente regresse ao âmbito do conhecimento implícito. Ele chega a afirmar que "(...) são o presente e a consciência os centros de gravidade, não o passado e o inconsciente" (Stern, 2004, p. XI).

> O conhecimento relacional implícito é aquele campo de conhecimento e representação não verbal, não simbólico, não narrado, não consciente. Consiste em processos motores, padrões afetivos, expectativas e também esquemas cognitivos. A maior parte de tudo aquilo que conhecemos de nossa relação com os outros (incluindo a transferência) situa-se no conhecimento relacional implícito. (Stern, 2004, p. 200)

Em psicoterapia, o fenômeno do conhecimento implícito é de vital importância. Oitenta por cento do que ocorre na sessão decorre do plano da consciência fenomenológica, que consiste de experiências das quais somos conscientes somente enquanto ocorrem, e depois disso se esvaem, não se fixando na memória. Quando, por outro lado, dois indivíduos cocriam uma experiência intersubjetiva em um momento presente compartilhado, a consciência fenomenológica de um se sobrepõe a do outro, gerando um sincronismo entre algo que um dos dois mostra de si e o que o outro capta.

> Tal experiência é vivida por ambos, cada um participando intuitivamente da experiência do outro. O compartilhamento intersubjetivo da sua experiência mútua é apreendida por ambos sem ser necessariamente verbalizada e começa a fazer parte do conhecimento implícito sobre sua relação. Esta cria um novo campo intersubjetivo entre os participantes, capaz de modificar o seu relacionamento e induzir-lhe a trilhar juntos novos caminhos. O momento gera uma forma particular de consciência, a consciência intersubjetiva, e é codificado pela memória. E, fato significativo, reescreve o passado. A mudança na psicoterapia (ou em qualquer outra relação) tem lugar graças a estas mudanças repentinas e imprevisíveis no modo de ser em relação aos outros. (Stern, 2004, p. 19)

Lendo estes pensamentos de Daniel Stern, nos parece possível pegar emprestadas as palavras certas para capturar a essência de 40 anos de trabalho clínico com as famílias. Se o conceito de conhecimento implícito é um patrimônio das terapias relacionais sistêmicas em caráter experimental, notável é o conceito de consciência intersubjetiva e de reescrita do passado no presente, assim como formulado por Stern.

Desde sempre, intuitivamente, sustentamos que em terapia familiar é *a história* que cura. Ora, parece-nos que Stern permita avançar para além da intuição e abra um campo de pesquisa e de estudo extraordinário, de forma a ampliar, e muito, os pontos de estreitamento do modelo relacional sistêmico.

Uma modalidade muito eficaz no plano experiencial para um conhecimento do não dito por meio da ação é constituída pela *escultura familiar*, introduzida por Virginia Satir (1964). A escultura consiste na construção de uma representação visual e espacial das relações familiares por parte de um ou mais membros de uma família na sessão; por meio da disposição dos corpos no espaço, das expressões faciais e posturais, do jogo de aproximações e de distanciamentos, da direção dos olhares ganha vida o "drama familiar" com toda a gama de expressões afetivas. Com a escultura das relações familiares ultrapassa-se a mediação da linguagem e superam-se os vínculos da lógica racional, permitindo a exploração de emoções mais profundas, mais intensas e mais conscientes, ampliando assim a leitura da realidade.

OS PONTOS-CHAVE PARA COMPREENDER A ADOLESCÊNCIA

A adolescência não é uma doença

Para muitos pais, a percepção da adolescência, antes de o filho chegar lá, é muito mais próxima ao medo de uma doença que ao prazer de uma nova fase de desenvolvimento. "O que vai acontecer quando for adolescente?" é uma pergunta que com frequência eles fazem a si mesmos quando o filho ainda é pequeno. A preocupação com o futuro, nestes casos, se sobrepõe aos eventos do momento e existe a tendência a ver o que acontece à criança como um prenúncio do que acontecerá nos anos seguintes. Ainda que esta atitude não seja considerada adequada, devemos admitir que o período da adolescência manifesta-se por meio da amplificação de tudo, assim, pode, sim, ser temido como uma bomba prestes a explodir.

O grupo de pares, tão fundamental para o crescimento do adolescente, é com frequência percebido com apreensão pelos pais e assume no presente, principalmente, o risco de colocar o jovem em contato com más companhias. Em resumo, o preconceito se intensifica tanto quanto o medo de perder o próprio filho e, como consequência, aumenta o controle sobre seus comportamentos e suas amizades. Para piorar o cenário, vêm os meios de comunicação de massa, que descrevem diariamente a realidade assustadora da adolescência, vivenciada entre *bullying*, festas de arromba, dependência de drogas e álcool e mortes no sábado à noite.

O adolescente não é uma criança superdesenvolvida

As fases evolutivas de um indivíduo não correspondem à estratificações sucessivas, mas devem ser consideradas como processos autônomos que tomam forma através de fases de descontinuidade. Se a criança não é um adulto em miniatura, é também verdade que um adolescente não é uma criança crescida. Muitas vezes, quando chega na terapia um adolescente problemático, os familiares o consideram uma criança que não quer ou não sabe como crescer. Não é assim. A criança também é um sujeito de competência (Andolfi et al., 2007), mas a sua linguagem é mais simples e linear, enquanto a competência do adolescente é completamente diferente daquela da criança e baseia-se em uma boa dose de ambivalência. Pais e terapeutas deveriam conseguir apreciar esta dualidade e observar as fases de transição de um estágio a outro, porque é justo nestes momentos críticos que podem surgir as dificuldades. Todavia, é importante lembrar que uma oscilação regressiva durante o período de transformação do adolescente é totalmente fisiológica e previsível, a ser compreendida como uma espécie de recuo para poder tomar impulso antes de dar um salto a frente.

A adolescência não é a idade da desvinculação: a necessidade de separação do adolescente é tão forte quanto a exigência de pertencimento

Jay Haley, em seu livro *Il distacco dalla famiglia* (1980), fala da adolescência como a fase da desvinculação, abordagem que diz respeito ao contexto estadunidense, no qual, aos 18 anos os jovens costumam sair de casa para ir à faculdade. Na Itália (assim como no Brasil) são poucos os jovens que deixam efetivamente a família para ir estudar em outra cidade e, de todo modo, mesmo quando saem de casa para estudar fora, isso não pode ser considerado como uma real desvinculação, pois a dependência econômica da família ainda persiste, bem como, muitas vezes, a afetiva. No máximo, a separação física entre o jovem e seus pais pode ser considerada como um exercício de autonomia no que diz respeito à gestão da vida cotidiana, a partir da organização e gestão da casa.

O serviço militar, que há alguns anos não é mais obrigatório na Itália[3], apesar de suas características negativas, tinha, no fim das contas, um mérito: os jovens deveriam abandonar a sua segurança para adentrar

[3] N.de T.: No Brasil, o alistamento militar é obrigatório. A inscrição deve ser feita por todos os jovens brasileiros do sexo masculino que completam 18 anos no ano corrente. Nem todos serão selecionados, mas todos devem se alistar.

em um mundo diferente do seu, no qual eram obrigados a conviver com pessoas de diferentes procedências e culturas, mesmo que todas italianas.

Nas culturas mais primitivas com frequência estão presentes importantes ritos propiciatórios correspondendo às fases de passagem na vida dos indivíduos (em particular na fase da adolescência masculina), enquanto na nossa cultura não existe mais nenhum desses ritos que destaque a saída da infância para entrar na adolescência e, sucessivamente, a passagem para a vida adulta. Uma vez, o casamento era um rito de passagem, pois as pessoas se casavam jovens; hoje, a adolescência é tão prolongada que o matrimônio como rito de passagem não acontece antes dos 30 anos. No norte da Europa, os jovens saem de casa de fato com 18, 20 anos de idade. Em nosso contexto, isso é impensável. Temos aqui uma problemática social: não existem rituais de separação da família e, além disso, esta última, com suas características superprotetoras, controladoras e fusionais, tende a manter os filhos em casa por tempo demais. Um pouco além de nossas fronteiras geográficas – na França, por exemplo –, os modelos de crescimento são muito diferentes, ao mesmo tempo em que na Itália as mudanças nunca ocorrem rápido, o que deriva também da precária condição econômica que aflige os jovens de hoje em dia.

Assim como Haley, Bowen e Williamson viviam nos Estados Unidos. Porém, ambos sustentavam que uma pessoa não se desvincula dos pais aos 18 anos, e sim entre 35 e 45. Esta é a idade em torno da qual a desvinculação se completa e acontece menos aquilo que Williamson (1982) descreve como *intimidação geracional*. É preciso considerar que uma coisa é a distância física em relação à família de origem e outra é a maturação de um indivíduo que se torna adulto: esta última necessita de muito mais tempo. Em terapia, com frequência, encontramos pessoas que, na meia idade ou ainda mais velhos, não são verdadeiramente desvinculadas. Pensemos em quantos filhos dependem ainda, de modo humilhante e preocupante, dos ditames ordenadores, afetivos e emocionais das próprias famílias, ou em quantos homens adultos, após uma separação conjugal, voltam para a mamãe!

Na realidade, a desvinculação deveria caracterizar-se segundo a teorização intersistêmica de Baldascini (1993) e ser uma ruptura que concerne contemporaneamente a diversos planos: o afetivo, o emocional e o da dependência econômica.

Quantas vezes acontece, em terapia, de vermos irmãos muito distantes um do outro porque, de algum modo, foram por muito tempo aprisionados em suas dependências familiares, que acabaram, por sua vez, a manipulá-los! Ser filho tem a ver com uma relação vertical intergeracional (como se os pais tivessem nos programado), enquanto ser irmão diz respeito a outro tipo de relação, colocada em um plano horizontal, que se torna uma verdadeira conquista, caso se consiga descobrir uma aliança geracional e desvincular-se de ordens e pressões parentais.

Outro conceito importante a ter em mente diz respeito à autorização para sair de casa: não são os pais que devem dá-la aos filhos, e sim estes últimos que devem assumir a responsabilidade por esta escolha. Define-se como "conquista" a obtenção da autonomia pessoal (Williamson, 1982) porque esta é cansativa, sobretudo quando os pais querem manter os filhos junto de si por muito tempo. A autonomia é parte da diferenciação de Si mesmo em relação à família de origem (Bowen, 1979), é parte de uma personalidade integrada que saiba se colocar no mundo.

Um bom terapeuta compreende que toda vez que o adolescente anuncia a plenos pulmões a sua independência, assume atitudes de desprezo em relação à família e a suas regras, afirmando que fora de casa é melhor, ele está justamente afirmando o contrário: seu medo de crescer é muito grande e sua necessidade mais premente é a de poder sentir que deve reconstruir seu pertencimento.

Do ponto de vista da sintomatologia devemos perguntar-nos se as dependências patológicas frequentemente apresentadas pelos jovens não seriam, sobretudo, tentativas desesperadas de substituição de uma *dependência sadia* que lhes faltou. Quantos pais e quantas mães são substituídos por uma garrafa de vinho, por uma seringa, por um videogame? Em terapia, nos damos conta que assim que se consegue devolver um sentido à família, tanto a importância do álcool como a das drogas pode ser rapidamente redimensionada. Em várias sessões de *follow-up* de terapias familiares concluídas, os adolescentes respondiam à pergunta: "O que permitiu que você mudasse?" o seguinte: "Simples. Foi o amor de meus pais!". Refletir sobre esse tipo de afirmação é importante porque, enquanto o conceito de separação e autonomia é visível e socialmente óbvio, aquele de pertencimento, tão fundamental quanto o outro, é mais escondido e implícito e, assim, difícil de ser compreendido por famílias, educadores e terapeutas.

O adolescente possui a história familiar esculpida em seu interior

Com muita frequência os pais pensam que o filho viva sua vida independentemente daquilo que aconteceu e acontece na família. Por outro lado, são muitos os acontecimentos que dizem respeito aos pais e à família e que o filho não conhece, principalmente quando se trata de eventos ocorridos antes de seu nascimento. Na realidade, as coisas não são bem assim e o adolescente é sempre muito curioso de conhecer os acontecimentos familiares que o precederam, mesmo se na aparência possa parecer totalmente indiferente.

Um adolescente, na verdade, é um especialista-autodidata na sua família, "estudou" seus pais durante toda a vida, observando a sua relação, seus estados emocionais que, como sabemos bem (Andolfi, 2003), constituem o desfecho do encontro entre duas histórias familiares. Explicando melhor: aquilo que o filho conhece relativamente ao passado, e, por consequência, ao presente, de sua família não é tanto um conjunto de fatos ou eventos, mas sim o *produto relacional* que os significados de tais eventos induziram em sua família. Nesse sentido, podemos afirmar que o filho é o depositário da história familiar.

Em terapia devemos escutar o adolescente como sujeito de competência face ao seu mundo familiar. Raramente os terapeutas estão interessados em ouvir o adolescente como especialista da família, porque estão muito empenhados em curar suas doenças ou em controlar seus comportamentos agressivos ou divergentes. Como fazer, então, para restituir a voz a um adolescente que é trazido para a terapia para resolver um problema seu? A psicopatologia é a moldura do conhecimento ou os processos de desenvolvimento são a moldura na qual enquadrar a psicopatologia? Este é um quesito muito importante no nível terapêutico. A maior parte dos especialistas, mesmo sem ter consciência disso, está mais interessada em compreender as manifestações de um distúrbio psicossomático, emocional, comportamental e a tratá-las, com sorte em poucas sessões, que em investigar a competência relacional do adolescente. Assim, são muito comuns intervenções individuais de tipo cognitivo-comportamental ou terapias breves focais que tendem a fazer desaparecer os sintomas: a atenção está, nesses casos, voltada a modificar uma disfunção, em vez de procurar os componentes relacionais e familiares de um fenômeno.

O adolescente é o braço armado dos conflitos familiares

Frequentemente, a violência expressa pelo adolescente tem a ver com a violência subterrânea e, sobretudo, não expressa do casal de pais. Não é raro ver chegar pais na terapia familiar muito preocupados com o filho agressivo e compreender que estamos na presença de um conflito que diz respeito ao casal de pais, mas que é completamente negado por eles. Trata-se, nestes casos, de *terapia de casal camuflada* (ANDOLFI; ANGELO; D'ATENA, 2001), ou seja, de situações em que um filho, por meio de algum problema seu, leva os pais para a terapia, de modo a permitir a estes últimos que se confrontem com as próprias dificuldades de casal.

Nas famílias, não nos damos conta de que a guerra quase sempre é do âmbito parental e que o distúrbio do adolescente é a arma do crime, ou seja, a evidência daquilo que ocorre na geração anterior; trata-se de uma guerra da qual o adolescente também faz parte, mas como um reflexo, um produto de um conjunto. São muitos os terapeutas que, como as forças de repressão, intervêm diretamente sobre aqueles que executam os atos violentos: é fácil pensar que sendo este o braço armado ele seja também o mais perigoso!

Por fim, não é nem mesmo subvalorizado o componente social que abrange a mobilização do adolescente em direção a ações e comportamentos agressivos inclusive em relação à família, como se não pudesse mais usar a cabeça, mas sobre isso falaremos em seguida, com mais detalhes.

Os sinais verbais do adolescente são contraditórios

Quando o adolescente fala, é mais importante escutar o que está por trás daquilo que diz que o simples conteúdo verbal. Como já sinalizamos, não deveríamos nunca esquecer que a ambivalência é a mais típica característica da fase adolescente e a sua modalidade comunicativa mais comum. O adolescente necessita da ambivalência para poder continuamente oscilar de uma ponta à outra do eixo *pertencimento/separação* em busca do justo equilíbrio. Não esqueçamos que a regulação das distâncias, a aceitação de si e a coerência são ainda para ele objetivos a alcançar, desde o momento que existe uma identidade em formação. Tal conceito deveríamos ter em mente quando estamos conversando com um adolescente, de modo a conscientizar que o que o adolescente diz é somente o que pode dizer, alinhado com o papel que está interpretando em família. Para conhecer a real situação, talvez seja mais útil para o terapeuta escutar justamente o que o jovem não diz; por exemplo, se um adolescente demonstra em seu discurso muita segurança de si, a primeira coisa em que deveríamos pensar é onde escondeu o seu oposto, ou seja, a insegurança. Se um adolescente grita um *não* a toda solicitação afetiva por parte dos familiares, pode-se perguntar o quanto de *sim* esteja buscando, e assim por diante.

Os sinais não verbais do adolescente são complexos e contraditórios

De acordo com o que acabamos de afirmar, os sinais não verbais também podem ser fortemente ambivalentes: o desejo de relacionamento e de intimidade é facilmente mascarado por uma atitude de desconfiança e de distanciamento. Com frequência a linguagem corporal do adolescente realça aqueles comportamentos provocadores que tem a ver com o que ele gostaria de ser, em vez de modalidades relacionais e posturais que poderiam revelar as suas reais necessidades de afeto e proximidade. O adolescente em sua excessiva busca pela independência é frequentemente levado a negar as próprias necessidades, porque elas lhe tornam vulnerável, sendo, assim, uma pedra em seu caminho. Isso não significa que nós terapeutas devemos negar tais necessidades para ajudá-lo; pelo contrário, é nossa tarefa ouvi-las, acolhê-las e torna-las mais explícitas e visíveis no interior da família. Neste processo, no entanto, é igualmente útil o saber jogar contemporaneamente nos dois extremos da ambivalência, para não perder a chance de encontro com o adolescente.

O grupo de pares é um laboratório de conhecimento e de experimentação fundamental para o adolescente

Com frequência os pais não se dão conta de que seu temor em relação a estes filhos que não são mais os mesmos diminuiria se fosse simplesmente permitido a eles que ouvissem música alta, que recebessem amigos, em resumo, que se deixasse a adolescência entrar em casa. Permitiriam a si mesmos a possibilidade de conhecer uma realidade geralmente fantasiada como ameaçadora justamente porque nunca confrontada diretamente e poderiam adquirir ferramentas mais adequadas para enfrentar este período de grande instabilidade familiar. Não se trata, obviamente, de fazer o papel de amigos dos filhos, papel confuso e, portanto, não útil, mas sim de poder entrar em contato (na qualidade de observador) até com aquelas partes desconhecidas do filho, exibidas somente no mundo exterior. Frequentar o grupo de pares é fundamental na adolescência, por constituir o outro polo da realidade, tão necessário para crescer quanto o polo familiar.

Há muitos anos, seguindo as experiências originais de Russel Haber, devidamente relatadas no volume *La consulenza in terapia familiare* (Andolfi; Haber, 1994), incluímos as sessões especiais com o sistema de amigos em todas as terapias familiares centradas nas dificuldades da adolescência. Os encontros com os amigos são um recurso importante e nos permitem observar outras dimensões do adolescente, as quais são difíceis de perceber nas sessões somente com familiares. Falaremos disso amplamente nos próximos capítulos.

A cultura do bando está diretamente ligada à ausência do pai em nossa sociedade

É crença comum que a violência masculina que se manifesta no bando seja diretamente proporcional à ausência do pai na família e na sociedade atual. A violência é fruto do medo e da insegurança. O pai, principalmente para os filhos homens, é uma importante fonte de segurança e a sua ausência amplia a insegurança e o medo, os quais se transmutam em violência. Nossa sociedade, tão pronta a destacar a problemática do adolescente de hoje, não parece dar peso igual ao problema da ausência do pai, igualmente dado como certo e incontestável. A atitude social em relação à carência da figura paterna não é uma atitude problematizante, e sim parece se reduzir a um sentimento de passiva aceitação de um fato da realidade.

Se buscássemos restituir aos pais suas funções de genitores competentes, perceberíamos que as coisas poderiam mudar, e muito, principalmente no desenvolvimento dos filhos homens, que permanecem, ao contrário, presos somente ao âmbito materno. Em termos biológicos, a natureza da relação mãe-filho é fusional e passional. Mas é também verdade que se este tipo de relação não se modifica com o tempo, desde a infância, e ainda mais na adolescência, os riscos para o filho são consideráveis. Neste sentido, a função paterna teria um significado protetivo em relação à criança, colocando-se como elemento de separação entre mãe e filho.

Não estigmatizar como patológico o comportamento de um adolescente: a patologia é diagnosticada e classificada segundo um critério evolutivo

Se conseguirmos nos liberar do complexo de Cinderela que ainda afeta o mundo da psicologia, perceberemos que não é útil se referir exclusivamente a um modelo médico-psiquiátrico para compreender e ajudar famílias com adolescentes problemáticos. Certamente o diagnóstico, mesmo em nosso trabalho, tem sua importância, não tanto o diagnóstico de tipo estático, classificatório do DSM-IV, mas sim aquele de caráter estrutural-evolutivo. O estrutural nos informará sobre a dimensão do problema no momento presente do contexto familiar e se baseará no conceito de fronteiras geracionais (claras ou permeáveis) e de desvios do conflito (Minuchin, 1974); o segundo, o evolutivo, nos permitirá enquadrar a psicopatologia atual do adolescente dentro do ciclo de desenvolvimento da família e dos acontecimentos da vida (Scabini, 1985).

Esta forma de proceder e de adquirir conhecimento (o diagnóstico) tem um valor relacional, que carrega em si significados profundos que, se compreendidos, abarcam também, na origem, os recursos para sair do impasse de um problema psicológico. A nossa atenção, então, deve estar voltada principalmente à pessoa em sua inteireza, principalmente quando se fala de sujeitos em idade de crescimento, onde tudo é muito plástico e fortemente transformador. Um jovem fóbico, toxicodependente, suicida, não se qualifica inteiramente por esses adjetivos, mas, antes disso, é uma pessoa em desenvolvimento, que apresenta uma determinada problemática dentre muitos recursos em potencial.

A CONSTRUÇÃO DA ALIANÇA TERAPÊUTICA COM O ADOLESCENTE

A aliança terapêutica é o ingrediente necessário e fundamental em qualquer intervenção que possa definir-se como clínica. Se a aliança terapêutica não se forma, a terapia não decola; o que se deve construir é uma relação de confiança que se consolida dentro da própria experiência terapêutica. É óbvio que, se tratando de um grupo, é necessário que o processo de afiliação seja múltiplo. Apresentamos em numerosos trabalhos (ANDOLFI; ANGELO, 1987; ANDOLFI, 2003; ANDOLFI et al, 2007) o nosso modo de construir cumplicidade terapêutica com a criança ou com o adolescente problemático, para quem foi solicitada uma terapia. Diferentemente da terapia individual, na qual a aliança terapêutica é claramente formada pela díade terapeuta-paciente, em uma situação grupal as coisas são um pouco mais complexas.

Como se constrói, então, uma aliança com a família toda? É exatamente aquela para quem é solicitada uma intervenção, neste caso o adolescente, que representa o ponto de partida para construir este tipo de aliança. Desde sempre afirmamos que o trabalho dirigido que o terapeuta desenvolve com o paciente tem uma importância e relevância relacional para todos os membros da família. É, então, por meio do adolescente que se entra no mundo afetivo da família.

Uso de um modelo triádico para a compreensão das relações humanas

A utilização de um modelo triádico é fundamental para compreender que o terapeuta não se liga ao adolescente em uma dimensão dual, mas a aliança vai se construindo à medida que, por meio da relação com o adolescente, se envolve o grupo familiar completo.

Triângulos relacionais vêm a se formar em nosso desenvolvimento a partir daquele triângulo primário relativo ao nascimento de cada um de nós, acompanhando-nos por toda a vida. No volume *Tempo e mito nella psicoterapia familiare* (ANDOLFI; ANGELO, 1987, com tradução no Brasil) são claramente descritas as redes intergeracionais que acompanham nosso desenvolvimento e é justamente a possível reativação ou modificação de modalidades relacionais em terapia que permite a mudança.

Ser direto como antídoto à superproteção

A proteção é essencial no crescimento de uma criança; a superproteção é, ao contrário, uma modalidade relacional de cobertura, uma espécie de defesa para não enfrentar conflitos e problemas no interior das relações afetivas. Ser direto é diferente de ser diretivo, o que implica certo autoritarismo e, assim, algo de imposto; ser direto é, ao invés, a capacidade de ser autêntico e de chegar logo ao cerne do problema, sem fazer rodeios. Trata-se de uma modalidade relacional que tem como objetivo dirigir-se a cada um com verdadeira curiosidade e franqueza, colocando em jogo as próprias opiniões e intuições, entrando no medo, nos conflitos e no sofrimento dos clientes sem reservas e sem preconceitos.

Ser direto não faz parte de um protagonismo terapêutico, mas representa uma direção segura para fazer cada membro da família experimentar um modo diferente e mais autêntico de se relacionar com os outros. Talvez, fazendo isso, se perca algo da assim chamada circularidade causal tão amada pelos terapeutas sistêmicos, mas com certeza esta atitude nasce na relação e representa uma resposta pessoal à solicitações afetivas que surgem na experiência comum da terapia. Neste sentido, ser direto representa de fato um antídoto à superproteção, compreendida como autocensura em explicitar aquilo que se pensa para não ameaçar o outro e colocar a relação em risco. A superproteção, em particular entre pais e filhos, pode ser muito prejudicial, pois pode estar ligada a comportamentos substitutivos de manipulação e assistencialismo: fazendo assim, os atores principais (os pais) se privam da possibilidade de conquistar um papel ativo e uma intimidade real em relação aos próprios filhos. Nesse sentido, o "ser direto" do terapeuta pode se tornar um *modelling* na sessão, uma espécie de base educativa para os pais.

Empatia e suporte ao adolescente como pessoa

A empatia e o suporte afetivo ao adolescente constituem o alicerce sobre o qual cada intervenção terapêutica deve se apoiar para ser aceita pelo cliente. Quanto mais estes fatores estão presentes na relação com o adolescente, mais o terapeuta pode se permitir utilizar melhor seus instrumentos.

A empatia não é somente uma modalidade de benevolência e aceitação em relação ao outro; é, acima de tudo, uma forma criativa de colocar-se em relação segundo a segundo, ouvindo, observando, perguntando, sem nunca considerar nada como óbvio. É um ir além das palavras, gestos, silêncios do adolescente, para lhe devolver tudo aquilo que vem dele. É a capacidade de se colocar no lugar do outro até captar seus pensamentos, seus estados de ânimo mais íntimos e suas emoções, sem se deixar levar por eles.

Valorização da competência relacional do adolescente: o adolescente como coterapeuta

Já descrevemos amplamente a importância do reconhecimento e da utilização da competência relacional da qual cada adolescente é portador dentro de sua família para podermos entrar na história familiar. Desde sempre consideramos a criança e o adolescente como coterapeutas válidos e, para fazer isso, fazemos com que se movimentem ao longo da sessão, trazendo-os geralmente para perto de nós e favorecendo um contato físico que reforça a mensagem de colaboração do tipo: "Você pode realmente me ajudar!". Fazê-los se deslocar é também uma forma de verificar a sua maior ou menor disponibilidade e liberdade de ação no espaço terapêutico e isso nos informa indiretamente sobre a maior ou menor rigidez das relações familiares.

Uma vez que o terapeuta se mova reconhecendo e valorizando tal competência desde os primeiros diálogos do primeiro encontro, ele terá uma vantagem adicional: poderá construir mais facilmente a aliança terapêutica, permitindo-se um contato direto com o jovem totalmente inesperado tanto por ele quanto pela família, a qual geralmente está focada no problema que lhe levou a pedir uma consulta.

A ideia de envolver o adolescente sintomático, considerando-o um intermediário para encontrar os dilemas existenciais e evolutivos da família remonta, pelo menos, há 25 anos, quando se pensava em considerar crianças e adolescentes como porta de entrada no sistema familiar (Andolfi; Angelo, 1985). Somente 10 anos depois se concretizaria a ideia de vê-los na categoria de verdadeiros coterapeutas, valorizando assim, de forma plena, as suas competências relacionais no seio da família (Andolfi; Haber, 1994).

Amplificação do problema/patologia apresentado pelo adolescente e sua redefinição intergeracional

Poder-se-ia pensar que amplificar na sessão um problema, um desconforto porventura embaraçoso, um comportamento violento ou irracional, de fato, pode ser visto como uma forma de desrespeito ou, ainda pior, como uma operação arriscada. Na realidade, a amplificação do sintoma constitui a sua encenação, e enquanto ele se agiganta já é possível encontrar os modos mais adequados para reduzir os significados subjacentes que tal problema manifestava quando era, por assim dizer, de seu "tamanho natural". Ampliando o campo de observação, é possível reconhecer suas múltiplas facetas, o que nos dá a possibilidade de redefinir o problema, de modo direto ou indireto, e de relativizar sua gravidade.

É a própria experiência terapêutica que nos demonstra que, no momento em que se amplifica um problema, e se veem nele as conexões com outras realidades desta família, se consegue apreender as dimensões históricas intergeracionais. Certamente, esta seria uma modalidade provocatória de intervenção (Selvini et al, 1975; Andolfi et al, 1982; Andolfi; Angelo, 1987), mas é exatamente este modo de atuar, associado a um forte suporte à integridade do adolescente, que permite de abrir o cenário terapêutico a novas formas de relação e de apropriação recíprocas.

Valorização da ambivalência do adolescente por meio da brincadeira e do bom-humor

A brincadeira e o bom-humor são dois ingredientes, como já vimos ao tratar das dinâmicas de casal e mais ainda as problemáticas infantis (Andolfi et al, 2007; Falcucci et al, 2006), sem os quais não se vai muito longe em terapia e, sobretudo, nos entediamos, não conseguindo dar vida a um contexto de criatividade que permita o movimento, seja físico, seja mental e afetivo.

A ambivalência é uma realidade existencial fundamental e presente em todas as fases evolutivas que nada tem a ver com hipocrisia e falsidade: é um modo, por vezes confuso e incerto, que usamos para nos colocar nas escolhas da vida e nas relações afetivas mais significativas, tanto na família quanto no contexto social e que se transforma com a mudança das circunstâncias.

Sendo a adolescência uma fase evolutiva marcada por fortes transformações, não há sombra de dúvida de que a ambivalência seja particularmente acentuada neste período da vida e o terapeuta deveria aprender a brincar com a ambivalência do adolescente e a respeitá-la em ambas as dimensões.

A construção de metáforas e a *linguagem como se*

A metáfora é uma figura retórica que consiste em transferir a um objeto o termo próprio de outro, segundo uma relação de analogia. Uma das características da metáfora é a de criar uma imagem das emoções, do comportamento, da modalidade de relações que uma pessoa tem dentro de um sistema. As metáforas são construídas conjuntamente, durante a sessão, para expressar imagens ou papéis familiares muito enraizados na família; tais símbolos abarcam frequentemente sentimentos escondidos e fazem emergir conteúdos e aspectos relacionais, dificilmente expressados de forma direta.

A metáfora não pertence a quem a introduz, seja um membro da família ou o terapeuta, mas ao grupo inteiro que participa do *processo de metaforização* (Whitaker, 1989). A imagem introduzida pelo terapeuta nasce daquilo que ele recolheu na família e é o impacto desta mesma imagem na família a ser verificado.

A adolescência é, com certeza, a fase evolutiva em que a expressão ocorre mais por analogia do que por meio da linguagem direta e, então, com os jovens é muito fácil usar a metáfora como instrumento comunicativo, assim como recorrer à *linguagem como se* (Andolfi, 2003), que permite contornar as defesas verbais do adolescente.

Intuição, sedução e imaginação na sessão

A intuição é algo de inconsciente, de instintivo, de difícil mentalização, pois mesmo que se tente racionalizá-la, isso não é possível. É muito difícil ensinar a usar a intuição, pelo menos diretamente, pois ela é parte integrante de nossa provisão de criatividade. No entanto, a intuição participa ativamente no entrar em contato profundo com o outro e é, portanto, fundamental na terapia.

A sedução tem a ver com o saber conduzir o outro em direção a nossas argumentações e é, assim como a intuição, um fator vital nas relações afetivas e na construção de vínculos terapêuticos significativos. Trata-se de um percurso de duas vias, não é somente necessário saber adentrar o mundo do outro; é necessário também fazer com que o outro entre no nosso, havendo assim uma partilha de criatividade.

A imaginação é igualmente fundamental e é com frequência diminuída devido à rigidez em afrontar os problemas da vida. Sem sombra de dúvida, quanto mais grave o problema que uma família nos traz na terapia, talvez por conta de um filho adolescente, menos se pode recorrer à imaginação, porque é a realidade negativa do momento que suga as energias de todos. Reativar a possibilidade de imaginar é um remédio formidável, facilitado pelo recurso de uso da *linguagem como se* (ANDOLFI, 2003).

Lynn Hoffman (1981), falando da possibilidade de entrar em contato profundo com a família, dizia de Whitaker que este era capaz de passar daquilo que não é pensável àquilo que não é imaginável. É como se existissem diversas camadas: o cognoscível, aquilo que se pode conhecer e, em um nível sucessivo mais profundo, o imaginável. Conseguir conviver com os membros da família e fazer emergir deles aquilo que é imaginável é um grande recurso; um nível ainda mais profundo de conhecimento se obtém conseguindo falar daquilo que não é nem menos imaginável.

Capítulo 2

ADOLESCÊNCIA VIOLENTA E A CRISE DA FAMÍLIA

A AÇÃO COMO PRINCIPAL TRILHA RUMO AO CONHECIMENTO

São os pensamentos que fazem agir ou, ao contrário, as ações que fazem pensar? Provavelmente, esta é uma das questões que mais provocou divisões, prevaricações e preconceitos dentro da comunidade científica que se ocupa dos processos de desenvolvimento infantil e, de forma mais geral, das relações humanas e das pessoas em dificuldade.

Daniel Stern, em contraposição à psicanálise ortodoxa, que sempre dirigiu proibições teóricas e técnicas à ação, considerando-a dispersiva da energia psíquica a ser canalizada para o pensamento, foi bastante criticado justamente por ter restituído um valor primário à ação; valor posteriormente sustentado pela recente mudança de paradigmas nas ciências cognitivas, que propõem uma visão na qual a mente não é uma entidade separada do corpo, em que o pensamento nasce e extrai a seiva das sensações corporais, além dos movimentos e das ações (Clark; Fairburn, 1997; Damasio, 1999; Varela; Thomson; Rosch, 1991). A respeito do que afirmam as ciências cognitivas, isto é, que a mente não é uma entidade separada do corpo, Stern acrescenta que "(...) em terapia, o encontro intersubjetivo no momento presente diz respeito a duas mentes integradas que interagem física e mentalmente" (Stern, 2004). O que sugere Stern, na verdade, é um modo diferente de considerar a psicoterapia, na ótica fenomenológica do presente. A verdadeira novidade desta abordagem é a admissão do momento presente como centro da pesquisa terapêutica. E, ainda mais, com o reconhecimento do conhecimento implícito, do qual já falamos no capítulo anterior, muda também a forma de considerar a relação entre ação e linguagem. O ponteiro da balança se movimenta em direção à esfera não verbal e, fazendo assim, recupera-se plenamente o patrimônio de conhecimento e de experiência terapêutica desenvolvido pelo movimento sistêmico e por tantas escolas de origem gestáltica.

A psicanálise e a psicoterapia psicodinâmicas sempre privilegiaram temas como o significado e a coerência narrativa de histórias autobiográficas do paciente. Em particular, a psicanálise ocupou-se de buscar as relações entre experiências passadas, experiências presentes e estruturas pré-constituídas, como geradoras de padrões de significados, detendo-se no tempo transcorrido entre estas experiências, mas não no tempo de cada experiência, em particular no presente. Em resumo, na maior parte dos tratamentos psicodinâmicos o que conta são as livres associações, que são interpretadas para obter significados, negligenciando totalmente o aspecto fenomenológico. Não podemos negar, todavia, que existe uma substancial diferença entre "significado" (no sentido de compreender algo para poder explicá-lo) e "experiência profunda".

O valor da ação é claramente reestabelecido por Gaetano De Leo quando, em seu artigo intitulado "Per un'analisi sistemica dell'azione violenta" (De Leo, 1989), define a ação como um componente fundamental na formação e construção da identidade, em suas dimensões sociais, comunicativas e relacionais. A ação, segundo De Leo, é um construto comunicativo em uma perspectiva sistêmica, cujas interpretações e redundâncias remetem a outros sistemas e a outros contextos do indivíduo. É uma estrutura unitária, uma "linguagem" e um "discurso" comunicativo que remete, entre outras coisas, à relação entre indivíduo e seu Self, sua família, outros sistemas relacionais e o complexo sistema do observador (De Leo, 1989).

A VIOLÊNCIA NA FAMÍLIA

Já em 1984, John Bowlby, em seu artigo intitulado "La violenza nella famiglia" oferece elementos interpretativos e, sobretudo, sugestivos para toda uma série de comportamentos muito difundidos dentro das famílias. Ultrapassando as fronteiras da própria área de pertencimento cultural, o autor não deixa de vasculhar as descobertas de áreas muito distantes da sua. Ele se aproxima muito da abordagem familiar, porque leva em consideração não comportamentos isolados, mas sistemas comportamentais, sobre a base de um modelo cibernético. Isso o conduz, inevitavelmente, a observar as relações e interações, ainda que em um nível prevalentemente diádico, e a falar mais sobre comportamentos familiares.

Bowlby afirma que a violência na família deve ser considerada como uma versão distorcida e desproporcional de um comportamento potencialmente funcional, em particular, o comportamento de apego, de um lado, e o de criação, do outro. O autor, subvertendo as definições mais óbvias atribuídas ao comportamento violento, como luta por poder, expressão de instinto agressivo, reação à frustração, etc., reconduz a violência ao interior de cada vínculo afetivo, às suas observações sobre o instinto de apego, separação e luto. A violência seria, assim, uma resposta distorcida pela intensidade, mas natural pela qualidade, frente a um comportamento de outra pessoa envolvida no vínculo, vivenciado como ameaçador para o próprio vínculo e para a necessidade de dependência de quem a executa. Seria uma tentativa de salvaguardar o vínculo ou de recuperar os valores comprometidos por certo tipo de comportamento. A este respeito, Bowlby relata o exemplo das mães que repreendem asperamente ou batem nos filhos quando estes cometem imprudências que lhes colocam em risco de vida e que ameaçam, desta forma, o vínculo.

Os relacionamentos específicos que, se ameaçados, podem suscitar raiva e, assim, violência são essencialmente de três tipos: com o parceiro, com os pais e com os filhos.

Segundo tais premissas deveríamos sempre lembrar que quando nos encontramos a trabalhar com a violência é necessário buscar o sentimento de perda, real ou fantasiada: a ação violenta não seria nada mais nada menos que a ponta de um iceberg.

Enfim, o que Bowlby afirma é que a violência gera violência: filhos maltratados ou rejeitados, quando adultos, continuarão a responder às situações sociais com os mesmos esquemas de comportamento desenvolvidos na primeira infância.

A AÇÃO VIOLENTA COMO ENERGIA NEGATIVA

A agressividade, principalmente quando se transmuta em ação violenta, seja ela física ou verbal, solicita do outro/os uma reação orientada ora a uma resposta igualmente agressiva, ora a uma resposta de fuga.

Ocorre com frequência, em terapia familiar, que cheguem casos em que o filho adolescente adota em casa, e às vezes também na sessão, um comportamento violento, em relação a si mesmo ou em relação a outros familiares. Nessas situações, o terapeuta poderá orientar sua intervenção em função da filosofia de base que subjaz o próprio modelo operativo e o próprio sistema de valores e, obviamente, em relação à situação específica e ao contexto particular no qual atua. Tratando-se de um comportamento, poderá decidir como contê-lo, se deve modificá-lo, ou, então, considerando-o expressão de um mal-estar mais profundo, pessoal e relacional, poderá buscar no mesmo as linhas de distorção. No entanto, poderia também pensar que, no ato violento, se liberte uma energia negativa, mas que é sempre uma energia e, então, poderia tentar usá-la e redirecioná-la, ainda mais se falamos de uma fase do ciclo vital tão mutável como a adolescência. É exatamente esta ideia energética que guia nosso modo de fazer frente à violência dos adolescentes.

Para melhor descrever nossa maneira de trabalhar, parece útil rever algumas analogias que podem ser observadas entre o nosso tipo de intervenção com adolescentes violentos, o Aikido, que é uma arte marcial de origem japonesa, e a terapia de Carl Whitaker. Essas reflexões têm inspiração em uma conferência em memória de Carl Whitaker, organizada em 1996 na Universidade Católica de Roma, na qual Andolfi apresentou um relatório, ligando suas ideias à arte marcial do Aikido e à terapia de Carl Whitaker (Andolfi, 1996).

A arte marcial do Aikido

O Aikido é uma arte marcial que se apresenta como um método elegante de autodefesa pessoal, destinado a neutralizar bloqueios, torções e projeções de um ou mais agressores desarmados ou armados. Síntese e evolução de técnicas antigas emprestadas do *Jiu-jitsu* clássico e do *Kenjutsu* (prática da espada), o Aikido encontra sua originalidade e eficácia em uma série de movimentos baseados no princípio da rotação esférica.

Ao contrário de outras artes marciais focadas em movimentos lineares (para frente, para trás, na diagonal), as técnicas do *Aikido* são fundadas e se desenvolvem sobre um movimento circular, cujo centro é aquele que se defende. Dessa forma, ele estabiliza seu próprio centro de gravidade, descentralizando o do adversário e atraindo-o para sua própria órbita, e pode tirar vantagem da energia produzida pela ação agressiva para neutralizá-la.

O termo Aikido é formado por três palavras japonesas: *AI* (fusão, harmonia, amor); *KI* (espírito, energia do universo); *DO* (a estrada).

A técnica desta arte marcial baseia-se em alguns princípios e regras. O *objetivo* é neutralizar e redirecionar a agressividade do atacante sem causar danos; no *encontro*, o desafio realizado pelo atacante não é percebido de forma competitiva ou conflituosa, mas sim como uma oportunidade; o *central point* prevê que o mestre de Aikido coloque-se em um ponto central de uma esfera dinâmica de interações. Para ser mais claro, a posição central do mestre não tem nada a ver com uma posição narcisista ou de liderança; ele é central no sentido de que uma série de interações se irradiam a partir deste ponto.

Metaforicamente, o mestre Aikido, o *aikidoka*, pode ser comparado a um terapeuta que se propõe a orientar e mediar as interações que ocorrem na sessão.

Outras regras do Aikido dizem respeito a:

- o *corpo*: o *aikidoka* mantém seu equilíbrio, sua ação é graciosa, suave e gentil;
- a ética humanista do Aikido: tentamos eliminar o conceito de inimigos e de pessoas más;
- o *seguir a corrente de energia*, e *o não se opor a ela*: é necessário associar-se ao seu fluxo;
- o *ataque é percebido como "uma doação de energia":* trata-se de uma energia que chega e que deve ser redirecionada e devolvida;
- o *poder vem de uma posição de não poder*: o poder de estar em contato consigo mesmo e de ter um *central point*;
- o *prazer lúdico*: a permissão para se divertir e experimentar uma sensação de prazer interno em si mesmo e no desafiante;

- o *princípio da integridade*: não é necessário causar danos físicos ao atacante; o *aikidoka* busca respeitar o máximo possível o seu corpo e o do outro.

A terapia de Carl Whitaker

A terapia de Carl Whitaker, à primeira vista, parece consistir em colocar em cena a pessoa única e inimitável do terapeuta. Whitaker possuía um estilo errático e intuitivo, totalmente instintivo. Seu "não método", no entanto, obedecia a alguns princípios básicos:

A batalha pela estrutura

Carl Whitaker sempre usou essa metáfora para descrever o debate, por vezes difícil ou acalorado, que é criado já no primeiro encontro com a família, para definir a estrutura terapêutica. Na prática, trata-se de uma espécie de negociação para esclarecer quem define as regras na sessão, as rodadas para o falante e para o ouvinte, no caso de frequentes interrupções entre os membros da família e, acima de tudo, para esclarecer que não podem prevalecer no momento de terapia as mesmas hierarquias de poder que operam em casa. Vamos tentar imaginar que em uma família todos devam respeitar os pensamentos, iniciativas e explicações oferecidas por um pai forte, ou por um avô autoritário (aquele que detém o poder na família) sobre qualquer assunto e, especificamente, na descrição do problema que levou a consultar um especialista. Neste caso, seria certamente perigoso ou ao menos limitante, que o terapeuta devesse estar sujeito a regras e hierarquias de poder já consolidadas na família e transferidas ao contexto da terapia. Segue-se a isso o fato de que, para Whitaker, a relação terapêutica é inevitavelmente assimétrica, pois cabe ao terapeuta e somente a ele a tarefa de dirigir o fluxo de comunicação e ativar o processo terapêutico. Não é por acaso que na distinção entre *conductors* e *system purists*, típica de algumas décadas atrás e descrita em trabalhos anteriores (Andolfi, 1995; Bertrando; Toffanetti, 2000), Whitaker certamente se colocasse no primeiro grupo, que dizia respeito àqueles terapeutas muitas vezes referidos como "diretivos". Andolfi também se coloca no mesmo grupo, no entanto, ele prefere falar sobre terapeutas diretos, em vez de diretivos, em uma época, a atual, dominada por linguagens totalmente indiretas e "diplomáticas", de acordo com as regras sociais do politicamente correto.

Maurizio Andolfi e seu grupo de trabalho, mesmo compartilhando plenamente o significado do que acaba de ser dito em termos de direcionamento do sistema terapêutico, nunca usaram a metáfora *batalha pela estrutura* de Whitaker, preferindo falar de *construção de uma motivação conjunta* (Andolfi; Angelo; D'Atena, 2001; Falcucci et al, 2006) de forma a criar, de imediato, um clima colaborativo, que faça vir à tona as razões de cada membro da família. O problema, quando existir, será de coexistir, sem preconceitos, diferentes e, com frequência, contraditórias descrições da realidade.

Ambos os autores, por outro lado, encontram-se totalmente de acordo sobre assumir uma posição de centralidade dinâmica (o *central point* na dinâmica das interações descritas no Aikido), que decorre da capacidade de estar profundamente em contato consigo mesmo e, ao mesmo tempo, no centro das múltiplas interações que se desenvolvem dentro da sessão.

O processo de normalização de ações violentas

As manifestações sintomáticas apresentadas pelos adolescentes, até as mais graves (psicose, comportamentos violentos, transtornos alimentares) eram ignoradas ou relativizadas, uma vez que Whitaker rapidamente lhes transformava em imagens relacionais, em objetos lúdicos, enfim, sempre em instrumentos de conhecimento da família que se encontra no paciente.

Quando, durante a sessão, um comportamento violento, mesmo que verbal, aumentava o tom, Whitaker ignorava e, talvez, começasse a brincar com um irmãozinho ou a associá-lo livremente a outras histórias de violência muito mais dramáticas, acabando por criar um clima de absoluta normalidade. Ao fazer isso, os níveis de ansiedade familiar diminuíam e o adolescente se sentia confuso, surpreso com a "não resposta" do terapeuta às suas provocações. Em um nível mais implícito e profundo, dessa forma Whitaker oferecia a cada um dos membros da família novas perguntas centradas mais em processos de desenvolvimento familiar, que em um único comportamento disfuncional.

Nunca antagonizar o paciente na sessão

Esta era, sem dúvida, a magia de Whitaker. Sua capacidade de não criar contextos culpabilizantes ou de julgamento na sessão fazia cair a *vis* polêmica do adolescente violento, que nunca se sentia desafiado em seu território de agressividade e reivindicações. Como para o aikidoka, não existia o conceito de resistência, porque tudo era lícito e possível, especialmente em termos de fantasias e associações livres.

O humor como anestesia para a intervenção terapêutica

A brincadeira e o humor eram, sem dúvida, as principais ferramentas da terapia de Whitaker ao entrar em contato com a família. Para Whitaker (1984), o humor era uma espécie de anestesia geral para atenuar a dor causada pelo surgimento das dificuldades enfrentadas na terapia; ao mesmo tempo, representava um destaque estrondoso de aberturas repentinas, de brechas de mudança que precisavam expandir, bem como uma maneira de reforçar a imutabilidade de atitudes, papéis, comportamentos.

Conhecer a violência na sessão

Do que foi exposto anteriormente, emergem vários pontos de contato entre os princípios do Aikido, a terapia de Carl Whitaker e nosso trabalho clínico com as famílias. Buscaremos descrever brevemente os princípios norteadores de nossa intervenção com adolescentes violentos, em particular nas muitas situações de violência reativa, tão frequentes nesta faixa etária.

A violência é energia negativa a transformar em energia positiva

Já mencionamos esse conceito, que se refere muito à filosofia Aikido. A violência, na realidade, pode ser tratada pelo terapeuta não como um sintoma a ser tratado, mas como um impulso dinâmico que pode ser acolhido, reconhecido e canalizado em uma direção positiva. A intervenção do terapeuta deverá, portanto, concentrar-se em como associar-se à ação violenta sem bloqueá-la, redirecionando a energia inerente a ela. Esta ação não é caracterizada negativamente, pelo contrário, é considerada, como para o aikidoka, uma "doação de energia" a devolver modificada.

O comportamento violento como oportunidade de crescimento em terapia

Se o comportamento violento de um adolescente traz uma família à terapia, tal comportamento já possui implicitamente valores positivos, pois permite que se tome consciência dentro de um contexto protegido e neutro, onde, se transformado em significado, pode se transmutar de ameaça familiar pela ação específica de um indivíduo a ocasião de crescimento e de coesão para todos.

Este conceito será mais bem compreendido quando, mais adiante no capítulo, descreveremos algumas situações terapêuticas.

O centro de gravidade do terapeuta como central point *para entrar e sair do relacionamento: a construção de um supervisor interno*

Em primeiro lugar, o terapeuta deve ter consciência mental e física de onde ele está situado dentro da experiência terapêutica. Ele deve ser capaz de se mover livremente em todas as direções, sem se perder e com tranquilidade, na medida em que possui um sentido claro de sua posição no espaço terapêutico (o famoso *central point* do aikidoka). O seu movimento tranquilo cria um contexto reconfortante e propositivo na sessão, o que reduz a ansiedade e a preocupação com os quais a família muitas vezes se apresenta. Para compreender tudo isso, pode ser útil referir-se ao conceito de autorreflexão, ideia-chave das teorias sistêmicas; é precisamente a capacidade de refletir momento a momento sobre o próprio desempenho, sobre as interações observáveis na sessão e, acima de tudo, sobre as próprias respostas emocionais aos temas trazidos pela família. Esta capacidade permite ao terapeuta manter um diálogo interno consigo no mesmo momento em que constrói um diálogo com os diversos componentes da família. Não muito diferente é o conceito introduzido pelos construtivistas, que afirma que o observador nunca é neutro, mas se torna ele mesmo parte do campo de observação, um pouco como o fotógrafo que entra com seu olhar e a sua curiosidade no objeto que está se captando. Nos últimos anos, temos falado cada vez mais de um *supervisor interno*, entendendo por isso a capacidade de um terapeuta experiente de observar-se no momento em que age e de refletir, em seguida, sobre as interações emocionais ativadas gradualmente.

Panta rei (Heráclito), tudo flui: o conceito de resistência está só na cabeça do terapeuta

O conceito de resistência não existe em nosso vocabulário. Se por resistência se entende uma *força contra*, então o esforço do terapeuta deve ser o de tomar esta força e transformar o *contr*a em um en-*contr*o, um pouco como acontece na filosofia do Aikido.

Nessa perspectiva, a resistência deixa de existir, porque o terapeuta, ao invés de lutar ou de entrar em conflito com a família como um todo ou com o adolescente que o provoca, associa-se à corrente de energia negativa deste último, sem recorrer a qualquer oposição ou coerção externa. Fazendo isso, ele transforma a resistência potencial do outro em energia livre e disponível, canalizando-a em direções mais positivas e construtivas.

O humor, ou a arte de se mover na fronteira entre o drama e a comédia da vida

O humor é um valor adicionado à "caixa de ferramentas" terapêutica, que permite que você atue constantemente na fronteira entre o cômico e o trágico, entre a vida e a morte, entre uma realidade e seu oposto, usando a ambivalência, tão enraizada em todo ser humano, como um guia para entrar na trama da família. O humor e a leveza estão sempre presentes em nossas sessões, pois nos permitem vislumbrar vida e esperança, mesmo nas situações aparentemente mais trágicas e dramáticas. O respeito pelos outros, particularmente em situações de vulnerabilidade como a terapêutica, é fundamental, mas não se mede pela seriedade e firmeza do terapeuta; ao contrário, pode se configurar melhor à medida que este último assume o risco pessoal de estar com a família em um nível profundo e não de ser somente um terapeuta. O verdadeiro instrumento de contato com o complexo mundo emocional de uma família em dificuldade não reside na técnica, ou neste ou naquele modelo conceitual, mas, sim, na própria pessoa do terapeuta que sente, pensa, responde e brinca dentro do contexto terapêutico. Nesse sentido, a psicoterapia da qual estamos falando desvia-se, e muito, da medicina e da psiquiatria, disciplinas mais ligadas a códigos pragmáticos focados na eficácia da intervenção do que no humanismo e na estética das relações humanas.

A VIOLÊNCIA REATIVA DO ADOLESCENTE

Como nas outras fases do ciclo vital, também na adolescência o comportamento violento pode surgir de condições particulares de graves alterações da mente. A violência está frequentemente presente em transtornos psiquiátricos graves, como psicose, alcoolismo, transtorno afetivo bipolar, dependência de drogas ou sociopatia. Se pensarmos, por exemplo, em uma crise pantoclástica de um menino psicótico, obviamente, não podemos usar a mesma medida de referência que usamos com um adolescente que adota comportamento violento em família diante de repetidos conflitos e hostilidades entre os pais, violência que, neste caso, podemos definir como *violência reativa*. Essas duas situações são muito diferentes entre si e neste capítulo vamos nos concentrar apenas no segundo caso, em suas variadas expressões, que tomam forma tanto dentro da família como no contexto social. Declaramos que consideramos como reativas também todas aquelas formas de violência que se expressam em comportamentos desviantes, *bullying* e atos delinquentes de jovens em idade de desenvolvimento.

Esse tipo de violência tem algumas características bem definidas: tem um forte componente interpessoal e nasce e se nutre no contexto familiar e social do adolescente que a pratica.

No capítulo anterior, definimos a adolescência como tempo da insegurança e do medo (Andreoli, 2006). Estamos falando daquele medo que tem a ver com a crise de identidade devida ao crescimento e à desestabilização dos pontos de referência previamente funcionais para o jovem, quando ele ainda era criança. Entre os mecanismos de defesa diante do medo, um dos mais comuns e mais automáticos é precisamente o do ataque. Este último pode ser direcionado para os outros, por meio de ações destrutivas na família ou fora dela (escola, estádio, rua), até chegar ao fenômeno do *bullying*, um verdadeiro abuso de poder em relação aos mais fracos. Em outros casos, atos violentos podem ser realizados contra si mesmos através de comportamentos autoflageladores, fazendo uso de drogas, de álcool ou de formas aparentemente mais inofensivas, mas igualmente destrutivas, que vão desde a recusa de alimentos até graves transtornos alimentares.

A ação violenta não é apenas um feito, mas expressa e comunica outras coisas a nível implícito. Nesse sentido, pode ser considerada uma provocação, com frequência difícil de decifrar, por vezes desesperada e dramática, com a qual o adolescente comunica ao mundo suas necessidades primárias de cuidado e reconhecimento. O adolescente violento pode se tornar o braço armado da família diante de severas hostilidades conjugais ou distorções intergeracionais; em outros casos, seu comportamento representa um grito desesperado para ser reconhecido pelos pais, tanto biológicos, quanto adotivos. Ou, ainda, seu *bullying* e seus comportamentos desviantes podem nos falar de um vácuo de identidade e de uma total carência de apoio familiar e social. A identidade do adolescente, na verdade, é construída dentro dos contextos familiares e sociais de pertencimento e assume formas e expressões muito diferentes, de acordo com eventuais distorções de papel, de gênero sexual e geracionais presentes em sua família.

O COMPORTAMENTO VIOLENTO DO ADOLESCENTE NAS DISTORÇÕES INTERGERACIONAIS

Em outros trabalhos (Andolfi; Angelo, 1987; Andolfi, 2003; Andolfi et al, 2007) e no capítulo anterior, descrevemos amplamente as diferentes formas de funcionamento familiar, partindo exatamente do estudo de redes intergeracionais dentro das quais cada indivíduo cresce e é emancipado. A dimensão triangular das relações intrafamiliares parece-nos uma unidade de medida bastante articulada e satisfatória para observar o desenvolvimento do adolescente, certamente mais completo que a díade que, inevitavelmente, ignora o terceiro e, na prática, exclui o pai como elemento significativo nos processos de cuidado e de criação da prole. Tal exclusão, deve-se salientar, não diz respeito apenas ao homem em suas funções protetivas em relação às crianças, mas também em sua dimensão conjugal, pois, como bem sabemos, a qualidade da relação de casal condiciona (positiva e negativamente) o relacionamento pai-filho.

Esta suposição nos leva a pensar quão limitantes e pouco sistêmicos são todos aqueles cursos e aprofundamentos sobre parentalidade, hoje sempre mais difundidos a nível acadêmico e nos serviços públicos, como se fosse possível dissociar o ser pai do ser cônjuge, esquecendo que tais funções são extremamente conectadas e interdependentes entre si.

Estamos repetindo há décadas, tanto através de publicações científicas quanto em seminários de estudo e, obviamente, fundamentados por 40 anos de experiência clínica, que a qualidade dos relacionamentos de casal atuais, assim como daquelas entre pais e filhos, está fortemente relacionada à qualidade das relações de cada cônjuge com suas famílias de origem e à dinâmica dos processos de pertencimento e separação das gerações anteriores. É por isso que o comportamento de um adolescente deve ser lido dentro dessas dinâmicas complexas e a violência do adolescente deve ser observada e tratada de acordo.

Podemos, assim, afirmar que as disfunções familiares são predominantemente atribuíveis à confusão existente em relação ao plano geracional de pertencimento, de filhos, pais, avós e que, nesses casos, a violência do adolescente representa o braço armado de conflitos geracionais negados ou não resolvidos.

Em todas essas situações familiares rígidas e imperturbáveis, caracterizadas muitas vezes por uma fachada que, a todo custo, deve ser preservada, atitudes descaradamente depreciativas por parte dos filhos adolescentes podem atuar como um forte chamado e um pedido de atenção.

A imaturidade é uma modalidade relacional que pode ser facilmente apreendida dentro da família e, como afirma Bowen (1979), os processos de imaturidade podem ser transmitidos através das gerações. Assim, se duas pessoas têm um baixo nível de diferenciação do *Self* em relação às famílias de origem, é possível que elas gerem uma criança que, provavelmente, apresente também os mesmos limites em sua emancipação. Também é verdade, no entanto, que aqueles que viveram uma situação de imaturidade por parte dos pais, também podem reagir de modo oposto e se tornarem extremamente maduros, a ponto de crescerem rapidamente e colocando-se, por sua vez, como um filho paternal.

Já afirmamos anteriormente, com Bowlby (1984) e De Leo (1989), que a ação violenta é muitas vezes transmitida inconscientemente através das gerações. Às vezes, isso não é facilmente reconhecível, já que a violência pode se manifestar de maneiras diferentes, por vezes muito refinadas e manipuladoras, mas não menos prejudiciais e dramáticas do que aquelas visíveis.

De filho do milagre a filho monstro

Gostaríamos agora de dar suporte aos enunciados teóricos que acabamos de descrever por meio da apresentação de uma situação clínica em que a família vem à terapia pela extrema violência de seu filho Andrea, de 18 anos, que os pais descrevem como um filho-monstro.

A seguir um trecho da descrição feita pelo pai sobre a violência de Andrea:

Os anos se passaram e, quase de repente, há cerca de dois anos, o problema de Andrea se manifestou; ele tomou como modelo a violência, a violência brutal, absoluta, sem qualquer regra, sem respeito por si ou pelos outros, muito menos com a mãe, o pai, o irmão mais velho. Minha família viveu nesses dois anos em um clima de terror e medo; inumeráveis episódios de brutalidade para comigo e para com a mãe, associando a isso um afastamento do mundo, da vida, dos amigos... a única panaceia, comer! Sim, só comendo, até alcançar um peso monstruoso: 136 quilos de beleza... Um monstro!

Na primeira sessão participam Andolfi (o terapeuta), o pai, a mãe, Andrea e seu irmão mais velho, Giampiero.

Os seguintes diálogos ilustram o sutil jogo de provocação que se estabelece imediatamente entre o terapeuta e o rapaz. Este último examina o terapeuta para entender de que matéria ele é feito e, acima de tudo, se consegue lidar com ele sem medo. O terapeuta, com suas perguntas absurdas, o provoca, dando lugar a uma espécie de balé para ganhar o papel de guia na sessão. O jovem "dança com ele" e o segue. Reproduzimos a seguir a conversa em que o terapeuta busca se comunicar com o rapaz.[4]

Por que você me trouxe esta família hoje?

Terapeuta: Então, por que você me trouxe essa família hoje?

Andrea: Sei lá!

Mãe: Ele sempre fala assim!

Andrea: Como vou saber? Dã...Me trouxeram!

Mãe: Pois, sim! Então diga a ele!

Andrea: Eles me trouxeram!

Terapeuta: Mas não foi o seu corpo que os trouxe aqui?

Andrea: Tô aqui... tô aqui...

Terapeuta: Mas, pergunto, eles não vieram por causa de seu corpo?

Andrea: Qual corpo?

[4] N.de T.: No original, o rapaz usa um registro dialetal, o romanesco. Na tradução optamos pela substituição por um registro coloquial e informal, para diferenciar do registro usado pelos adultos.

Terapeuta: O seu! Papai está falando sobre seu corpo. Eles estão preocupados com o seu corpo.

Andrea: Não estão preocupados com o meu corpo!

Terapeuta: E como vou saber? É a primeira vez que lhe vejo!

Andrea: Mas eu sei!

Terapeuta: Então, o que você gostaria que eu fizesse com eles?

Andrea: Sei lá!

Pai: Só pensa em TV. Ele não pensa em mais nada! Aquilo não adianta, não é um problema. Já te expliquei que de outro modo estaríamos aqui dias e dias... claramente, o professor Andolfi ...

Andrea: Pai, não manjei nada!

Mãe (com uma atitude carinhosa e protetora como se estivesse lidando com uma criança pequena, uma atitude que ela manterá durante todo o encontro): Ele não entendeu mesmo a pergunta!

Terapeuta: Certeza?

Mãe: Sim.

Terapeuta: Desculpe, não foi o seu corpo que trouxe os três aqui?

Andrea: Não, a gente veio tudo junto!

Mãe: Não, não é isso! Ele ainda não entendeu; está tentando encontrar as palavras certas para ...

Terapeuta: Parece-me que a única coisa que não é relatada nos documentos clínicos é que você, de alguma forma, não seja muito inteligente!

Andrea: Não! Me parece que você é que é pouco inteligente! *(A mãe toca o braço dele como que para acalmá-lo)*

Terapeuta: Não entendo que você seja pouco inteligente, estou dizendo à mamãe que, pelo contrário, acho que você entendeu bem a questão.

Mãe (acariciando o ombro do filho): Ele não diz isso.

Terapeuta: Eu não acho que haja um problema de inteligência!

Andrea: A gente veio tudo junto!

Terapeuta: Mas quem trouxe toda a família?

Andrea (apontando para o pai): Ele trouxe!

Terapeuta: Ele no papel, na teoria! Mas na prática você é quem trouxe a família!

Andrea: Ah! Ok! Eu trouxe!

Terapeuta: E o que você gostaria que eu fizesse, visto que você os trouxe?

Andrea: E como vou saber? Você deve saber disso!

Terapeuta: Bem, na prática eu deveria saber, mas como eu conheço sua família muito pouco, você pode me ajudar a entender!

Apocalypse Now

Terapeuta: Você veio voluntariamente ou eles te trouxeram à força?

Andrea: Eles me trouxeram à força!

Terapeuta: Ah! Agora eu entendo! *(O terapeuta tem uma pequena bola de borracha nas mãos. Ele joga-a para o rapaz que, imediatamente, a devolve, depois a joga para o irmão que, por sua vez, a devolve também.)* Houve um problema!

Andrea (sorrindo divertido): Mas o que a gente faz? No jogo? *(Todos sorriem)*

Terapeuta: Como podemos fazer isso, por que eles te trouxeram à força? Eles achavam que você não viria?

Andrea: Óbvio que eu não viria!

Terapeuta (relança a bola, o menino imediatamente envia de volta para ele): Por quê?

Andrea: Sei lá!

Terapeuta: E você, que é tão grande, se deixa ser trazido à força?

Andrea: Deixo...

Terapeuta: Quem te empurrou mais?

Andrea: Todos!

Terapeuta (apontando para o irmão): Ele também?

Andrea: Ele também... não! Ele não! Eles trouxeram ele também!

Terapeuta: Eles também te trouxeram?

Giampiero: Sim, mas porque eu trabalho, e então...

Terapeuta: Você estava trabalhando?

Giampiero: Sim.

Terapeuta: E você, em vez disso, estava em casa assistindo a um bom filme de guerra...

Andrea: Não, eu tava dormindo, eu tava!

Terapeuta: Um japonês?

Andrea: Eu não vejo os japoneses.

Pai: Americanos.

Andrea: O quê?

Terapeuta: Filmes americanos, *cowboys*?

Andrea: Não, aqueles em que matam!

Terapeuta: Há filmes de Sergio Leone onde eles matam!

Andrea: Não curto esses!

Terapeuta: Os filmes de Dario Argento, onde há sangue e todas as coisas que rolam...

Andrea: Não curto! ...Aqueles onde tem carrascos, manja?, que matam todo mundo ...

Terapeuta: Ah! Tipo, *Apocalypse Now*?

Andrea: Esse eu tenho em casa!

A provocação continua, enquanto o terapeuta acrescenta um comportamento não verbal totalmente inesperado pelo menino, com a intenção específica de construir uma aliança terapêutica com Andrea. É o jogo de bola, no qual, depois de um tempo, até o irmão mais velho se envolve. Assim, se materializa uma experiência bastante improvável entre esses dois irmãos, a de brincar juntos. O menino segue o terapeuta em suas provocações, até se enternece quando ele sorri. Tem aquele seu corpão grande, mas que então assume características de um filhote, um cachorrinho zangado. Parece rosnar, no entanto, esta parece tratar-se de uma violência supraestrutural. Não há dúvida, contudo, que se alimenta de violência. Ele passa a noite assistindo a filmes sangrentos e de massacres e jogando videogames violentos, ainda que seu irmão durma no mesmo quarto. Coleciona armas e, acima de tudo, ele encarna a figura do justiceiro, aquele que elimina todos os vilões do mundo.

Quando você decidiu tornar-se um gigante?

O terapeuta, uma vez que o gelo é quebrado e que atingiu o *central point*, começa a amplificar o sintoma, para desvendar suas funções relacionais. Trata-se de um sintoma complexo: o comportamento violento é acompanhado por uma obesidade considerável, que foi diagnosticada erroneamente em um hospital romano e confundida com uma doença endócrina, a doença de Froelich.

Terapeuta (dirigindo-se à mãe): Quando ele decidiu se tornar um gigante, com que idade?

Mãe: Eu tinha preparado as fotos justamente para mostrá-las.

Terapeuta: Com quantos anos?

Mãe: Aos 15 anos.

Terapeuta: Então aos 14 anos ele ainda era um menino normal?

Mãe: Sim, sempre um pouco maior que a média, mas normal, enfim...

Pai: Ele nunca quer ver essas fotos!

Terapeuta: Quais?

Pai: Quando, conversando, pegamos essas fotos para mostrar a ele o quanto ele era lindo e o quão diferente ele era, ele não quis vê-las, até rasgou uma!

Mãe: Rasgou a da comunhão.

Terapeuta (dirigindo-se a Andrea): Como você era?

Andrea: Ããã... Como eu era? Eu era um menininho, como você era quando era um menininho?

Terapeuta: Eu era muito magro, tinha uma roupinha, tipo aquela da comunhão de antigamente, sabe?

Andrea: E eu não sei como eram as roupas de antigamente!

Terapeuta: Bem, eram roupas brancas com...

Andrea: Mas como vou saber o que eu usava?!

Mãe: Usava a calça escura!

Andrea: Eu vestia uma jaqueta, calça e camisa, como todos!

Terapeuta: E o colete!

Andrea: Acho que sim!

Terapeuta: Todo mundo usava colete!

Andrea: Acho que sim!

Terapeuta: Você a jogou fora por conta da comunhão ou você a jogou fora porque você não gostava de si mesmo?

Andrea: Como?

Terapeuta: Digo: você jogou a foto porque era da comunhão ou porque você era pequeno e não queria parecer pequeno?

Andrea (sorrindo): Bem, porque eu não queria parecer pequeno!

Terapeuta: Então você gosta de ser o gigante malvado da casa?!

Andrea: Claro que eu gosto!

Quem tem medo de você?

E agora é a vez do sintoma da violência. O terapeuta entra de modo profundo e diretamente, com suas provocações, no tema do medo como efeito relacional do comportamento violento do rapaz.

Terapeuta (indicando os outros três e se dirigindo ao menino): Você pode me dizer quem tem mais medo de você?

Andrea: Como vou saber? Eles não têm medo de mim!

Terapeuta: Imagina que fazem algo errado, você "quebra a cara" deles?

Andrea (irritado): Não!

Terapeuta: Por quê? Você poderia!

Andrea (alterando-se): Não! Você podia "quebrar a cara" de seu pai?

Mãe (contendo-o, tocando em seu braço): Hei!!

Terapeuta: Eh! Mas... eu não sou tão forte como você!

Andrea: O que isso tem a ver? Eu não faço isso!

Terapeuta: Eu entendo que você não faz isso, mas pode ser que eles mesmo assim tenham medo de você!

Mãe: Diga a verdade!

Andrea: Ai... mas o que isso tem a ver? Porque o cara é assim, deve "quebrar a cara" dos outros?

Terapeuta: Não, estou dizendo que eles podem ter medo; (*voltando-se para os outros três*) existe algum de vocês que sente medo?

Andrea (olhando para o resto da família): Não, isso não é verdade!

As preocupações de papai

Pai: Eu pessoalmente não tenho medo físico dele. Eu só ... *(O terapeuta entrega a bola para Andrea sem olhar para ele, jogam um para o outro algumas vezes; o menino está se divertindo)* Eu tenho muita expectativa em relação a essa terapia, mas não sei se essa conversa é, ... a reta final. Nós tentamos de tudo.

Terapeuta: Então é dramático! Com o que você está preocupado? O que pode acontecer?

Pai: Com seu futuro, obviamente...

(O terapeuta e Andrea jogam a bola, que cai no fundo da sala, a mãe manda o menino ir buscar)

Terapeuta (continuando a olhar apenas para o pai): Senhora, fique tranquila, nós dois estamos jogando*! (Andrea ri)*

Andrea: Um a um!

(O terapeuta vai pegar a bola, enquanto o pai continua falando, e a joga para Giampiero)

Pai: Ele acha que seu pai vai viver para sempre. Eu, claramente, penso no amanhã e no que terei que fazer ...

Terapeuta: Sua preocupação é que não encontrará trabalho, não encontrará uma esposa, não terá filhos? É isso?

Pai: O que eu com frequência tenho tentado dizer é por que um menino ...

(O terapeuta dá a Andrea a bola novamente, que começa a driblar com uma mão e dá uma cabeçada, sua mãe e seu irmão olham para ele com espanto)

Pai: Um menino que sempre foi o centro das atenções, era um ponto de referência para todos os seus amigos, ele tinha um monte de interesses... de repente ele se tornou apático, sem vida, não se importa mais com a escola, ele não se importa mais com nada, agora só está interessado em armas, sempre falando de armas sangrentas: COP 45, Beretta 45 S, está se tornando uma enciclopédia de armas!

O medo do irmão e as ameaças de Andrea

(O terapeuta faz os dois irmãos sentarem-se lado a lado)

Terapeuta (dirigindo-se a Giampiero): Você estava me contando sobre o seu medo, você tem medo do seu irmão Andrea?

Giampiero: Sim, toda noite quando chego em casa, antes de cair no sono.

Terapeuta: Há quantos anos?

Giampiero: Desde que ele começou a se tornar assim, enorme! Todo mundo está com medo!

Terapeuta (apontando para os pais): Então eles estão constantemente preocupados?!

Andrea: Beh, com eles não! "Tão" preocupados com a traqueia dos outros, que alguém morra!

Terapeuta: Então eles estão preocupados que você possa atacar outras pessoas?

Andrea: Claro! Mas não é que eu vá atacar pessoas assim...

Terapeuta: E?

Andrea: Tem que ter uma razão, tem que ter...

Terapeuta: E me diga, quantas traqueias já arrancou?

Andrea: Nenhuma, porque senão eu tava na cadeia, pô!

Terapeuta: Então, por que estão preocupados?

Andrea: Por que quando alguém sai da casinha, pode matar, exagerando em uma briga!

Terapeuta: Ah! Então eles estão felizes que você fique em casa, porque em casa você não corta a traqueia de ninguém!

Andrea: É...de qualquer forma, cortar a traqueia não é o único jeito de derrubar alguém!

Terapeuta: É... você pode chutar as bolas e esmagá-las!

Andrea: Bem, arrancar as bolas..., te pego pelo pescoço e torço em dois *segundos (Faz o gesto de estrangular alguém)*

Terapeuta: Ah!

Andrea: Ah! Posso também quebrar teu nariz, um braço; mas matar parece muito exagerado!

O terapeuta continua no mesmo tema, isto é, o de amplificar o sintoma; ele pergunta quem pode ter medo, dentro e fora, e o rapaz usa imagens bastante fortes, não tanto para ameaçar diretamente, mas para dizer: "Se você aumentar as apostas, eu vou levantá-las ainda mais!" Andrea sente, no entanto, que o terapeuta não se assusta; seu papel de "terrorista", como poderá ir adiante? Ele ainda terá que ameaçar, com mais ênfase: corta traqueia, torce o pescoço e assim por diante! A energia destrutiva é sentida na sala, como se fosse possível segurá-la com as mãos.

Giampiero é quatro anos mais velho que Andrea e parece viver com um "marciano" ao lado; se sente que não há, e nunca houve, um entendimento entre os dois: desde a primeira sessão fica claro que Giampiero, pequeno, feioso e inseguro, foi menos considerado que Andrea na família, enquanto todas as expectativas voltavam-se para o segundo. No decurso da sessão, será sabido que entre os dois houve um irmãozinho, morto alguns dias após o nascimento. Essa morte pesou muito sobre o equilíbrio emocional da família e, muitas sessões depois desta, será revelado que a mãe ainda vai regularmente visitar o túmulo de seu filho, depois de tantos anos. Então Andrea, que nasceu bonito e saudável, tornou-se para os pais o filho do milagre!

O pai está visivelmente preocupado com a situação, e se sente de sua parte um forte vínculo com Andrea, enquanto sua mãe, nem um pouco preocupada, pelo menos fisicamente, com seu filho gigante, trata-o como um cachorrinho. Uma frase toca o terapeuta, quando a mãe diz, ao final do encontro, que sua sogra e Andrea são "feitos da mesma matéria em termos de violência!".

Ninguém nunca ajudou meu pai a crescer?

Agora vamos ver como essa energia, uma vez acolhida e contida pelo terapeuta, pode adquirir um sentido diferente, não permanecendo negativa e isolada, mas ser conectada de modo construtivo à história da família.

Terapeuta (dirigindo-se a Andrea): Você acha que papai teve uma família que o ajudou a crescer?

Andrea: Bem, não.

Terapeuta: O que aconteceu?

Andrea: Como vou saber? Estava no troço... no internato.

Terapeuta: Você já foi pro internato?

Andrea: Você já foi?

Terapeuta: Eu não.

Andrea: E então? Por que eu teria que ir?

Terapeuta: Por que ele foi pra lá?

Andrea: Porque mandaram ele!

Terapeuta: Então não mandaram você. Por que fizeram isso com ele?

Andrea: Porque o pai morreu!

Terapeuta: A mãe não poderia ficar com ele?

Andrea: Como vou saber?

Terapeuta: Então, no lugar do pai, ele teve o internato. Que internato?

Andrea: Sei lá! Fica longe daqui...

Terapeuta: Onde é?

Andrea: Perto de Perugia.

Terapeuta: Você já esteve lá?

Andrea: Sim, uma vez, de passagem.

Terapeuta: Parece uma prisão ou um hotel?

Andrea: Eu não me lembro, era um prédio...

Terapeuta: Mas um prédio parecido com uma prisão ou...?

Andrea: Não, era um prédio normal... claro, era fechado!

Terapeuta: Quantos anos seu pai esteve lá?

Andrea: Como vou saber? Uns dez.

Terapeuta: Dez anos!

Andrea: Dez, onze.

Terapeuta: Tantos, é?! Onze anos no internato! Mas por quê? Não tinham dinheiro para mantê-lo em casa?

Andrea: Sei lá! Ele tava lá! Mas o que eu sei sobre ele? Eu nem tava lá!

Terapeuta (sorrindo): Você é simpático, hein? Mas, na verdade, eu acho que você sabe de muita coisa. E a mãe dele o amava?

Andrea: Não, se deixou ele lá, não!

Terapeuta: Visitava ele com frequência?

Andrea: Não.

Terapeuta: Então não o amava muito!

Andrea: Sim.

Terapeuta: Então ele teve uma infância muito difícil?!

Andrea: É...

Terapeuta: Ele nunca teve um pai que o tranquilizasse quando sentia medo?

Andrea: Não, ele estava morto!

Terapeuta: Nem uma mãe que pudesse cuidar dele quando criança, nem havia uma mãe!

Andrea: Não.

Terapeuta: Nem uma irmã?

Andrea: Não, não estava lá! E ela era menor que ele e uma burra! *(Os pais e o irmão riem)*

Terapeuta: Então, praticamente ele cresceu sem ninguém que o ajudasse a se sentir seguro. Ele conseguiu fazer você crescer seguro?

Andrea: Como vou saber?

Terapeuta: Bem, disso você sabe.

Andrea: Seguro de quê?

Terapeuta: Seguro dos medos que você poderia ter!

Andrea: Medo de quê?

Terapeuta: De tudo, medo do escuro, medo da morte...

Andrea: Eu não tenho medo da morte!

Terapeuta: De doenças...

Andrea: Eu não tenho medo de ficar doente...

Terapeuta: ... Medo de ser abandonado.

Andrea (falando alto): Eu não tenho medo!

Terapeuta: Existem tantos medos!

Andrea: Eu não tenho medo da morte!

Terapeuta: Do que você tem medo?

Andrea: De nada!

Terapeuta: Você já teve medo do escuro?

Andrea: Não!

Terapeuta: Você nunca teve medo de que, talvez, seus pais deixassem você e não soubesse quem poderia lhe ajudar?

Andrea: Não, mas que eu penso essas coisas, eu penso...

Terapeuta: Nunca, medo nenhum?

Mãe: Não, quando ele era pequeno, não.

Terapeuta (dirigindo-se a Giampiero): E você tinha medo quando criança?

Giampiero: Tenho medo de ficar em casa sozinho até hoje. Se eu fico em casa sozinho à noite eu ligo todas as luzes!

Terapeuta (aumentando o volume da voz): Então você pegou todos os medos da casa e ele, toda a coragem!

O projeto de terapia

Nesta sessão também se falou da morte de seu avô materno, que era uma presença importante na família, mas essa perda parece não ter deixado marca na mãe; a morte de seu filho, nascida antes de Andrea, é o que unicamente a move emocionalmente: ela procura na bolsa a foto da criança que tanto gostava, tão bonita, que morreu logo após o nascimento. Andrea é o filho do milagre, aquele que devia preencher um vazio profundo sem ser capaz de ter sucesso, e sua raiva e sua violência hoje parecem um grito desesperado de um adolescente fortemente parentalizado desde o nascimento. Todas as expectativas estavam sobre ele como compensação e o menino respondeu bem até os 14 anos, mas agora, dois anos depois, aqui estão os resultados: um filho monstro.

O papai é mais prestativo e compreensivo, mas parte de uma posição de extrema cautela, a sua função é agir sempre como um pacificador e nega a si mesmo como uma pessoa com suas próprias necessidades e habilidades parentais. Tudo gira em torno do filho gigante, que quanto mais esbraveja menos limite encontra.

A história de Andrea é a história de uma família com graves distorções intergeracionais. Seus pais, Paola e Gianni, casaram-se muito jovens quando Paola já estava grávida de Giampiero, com a oposição extrema da mãe de Gianni, que nunca perdoou Paola por ter levado seu filho embora, tanto que a relação entre sogra e nora se desenvolveu entre tensões contínuas, reconciliações mais ou menos veladas até o rompimento final ocorrido há cerca de dois anos (é pura coincidência com o início dos distúrbios de Andrea, descrito pela mãe como violento como sua sogra?).

Mas então qual direção deve ter a terapia e como usar a violência de Andrea como guia para entrar nos relacionamentos violentos da família? Como restabelecer confiança e estima para um pai órfão, que viveu o orfanato como o único guia para seu crescimento pessoal, com uma mãe tão possessiva quanto indisponível no plano emocional? Como podemos ajudar Paola a fechar o túmulo de seu amado filho e a encontrar um relacionamento mais direto e autêntico com os dois filhos, liberando Andrea da pesada responsabilidade de cobrir um vazio emocional intransponível? Se tudo isso for possível, com a ajuda da terapia, então a violência extrema desse adolescente desaparecerá, mas ainda mais terá tido um significado e um valor para buscar junto aos familiares outros caminhos de vida.

Os interessados em saber mais, podem consultar o livro *La terapia narrata dalla famiglia* (Andolfi, Angelo, D'Atena, 2001), em que, além do processo terapêutico, são relatados vários *follow-up* à distância após o término da terapia.

O COMPORTAMENTO VIOLENTO DO ADOLESCENTE EM FAMÍLIAS ADOTIVAS

O adolescente adotivo está engajado, assim como seus pares não adotivos, no complexo processo de construção identitária e no trabalho cansativo de redefinição dos sentimentos de pertencimento. No entanto, muitas vezes acontece de os pais buscarem ajuda especializada para lidar com o comportamento agressivo do filho adotado. Como se dissessem que, com a chegada da adolescência, todos os aspectos críticos especificamente relacionados aos processos de adoção não podem mais permanecer cobertos.

A história adotiva refere-se à história das origens do filho, às suas experiências precoces de institucionalização, às experiências de não reprodução do casal que decidiu adotar, ao encontro dos pais com o filho adotivo, mas também se refere àquela interface entre o privado e o público em que se desdobra o processo de adoção e que tem como protagonistas vários atores sociais: os serviços sociais, o tribunal, as entidades internacionais de adoção, etc. Na clínica, a reconstrução dessas fases da história da família adotiva representa um momento importante, muitas vezes evocado como um divisor de águas dentro do processo terapêutico.

Estas são experiências dolorosas e complexas, tanto para o filho que espera adoção quanto para o casal que decidiu adotar, que geralmente são sofridas por um período de muitos anos e sobre as quais, como que por mágica, com o nascimento da família adotiva, com frequência se coloca o véu da remoção-negação. É como se, no momento do encontro entre pais e filho adotivo, operasse um pensamento mágico e taumatúrgico que congela tudo o que foi antes. Alguns autores batizaram essa fase do ciclo de vida da família adotiva com o nome de "lua-de-mel", enfatizando-lhe os aspectos de idealização e, às vezes, de mistificação.

A adolescência adotiva muitas vezes dá espaço ao não declarado. O adolescente, que tece a teia de sua identidade ao lidar com o *interior* de suas relações familiares e com o *exterior* de suas relações com pares e outras pessoas significativas, na adoção também terá que lidar com a história de suas origens ou, em outras palavras, com o que ele lembra ou com o que lhe foi contado desde seu nascimento até o encontro com seus pais adotivos.

Na clínica, a raiva e as manifestações agressivas do adolescente adotivo com frequência não são nada mais do que solicitações exasperadas de reconstrução e integração de experiências passadas, vividas de maneira fragmentada também do ponto de vista emocional. Materializa-se a necessidade de acertar as contas que, muitas vezes, não retornam ao adolescente adotivo.

Além do conhecimento de fatos relacionados às próprias origens, o que parece ter mais importância para esses jovens é a existência de um espaço emocional, dentro da rede relacional da família, reservado ao acolhimento das variadas experiências relacionadas à história adotiva a que nos referimos anteriormente. Quanto é concebível para todos os membros da família adotiva a experiência de abandono dos filhos? Quanto foi possível no passado, e quanto é possível agora acolher a dor sem incorrer na missão salvadora, que muitas vezes equivale a dizer: "Eu, pai, apagarei todos os vestígios de sua dor e se eu não conseguir, vou ter falhado"? Quanto é compartilhado dentro do casal o sentimento de perda ligado a não ter filhos biológicos que é frequentemente associado à raiva? Por fim, quanto é possível que esse último aspecto entre no patrimônio emocional da família, facilitando uma redistribuição de cargas emocionais? Muitas vezes, de fato, a raiva de um filho dá voz à raiva calada de um pai.

Na clínica com famílias com filhos adotivos adolescentes, muitas vezes assistimos a manifestações de raiva do filho em relação a um ou a ambos os pais que evocam uma raiva antiga e trazem à tona de forma imediata uma dor muitas vezes silenciosa por abandono. Nem sempre se trata de um processo consciente. Pelo contrário, muitas vezes a raiva se mistura a sentimentos de culpa dos pais que sentem ter desapontado seu filho ou o prejudicado ainda mais, e aos receios deste último, por sua vez, de desapontar os pais ou de "destruí-los", a ponto de recordar fantasias de perda e de abandono também relacionadas aos pais adotivos.

As situações mais complexas parecem ser aquelas em que a raiva se volta para os pais, mas também quando ocorre em ambientes não familiares configura-se como um ataque ao vínculo, à própria "pensabilidade" de um adolescente de se colocar dentro de um relacionamento. Talvez isso possa ser explicado por experiências relacionais traumáticas precoces e de abandono. Poderíamos falar, nesses casos, utilizando-se de estudos sobre estilos de apego, de modelos relacionais apreendidos nas fases iniciais de vida desses adolescentes adotivos, nos quais o que parece estar comprometido é justamente a própria ideia de vínculo.

Gabriele, o valentão

A história de Gabriele e de sua família é uma história extrema e, como tal, coloca em cena, em roupagens dramáticas, alguns dos temas abordados.

Gabriele aparece na primeira sessão com a atitude despreocupada e arrogante do valentão. Adotado aos 4 anos no Brasil, juntamente com sua irmã gêmea Rossella, por um casal de uma cidade no centro da Itália, tem hoje 17 anos e foi enviado, juntamente com sua família, pelo serviço social territorial ao qual os pais de Gabriele procuraram.

Os pais pedem ajuda aos assistentes sociais com o comportamento agressivo do filho, que ocorre especialmente em casa e em particular em relação à mãe. Nos últimos dois anos, Gabriele parece não mais respeitar as regras da família, não reconhecendo, inclusive com ataques verbais, não apenas a função parental de ambos os pais, mas a sua própria identidade de pai e de mãe. Aqui, o ataque ao vínculo assume uma dramaticidade ainda maior, pois também os pais adotivos rejeitam o filho, colocando em prática comportamentos de desprezo em relação a Gabriele.

Gabriele na verdade "fica de fora": fora de casa, fora da escola, fora de relações importantes, fora de si. Um curto-circuito emocional e relacional no qual o tema da perda e do abandono é reencenado e passa também pela desqualificação do outro: "Você não é meu pai!", "Você não é meu filho!", "Você não sabe ser pai!", "Você não sabe ser filho!". É assim que pai e filho interagem tanto na vida cotidiana, quanto nas sessões de terapia. Não parece haver espaço para acolher a dor e o sentimento depressivo que inevitavelmente acompanham as recordações da experiência precoce de abandono e de institucionalização. Parece haver espaço apenas para sua tradução em atos agressivos, reivindicações raivosas e ataques a si mesmo. As únicas referências ao passado, às histórias de origem, são evocadas por Gabriele por meio da memória de seu pai biológico, proporcionando uma imagem tão desbotada quanto mitificada.

Gabriele fala do pai biológico apenas em contraste com seu pai adotivo, construindo uma competição virtual, dentro da qual o pai adotivo se sai bem em viver seus sentimentos de frustração, decepção e impotência e em endereçar ao filho a fatídica frase: "Então volte para o Brasil"! O que Gabriele faz é também uma tentativa dramática de procurar pertencimento, e de viver isso estando em sua pele negra, tão diferente da de seus pais adotivos e da maioria das pessoas que vivem no país que o adotou. É difícil para ele espelhar-se em um pai que hoje, na adolescência, percebe como diferente, para além de si mesmo.

O tema do espelhamento é um tema central na adolescência adotiva, especialmente na internacional, onde as diferenças somáticas e culturais entre pais adotivos e filhos adotivos são mais evidentes. Se partirmos da ideia de que o espelhamento entre pais e filhos é a experiência emocional e relacional que mais diretamente gera o sentido de pertencimento por meio do reconhecimento de semelhanças, tanto somáticas quanto de outros tipos, entendemos bem que em famílias adotivas esse tipo de experiência é mais complexa. Torna-se um problema se, como já dissemos, no momento de encontro entre pais e filhos adotivos – que é quando se criam as fundações para a construção do pertencimento –, um pedaço da história, que diz respeito às origens do filho adotado e também a possíveis especificidades culturais e somáticas, é mistificada, negada ou não aceita. Colocada em um "outro lugar". E é aí mesmo, neste outro lugar, que muitas vezes o adolescente adotivo retorna para entender-se, reconhecer-se e reconectar-se. E essa, geralmente, não é uma operação indolor.

Se os pais mantiveram desde o início uma porta aberta à especificidade do filho adotivo, este outro lugar será um lugar para se encontrar novamente para outra etapa do caminho evolutivo, caso contrário, medos e ameaças entrarão em jogo, especialmente no âmbito das lealdades familiares. A esse respeito é emblemática a atitude de Rossella, irmã gêmea de Gabriele.

Ajudada por uma cor de pele mais clara que a do irmão, por uma doença crônica grave que faz com que ela precise de cuidados constantes por parte da mãe, enfermeira profissional com longa e trágica história de cuidar da mãe e de duas irmãs, uma esquizofrênica e outra deficiente, Rossella aparece em perfeita harmonia com os pais, mesmo que no contexto de um relacionamento emocional pobre e dependente, que não parece de todo facilitar a sua diferenciação mesmo no nível do pensamento. De fato, Rossella parece imatura também do ponto de vista cognitivo. Infelizmente, neste caso, a relação entre os irmãos e sua desejável cumplicidade é oprimida pelas necessidades divergentes de ambos e por jogos familiares que não favorecem o encontro e a integração de diferentes aspectos emocionais: Gabriele se move em um cenário de oposição, e Rossella, de complacência em relação a lealdades familiares, mecanismos amplamente presentes na clínica com famílias adotivas.

Aquilo que a experiência clínica – da qual a história de Gabriel é um exemplo particularmente significativo – traz como variável importante é a possibilidade de que, desde os primeiros estágios de nascimento da família adotiva, haja um acolhimento generalizado das várias experiências emocionais que convergem na história adotiva, visando hipotetizar a configuração desse aspecto como um fator preditor de risco ou de proteção em relação ao caminho evolutivo de toda a família. É desnecessário dizer que muito do jogo é jogado por todos aqueles que, na qualidade de operadores sociais e/ou institucionais, contribuem para escrever as primeiras páginas da história de cada família adotiva.

O COMPORTAMENTO VIOLENTO DE UM FILHO ADOLESCENTE NAS CRISES E SEPARAÇÕES HOSTIS DE CASAIS

Como já foi afirmado anteriormente, nunca acontece de um filho não estar ciente de uma crise que esteja ocorrendo na relação entre seus pais, embora a reação a esse evento possa assumir diferentes formas. Quando, nessas situações, uma ação violenta é manifestada pelo adolescente, isso pode ter diferentes significados, que ilustraremos a seguir.

Como um desvio do conflito do casal

Quando a tensão conjugal aumenta, tanto a criança quanto o adolescente tendem a centralizar-se de forma ativa, de modo a deslocar a tensão em direção a si mesmos: a primeira faz isso por meio de comportamentos regressivos ou recorrendo a defesas psicossomáticas, enquanto o adolescente ataca a hostilidade do casal, recorrendo a comportamentos destrutivos de si mesmos ou dos outros.

A história de Federica, contada mais adiante no Capítulo 4, é um exemplo perfeito de tal situação: a um comportamento excessivamente rebelde, Federica associa condutas autodestrutivas.

Como disfarce para o desprezo dos casais

Quando o silêncio ou o desprezo entre o casal torna-se a modalidade comunicativa privilegiada, é possível que o adolescente mova seu centro de gravidade para fora da família, usando o grupo de pares como apoio. Não raramente observamos estados depressivos no adolescente, com o uso de substâncias, pois, uma vez que a dependência sadia não está disponível em família, outras dependências vêm substituí-la, como veremos melhor no próximo capítulo. Se, então, o filho é fortemente triangulado pelos pais, frequentemente em nível implícito, ele também se tornará o braço armado de suas distorções relacionais.

Como chantagem emocional nas separações hostis de casais

Nós sempre pensamos e verificamos na experiência clínica que os filhos não são "anjos" e, em face de graves abusos emocionais por parte dos pais, tendem a se vingar, tornando a vida adulta muitas vezes bastante difícil. Isso é particularmente frequente por ocasião de separações conjugais hostis, que ocorrem dentro da lógica do "vencedor e do perdedor", uma lógica que muitas vezes é aguçada em nossos Tribunais Civis e pelo sistema de advogados tendenciosos. O adolescente, em situações normais, cresce com um sentimento de justiça sistêmica e não tolera que os pais se movam de forma prevaricadora. Mas se os princípios sadios vêm a faltar e a injustiça prevalecer, eles tenderão a se aliar ao pai mais fraco, muitas vezes agindo de forma violenta e destrutiva na nova família, de um ou de outro. Isso é ainda mais frequente quando o pai biológico perde e precisa e deve deixar casa e filhos: de fato, o adolescente, especialmente se homem, pode se vingar do que considera uma injustiça e tornar intolerável qualquer nova configuração familiar da mãe.

Se, então, o adolescente não for considerado um interlocutor competente e interessado no assunto da separação e for tratado como uma mala que deve ser transferida de uma casa para outra, sua chantagem emocional será ainda mais visível; assim todos, incluindo o próprio adolescente, pagarão um preço muito alto pelas formas afetivamente incorretas de separação, que não podem nunca ser consideradas meramente conjugais, quando dizem respeito às famílias.

Quando os filhos são forçados a tomar partido e a se tornar os "advogados" da mãe ou do pai

Infelizmente não é raro que a aliança natural entre irmãos seja minada pelas necessidades dos adultos que usam seus filhos como aliados na luta contra o outro parceiro.

Isso representa a distorção mais prejudicial nos processos de crescimento de um jovem, que será forçado a tomar partido não só contra um dos pais, mas também contra um ou mais irmãos. A violência afetiva na construção de relacionamentos distorcidos nesses casos é tão presente, que é muito provável que o adolescente possa colocá-la em prática de maneira concreta, tornando-se o "bode expiatório" da família.

Meu filho é meu tumor!

Esta frase muito dramática foi dita a Andolfi por um colega médico que dirige um serviço de medicina interna em um hospital romano, durante uma conversa telefônica. O pai, visivelmente em dificuldades com seu único filho de 15 anos, Mario, gostaria de marcar um horário para uma sessão em família e, segundo ele, sua esposa e seu filho também estão disponíveis para vir.

Neste breve trecho, gostaríamos que o leitor se detivesse e refletisse não tanto sobre o processo terapêutico (que não é descrito aqui), mas sobre a problemática apresentada por essa família e sobre o nível de violência relacional entre os três.

O pai apresenta-se elegantemente vestido, como condiz ao chefe de um Departamento de Medicina, e muito agitado. A mãe Anna, que deixou todos os passos preliminares para o marido (telefonema, ficha de dados da família, etc.), está presente "sem estar": senta-se de lado como se não fosse com ela, como se observasse a cena.

O menino, com uma jaqueta de couro preta e botas pretas, é "todo espetado", ou seja, tem pontas em todas as roupas com as partes pontiagudas voltadas para fora; é igualmente espetado nas partes visíveis do corpo, rosto, mãos, etc. O rapaz também está visivelmente agitado. O pai, um homem antiquado, começa a descrever as atrocidades de Mario, que não estuda, anda em más companhias, invade a casa com outros garotos "metaleiros", não o escuta de forma alguma... Em suma, esse pai, falando de seu filho, não diz nada além de: "É o meu tumor maligno!".

Mario não demonstra nenhuma hostilidade aberta em relação ao pai, ele sabe que o tem na mão e que pode tornar sua vida um pesadelo. Obviamente, ele não consegue ver que com essa vingança afetiva sua vida é desperdiçada também e em alguns anos ele pode ser forçado a "vestir-se como um vilão desde dentro". Se ele se veste como se veste, seu pai é descrito como um "médico vinte quatro horas", como alguém que "usa o jaleco branco até pra dormir". Pai e filho parecem ser duas pessoas desesperadas, forçadas a enfrentar estilos de vida e representações de si totalmente opostas. O pai vive para o trabalho, o filho desperdiça seu tempo, o pai se veste elegantemente, o filho de forma inapresentável. Talvez a única coisa que compartilhem seja uma mulher, a mãe-esposa da família.

À primeira vista, o conflito pai-filho é o dramático tema central dessa família. De fato, o mais perturbador é a presença-ausência de Anna na sessão, quem não fala, parece não participar emocionalmente do diálogo de surdos entre pai e filho, mas que, então, na continuação do encontro, se virá a compreender que ela odeia este homem que nunca lhe deu nada, exceto o bem-estar econômico, que se casou com a Medicina e que a considera uma nulidade, dado que ela interrompeu seus estudos quando era jovem.

Desde sempre, Mario foi o parceiro afetivo de sua mãe, preencheu sua solidão desde pequeno e cresceu, incorporando dentro de si mesmo o profundo desprezo da mãe em relação a este homem, pagando um preço muito alto, o de crescer em um ambiente deformado, no qual os papéis são totalmente invertidos. Sua "síndrome de ouriço", com pontas afiadas que mantêm os outros à distância, pode então adquirir significado, ainda que não seja uma resposta adequada a um contexto familiar totalmente inadequado.

O pai é sozinho e pode compensar seu desespero de marido e de pai com o papel profissional que, para o sexo masculino, é muitas vezes um "equivalente depressivo".

Mas, então, onde está o tumor e como ele pode ser extirpado?

AUSÊNCIA PATERNA E VIOLÊNCIA JUVENIL

Como mencionado no primeiro capítulo, estamos convictos que o vazio estrutural da sociedade ocidental moderna seja devido a muitos fatores, dos quais um é particularmente significativo, ou seja, a ausência do pai.

Como descrito por vários autores (Fiorin, 2008; Volpi, 2007; Risé, 2003; Pietropolli Charmet, 2000; Cigoli; Giuliani, 1997), o papel paterno foi muito enfraquecido após as mudanças sociais dos últimos 40 anos. O feminismo, do final dos anos 1970 em diante, favoreceu uma maior compreensão dos direitos e das necessidades das mulheres e, de modo geral, permitiu uma forte emancipação feminina, promovendo igualdade de oportunidades para ambos os sexos. Não é coincidência que, atualmente, os pedidos de separação conjugal sejam realizados mais frequentemente por mulheres, agora livres de antigos laços de opressão masculina, mantidos vivos principalmente por causa da dependência econômica de seus parceiros. Hoje, o papel masculino está em profunda crise e um problema em relação ao qual não se pode ser indiferente está na dificuldade de os homens se unirem, formarem grupos e refletirem juntos sobre como buscar uma nova maneira de desempenhar seus papeis, tanto como maridos quanto, e ainda mais, como pais. Por outro lado, como pode um homem moderno reconhecer um papel mais adequado para si mesmo, para aquele marido que se casou com uma mulher "livre" e que pretende se distanciar de um papel paterno como o de seu próprio pai, muitas vezes duro, autoritário e distante dos filhos? Não podemos negar que o masculino também mudou enquanto o feminino evoluía! O único problema é que ninguém sabe o que se tornou realmente. Somente os homens poderiam refletir e elaborar a própria transformação. Em vez disso, hoje acontece que seja muitas vezes a mulher a ensinar o homem a ser marido, a ser pai.

Os homens não são mais fracos do que costumavam ser, mas, mais simplesmente, pensam que as mulheres são melhores do que eles em administrar os afetos e os processos educacionais de seus filhos. E as mulheres também estão convencidas disso. Esse vazio de identidade afetiva e de orientação muitas vezes faz com que alguns homens se coloquem em uma posição de esperar por instruções da mulher e, assim, testemunhamos o fenômeno do pai "mamãe" ou de um pai dependente de iniciativas maternas, um pai que, em essência, para não sentir sua profunda solidão e para manter um relacionamento com seus filhos, prefere adquirir uma pseudoidentidade de pai com cores de mãe. Por outro lado, há aqueles homens que não aceitam chantagens femininas e incorporam esta solidão em uma ausência real: em vez de desempenhar um papel não autêntico, eles preferem ficar de fora. Obviamente, em ambos os casos, o pai não está lá.

Não podemos esquecer que, até poucos anos atrás, o sistema judicial também tinha pouca confiança na capacidade dos pais de cuidar, já que em 90-95% dos casos de separação conjugal as crianças eram confiadas às mães *a priori* e não com base em avaliações específicas da situação. A ausência paterna, portanto, era também sancionada por lei e não apenas pela baixa confiabilidade dos pais.

Apesar desse pesado legado, é inegável que os novos pais (certamente mais do que os novos maridos!) estejam mudando, descobrindo o prazer de cuidar e de brincar com seus filhos. Em suma, ternura e cuidado não são mais um dom exclusivo da mãe e, paradoxalmente, é precisamente nas situações de separação conjugal e no complexo processo de custódia dos filhos (cada vez mais conjunto) que os pais demonstram seu forte senso de responsabilidade, bem como o desejo e a capacidade de cuidar de seus filhos.

A biologia nos ensina que a maternidade nasce da fusão e do pertencimento. Sabemos também que, se a fusão e o pertencimento não evoluírem rumo à separação, os filhos não serão capazes de crescer como indivíduos completos.

A paternidade, por sua vez, nasce da estranheza e do não pertencimento, já que a paternidade pode ser pensada, mas não pode ser vivida no próprio corpo. Sabemos que, se essa estranheza não se transmutar em pertencimento, os filhos não poderão crescer como indivíduos completos.

O problema é ver se os pais têm vontade de conquistar dia após dia tal pertencimento e se a mulher permite isso. Não é fácil para uma mulher compartilhar os filhos, vemos isso com frequência quando os casais se separam: o braço armado da mãe são os filhos, porque são considerados como sua propriedade. Mas quanto esses pais são capazes de reivindicar seu próprio espaço emocional e afetivo dentro de sua unidade familiar?

Os terapeutas familiares têm uma grande oportunidade, que é envolver os pais através de seus filhos, mas muitas vezes eles também preferem manter o pai de fora, seja porque ele é descrito como ausente pelos membros da família, ou porque se satisfazem com recursos facilmente disponíveis (é muito raro que uma mãe não se mova diante do problema de um filho!), ou porque aceitam passivamente a indisponibilidade declarada dos pais. A justificativa dada frequentemente é que eles estão ocupados demais no trabalho.

Infelizmente, a psicologia é feminina, tanto de nome como de fato, e isso não torna mais fácil a operação de recuperação do pai. No Serviço Materno-Infantil, o pai nem sequer é mencionado, então por que ele deveria ser convocado? A *sing-parent family* é quase sempre uma *sing-mother family*. O cuidador dos teóricos do apego é sempre a mãe. Embora se fale da função protetora paterna para o desenvolvimento saudável da criança, há poucos pesquisadores, como é o caso de Elisabeth Fivaz, que estudam o triângulo primário como base do desenvolvimento infantil (Fivaz-Depeursinge; Corboz-Warnery, 1999), enquanto a teoria do apego, mesmo com seus inegáveis méritos, ainda permanece ancorada em uma dimensão diádica da relação.

Se somarmos a isso o fato de que a maioria dos psicoterapeutas são mulheres, pode-se entender que os pais têm poucas referências masculinas com que contar. Quantos terapeutas acham que podem aprender algo com os pais reais que encontram (quando os encontram!) em vez de lhes ensinar padrões de comportamento "adequados"? Devemos nos perguntar quando o simples objetivo de facilitar o contato direto entre pai e filhos, em vez de ensinar pais "incapazes" a se conectarem ou a de usar a mediação sempre disponível da mãe, está presente nas mentes desses terapeutas. Para uma terapeuta mulher, sem dúvida, é difícil manter uma neutralidade de gênero, mas a questão é extremamente importante, porque o risco de coalizão com os estereótipos de gênero e sociais é muito forte.

Se tal situação não é fácil para pais com filhos na infância, as coisas ficam ainda mais complexas quando os filhos, especialmente os meninos, se tornam adolescentes. É, sem dúvida, mais fácil para um pai cuidar e brincar com uma criança pequena, enquanto muito mais complexo é ganhar confiança "em campo" com um filho de 15 ou 16 anos e ser capaz de contê-lo e guiá-lo em uma fase evolutiva muito difícil.

A relação entre violência dos adolescentes do sexo masculino e a ausência ou inadequação paterna é muito forte e nosso trabalho clínico comprova isso todos os dias. É incrível observar, se existe coragem e motivação para ir atrás da violência e do estereótipo de ausência, como é possível, durante a sessão, transformar violência e distância em novas formas de relacionamento, redescobrindo a autêntica necessidade de contato e de intimidade entre pais e filhos.

A violência desesperadora de Pablo

Este fragmento de terapia é trazido para abordar uma série de eventos, os quais são muito frequentes em famílias em que o casal conjugal deixa de existir, onde a mãe imediatamente envolve seus filhos em seu desespero e em seu vazio pessoal e de casal, e onde os filhos, agora adolescentes, são forçados a renunciar à sua aliança geracional para combater uns contra os outros os conflitos não resolvidos entre os pais.

Camilla é a fotocópia de sua mãe, com quem compartilha dor e renúncia, Pablo é aquele que, por meio de comportamentos violentos contra a mãe e a irmã, canaliza o desespero de todos, seguindo o modelo cultural masculino predominante, e o pai não está lá. Infelizmente, esse pai não está presente nem na mente dos terapeutas que acompanham essa família no departamento de psiquiatria de Medellín, na Colômbia, uma vez que nunca pediram sua presença, descrevendo-o como ausente e indisponível.

Os seguintes diálogos foram fielmente reproduzidos a partir de uma consultoria conduzida por Maurizio Andolfi há vários anos. Estão presentes na sessão a mãe, os dois filhos, os terapeutas locais e o professor Andolfi, como consultor.

A história da família: quando só o choro une

O encontro começara há dois ou três minutos e o consultor, tendo já compreendido a distância existente entre os irmãos, pede a Pablo que faça um "experimento": sair da cadeira perto da porta e sentar-se ao lado de sua irmã. Pablo aceita.

Consultor (estendendo a mão a eles com uma folha na mão e convidando-os a fazer juntos uma espécie de genograma familiar): Obrigado. Outra experiência: posso pedir a vocês dois (*aos irmãos*) que me informem como sua família é composta?

(Ambos os irmãos recusam-se balançando a cabeça simultaneamente)

Consultor: Então é possível fazer o experimento para sentar ao lado de Camilla, mas não o de colaborar juntos? Até quando vocês conseguiram colaborar como irmão e irmã?

Camilla e Pablo: Nunca!

Consultor: Desde quando nasceram?

(Filhos e mãe comovem-se juntos)

Consultor: A única coisa que vocês têm em comum é que os três começam a chorar quando se fala de nascimentos. Vamos começar a entender, quem nasceu primeiro?

(Pablo indica a si mesmo)

Consultor: E Camilla, quantos anos depois chegou?

Camilla: Depois de dois anos.

Consultor: Vou fazer algumas perguntas estranhas hoje. *(Virando-se para Pablo)* O que acontecia na família quando mamãe estava grávida de você?

Pablo: Como posso saber, se eu estava dentro da barriga ...?

Consultor: É verdade, é uma experiência ... Você pode imaginar. O que você acha? Quem estava em casa quando você estava dentro da barriga?

Pablo: Mamãe e era isso!

Consultor: Então, quando você estava dentro da barriga, a mamãe estava sozinha em casa. E onde estava o papai?

Pablo: Eu não sei.

Consultor: Ele era um pai de visita?!

Pablo e Camilla: Sim!

Consultor: Ou seja ... um papai que deixou a mamãe grávida e foi embora?

Pablo e Camilla (rindo): Não!

O humor é a união entre comédia e drama. O terapeuta trata de uma maneira bem humorada, um conceito bastante pesado e os jovens riem. A declaração do consultor "Mas então era um papai de visita!" poderia fornecer uma imagem bastante dura, mas, se feita de certa maneira, soa como um absurdo que faz sorrir. Como descreveremos melhor em seguida, entrar no tema do nascimento tem um grande significado, especialmente na adolescência, quando a relação entre pertencimento e separação da própria família se modifica radicalmente.

O nascimento de um filho une ou separa?

E agora a dor, aquela dor profunda e bem escondida de Pablo. O consultor com calma e tranquilidade, mas, acima de tudo, com determinação, ele se aproxima do rapaz para trazer à tona sua vulnerabilidade através da descrição da história de sua família.

Pablo e Camilla, apesar do forte contraste entre eles, respondem de modo sincrônico às perguntas. São dois irmãos cujo relacionamento tem sido constantemente triangulado. No entanto, pra além da distância, pode-se ver um relacionamento subterrâneo muito forte que os une, mas que é categoricamente negado.

Consultor: Você foi uma criança que juntou ou separou seus pais?

Pablo: Eu os separei.

Consultor: Você tem certeza ou imagina isso?

Pablo: Eu imagino isso.

Consultor: Queremos perguntar à mamãe se é assim?

Pablo: Sim.

Consultor: Você quer perguntar a ela?

Mãe: Se eu me separei, foi só minha culpa!

Consultor: Como entrou a culpa nesta sala? Pela janela, pela porta... Eu não falei sobre culpa. Eu falei sobre união e separação. A pergunta era se ele imagina que juntou ou separou vocês.

Mãe: Ele nos juntou, então nos separamos depois do nascimento de Camilla.

Consultor: Então é só a imaginação que está errada!

Pablo: Eu nunca me perguntei isso e nem quero saber!

Consultor (para Camilla): O que acontecia em sua família quando você estava na barriga da mamãe?

Camilla: Quando eu estava dentro da barriga de minha mãe havia tantos problemas, agressões físicas entre papai e mamãe, a situação econômica não era nada boa...

Consultor: E você acha que foi uma filha que os juntou ou os separou?

Camilla: Eu os separei!

Consultor: Tem certeza?

Camilla: Eles se separaram dois anos depois do meu nascimento.

Consultor: Então você supõe que os ajudou a se separar?

Camilla: Sim.

Consultor: Uma pergunta para os dois. Papai queria vocês? Vocês não sabem? Já perguntaram a ele? É um pai com quem vocês podem conversar?

Pablo: Sim.

Camilla: Às vezes ele se aborrece conosco.

Consultor: Torna-se violento?

Camilla: Me bateu apenas uma vez, por algo que fiz, mas sempre grita.

Consultor (dirigindo-se a Pablo): E em você? Ele bate?

Pablo: Aff ...! Muitas vezes!

Consultor: Por que nela pouco e em você muito?

Pablo: Porque eu morei mais tempo com ele!

Consultor: Mamãe queria você?

Pablo: Não!

Consultor: Tem certeza? Mamãe está aqui, pode perguntar a ela se você quiser!

Pablo: Eu não quero porque ela vai dizer que sim.

Consultor: Você acha que é mentira?

Pablo: Ou uma fantasia!

Consultor: Uma fantasia é melhor que uma mentira?

Pablo: Sim.

Consultor: Mas você nunca teve certeza de que sua mãe queria você?

Pablo: Não!

Consultor: Isso é difícil!

Pablo: Sim!

Por muitos anos acreditamos ser útil propor uma viagem no tempo na sessão e perguntar aos filhos, sejam eles crianças ou, como no caso descrito, adolescentes, como e se sentiam que eram desejados pelos próprios pais. Voltar às origens, através da imaginação, por meio de perguntas claras e diretas propostas pelo terapeuta, permite rever as bases do crescimento pessoal de cada criança e as dinâmicas das relações familiares em relação ao "projeto filho", muitas vezes disfarçadas ou confusas, por vezes envoltas em segredos ou preconceitos construídos pelos pais ou pelos membros da família ao longo do tempo. Assim, a hipocrisia de respostas muitas vezes incompletas ou convenientes pode ser substituída por uma maior autenticidade; para a construção da própria identidade, é muito melhor sentir dor hoje por quaisquer rejeições do passado do que permanecer em dúvida sobre as próprias origens. Tudo isso é igualmente útil para os adultos, os quais terão a oportunidade de esclarecer as coisas para si mesmos e para seus filhos em um contexto protegido, como o terapêutico.

Como fazer o pai vir à terapia

Consultor: Qual é o nome do seu pai?

Pablo: Raul

Consultor: Por que você não pensou em trazê-lo aqui hoje?

Pablo: Eu não sei, acho que ele não quer.

Consultor: Isso pode ser, mas você perguntou a ele?

Pablo: Sim.

Consultor: Sobre vir aqui hoje?

Consultor (para Camilla): Você pensou em convidá-lo?

Camilla: Hoje não.

Consultor: A terapeuta pensou em convidá-lo?

Terapeuta: Achamos que não quer vir. Nós pensamos em chamá-lo, talvez sozinho ou com os filhos.

Consultor: Mas hoje?

Terapeuta: Hoje não.

Consultor: Senhora, você não achou que seria útil eu conhecer o papai hoje?

Mãe: Para a terapia?

Consultor: Para mim, não para a terapia.

Mãe: Para mim ele está separado... em tudo ...

Pablo: Eles não conseguem ficar juntos.

Consultor: Você gostaria de ligar para ele agora e convidá-lo para vir? Podemos fazer um experimento?

Pablo (com firmeza): Sim.

Consultor: O que queremos dizer a ele?

Pablo: Que deve vir imediatamente!

Consultor: Digamos que há um médico da Itália que gostaria de conhecê-lo também, por que ele ainda é seu pai, ele tem o poder parental ou não?

Mãe: Não.

Consultor (para a mãe): Você tem a custódia de seus filhos?

Mãe: Sim.

Consultor (para crianças): Ele tem um valor de pai para vocês?

Pablo: Sim.

Consultor: Camilla, você concorda se Pablo ligar para ele?

Camilla: Sim.

Consultor: É a primeira vez que vocês concordam?!

Pablo e Camilla: Sim.

Consultor: Então ligue para ele e diga que venha imediatamente!

(Pablo chama repetidamente números de telefone diferentes: casa, trabalho, secretária, etc. e, no fim, consegue falar com o pai e encoraja-o energicamente a comparecer à sessão, considerando também o fato de que seu pai tem que atravessar a cidade; o pai aceita.)

Chamar um membro da família ausente durante uma sessão foi experimentado por Andolfi muitas vezes ao longo dos anos. Um pedido à queima-roupa, ativando as pessoas mais interessadas em sua presença na terapia, representa um convite forte e específico, que muitas vezes tem o poder mágico de motivar o indivíduo ausente, especialmente quando se trata de um pai que, como em muitas famílias separadas, está ausente ou "mantido de fora" e que, com o convite do filho, sente o dever de assumir um risco pessoal, superando o muro de ressentimentos e de hostilidades conjugais. Se, então, aquele que chama é um filho adolescente levado para a terapia por ser violento, pode-se entender como seu papel na sessão pode se transmutar daquele que causa desconforto e prejuízos àquele que, em vez disso, propõe uma ação positiva voltada a uma maior assunção de responsabilidade por parte do pai. Além disso, a partir do momento em que Pablo vê a possibilidade realista de seu pai entrar na sessão, em um instante ele volta a ser um jovem da sua idade. Somente se seu pai se materializa, de fato, Pablo pode deixar de encarnar o papel de chefe de família, do seu modo um tanto desajeitado e agressivo, e voltar a ser um filho, recuperando uma relação mais fraterna com sua irmã (por exemplo, parando de controlá-la em suas relações de amizade, à semelhança de um pai autoritário).

Retomando a filosofia do Aikido, já com essa primeira intervenção, pode-se observar um interessante movimento em relação à recanalização de energia, uma mudança de direção rumo a um fluxo mais adequado. A energia negativa do comportamento violento de Pablo pode já começar a ser positivamente redistribuída dentro da família.

A chegada do pai na sessão abre uma maior compreensão da história de desenvolvimento desta família; como muitas vezes acontece em muitas famílias após a separação conjugal, o equilíbrio emocional do grupo se perde e o pai, pelas mais diversas razões, se afasta da família; mãe e filhos se unem em uma relação fusional e distorcida, na qual os papéis se confundem, assim como os limites geracionais.

No caso da família da qual estamos falando, a mãe, que sempre foi uma pessoa frágil e insegura, é envolvida por um sistema de proteção mútua em relação aos filhos, onde Camilla se torna a irmã-confidente do desespero maternal e Pablo assume o papel de homem da casa, primeiro apoiado pelo lado feminino e depois, como adolescente, rejeitado por se tornar muito agressivo. Assim, há uma divisão entre o time das mulheres "choronas e perdedoras", de um lado, e do pai-filho violento, do outro. A violência de Pablo representa então a ponta do *iceberg* de problemas que ficaram em suspenso por muitos anos e agora, diante de possíveis novas aberturas, poderiam se transformar em energia positiva.

O fato de que o pai tenha aceitado o convite dos filhos e vindo permite vislumbrar um lampejo de esperança: de uma situação de suspensão e de confusão emocional seria possível passar a uma nova fase de maior assunção de responsabilidade por parte dos pais, liberando Pablo do papel do jovem violento e Camilla do de menina triste e desesperada. A chegada do pai na sessão, com a resposta muito positiva dos filhos à sua presença, parece um bom começo e a situação, talvez, também se torna libertadora para a mãe que, ao menos em palavras, diz que não dá mais conta de seus filhos, embora seja claro que não dê conta de si mesma, para além dos filhos e do casamento fracassado. Então, o contrato que é proposto pelo consultor nesta segunda parte da sessão, redigido pelo pai, assinado por todos, tende a envolver cada um deles em um trabalho concreto e colaborativo, visando recriar acordos e fronteiras geracionais, e o terapeuta local poderá se envolver e ser o guia e supervisor em face ao compromisso reencontrado por todos.

O pai poderá se envolver na terapia, se vê uma oportunidade nova para acessar aos filhos e reencontrar um espaço de paternidade perdida. E enfim, as lágrimas maternas, que inundaram a vida de Pablo e Camilla, poderão se transformar em uma dor mais autêntica e contida, se esta mulher for ajudada e apoiada na redescoberta de sua autoestima e de sua confiança em si mesma. E, através da verdadeira dor, o sorriso também poderá ser recuperado.

BULLYING E PRESSÃO DESAGREGADORA DOS PARES

Nos últimos anos, numerosos episódios de violência e de crimes cometidos por verdadeiras gangues de menores, comumente conhecidas como *baby gangs*, chegaram às crônicas urbanas. O fenômeno do *bullying*, que toma forma nos grupos juvenis, tem suas raízes no microcosmo da escola, especialmente nas escolas do ensino médio, nos níveis superiores e, infelizmente, começa a aparecer também nas escolas de ensino fundamental. O grupo se transforma em um bando autônomo com suas próprias leis e quem não está disposto a aceitá-las se torna alvo de perseguição e de violência. Estamos testemunhando uma espécie de luta em que o mais fraco está destinado a sucumbir: mas quem é realmente o mais fraco? O fraco não é apenas aquele que é atacado e se torna alvo, o fraco é também o valentão, com sua extrema fragilidade interior que, devido a um mecanismo particular, é virada de pernas para o ar e transformada em agressividade.

Vazio paterno e cultura do bando

A hierarquia familiar do passado tinha a tarefa de transmitir a identidade, a memória histórica e o conhecimento oral. A natureza não tolera o vazio e, no lugar do pai ausente, a cultura do rebanho foi estabelecida hoje. Com seu comportamento violento, o grupo expressa valores masculinos: tende a exacerbar a negação da necessidade e da dependência infantil e promove comportamentos caracterizados por um investimento excessivo de coragem e de autonomia e por uma necessidade desesperada de se fazer conhecer e respeitar.

Atualmente, a tecnologia oferece uma ampla gama de ferramentas *high tech* com as quais é possível perpetuar o ato de perseguição de valentões contra vítimas. É assim que o *bullying* se torna *ciberbullying* ou *bullying* eletrônico. A novidade técnica consiste na transmissão eletrônica de ameaças. Estas últimas são perpetradas de várias formas: mensagens de texto, e-mails, frases intimidadoras via *chat*, via programas de mensagens instantâneas (agora também usadas por pré-adolescentes). E então os *blogs*, espécie de diários virtuais, lugares públicos nos quais mais pessoas podem interagir, escrever comentários, colaborar e postar novos tópicos. As ameaças virtuais são nomeadas pelos psicólogos estadunidenses "ciberassédio" ou "*cyber-stalking*", e este novo tipo de *bullying* é caracterizado em particular por dois aspectos.

Primeiro de tudo, o valentão não é uma presença física, mas um apelido. Isso favorece o anonimato: o valentão eletrônico aproveita esse tipo de máscara virtual para se tornar indetectável na grande rede. O segundo aspecto do *cyberbullying* é que ele não deixa sua vítima em paz nem em sua própria casa. Enquanto os valentões da escola não podem penetrar a segurança de uma casa, o valentão eletrônico encontra terreno fértil nesta área pessoal e íntima da vítima, o que, naturalmente, irá desenvolver ainda mais insegurança e fragilidade. Paradoxalmente, em vez disso, é o assediador que se torna mais seguro. Graças ao anonimato garantido pela Internet, ele se sente ainda menos responsável pelas ações cometidas contra os outros. É por isso que a *web*, com suas milhares de máscaras e de apelidos, oferece a possibilidade de se tornarem valentões por um dia, ou por muito tempo, mesmo para aqueles que não teriam a coragem de arrancar um fio de cabelo. Na verdade, eles também podem ter uma personalidade bastante frágil, que muitas vezes permanece sendo a base e a razão de seu comportamento agressivo.

Muitas vezes, por trás de um valentão, tecnológico ou não, o que falta é um núcleo familiar capaz de dialogar, por ser desagregado em forma ou, de qualquer maneira, em substância. Tudo isso comporta instabilidade emocional e uma perda total de pontos de referência, fundamentais para um jovem em crescimento.

O comportamento de valentão não está necessariamente relacionado ao contexto social do qual o jovem é oriundo. Com frequência se trata de meninos provenientes de famílias de classes sociais elevadas, nas quais as crianças são mais compensadas, mimadas.

O *business* da violência em adolescentes

A sociedade de hoje certamente não ajuda na recuperação dos jovens, pelo contrário, apoia, alimenta e explora economicamente a violência em adolescentes.

Os meios de comunicação de massa exaltam os mitos efêmeros da beleza, da riqueza fácil, do consumismo. Estamos na era dos videogames violentos, do exibicionismo coletivo e social de uma agressividade ilimitada por meio de vídeos, celulares e Internet. Numerosos estudos foram realizados nos últimos 20 anos sobre a influência negativa de videogames violentos na adolescência. Muitos desses, com nomes que falam por si só, como *Assassin's Creed, The Darkness, Dead Men, Resident Evil, Manhunt 2, John Woo Presents Stranglehold*, inicialmente foram desencorajados por agências de fiscalização dos EUA; no entanto, mais tarde foram reabilitados à medida que as férias de Natal se aproximavam. Em cada fase desse tipo de *videogame*, o jogador é encorajado a perseguir cenas de violência brutal, atrocidades e assassinatos. Em videogames de ação, ocorre uma média de 2,3 mortes por minuto, enquanto nos de atiradores a média sobe para

23,8 mortes por minuto. Na prática, um morto a cada dois segundos e meio. Matar os oponentes significa vencer e colher os benefícios. Trata-se de assassinatos a serem realizados com grande frieza e distanciamento, segundo um código de prolongado e crescente sadismo gratuito.

Que os videogames violentos perturbam a personalidade dos jovens que os jogam, favorecendo a agressividade física e a indiferença à violência, é confirmado por várias pesquisas internacionais. Um estudo conduzido pelo Instituto Alfred Adler de Turim, em 2008, intitulado "Dalla realtà virtuale alla violenza reale", afirma que "um adolescente em boa saúde, que não tem traços de violência e não vive em um contexto familiar com risco elevado de violência física e joga cinco horas por semana com videogames violentos desenvolve 'agressividade aceitável'", enquanto "um adolescente que usa drogas, que está exposto a altos riscos de violência intrafamiliar, que vive na pobreza e joga de 16 a 18 horas por semana, desenvolve uma agressividade muito elevada".

Se, em nossos dias, nos encontramos tendo que enfrentar uma luta desigual contra instituições educacionais mais poderosas do que a família e a escola, às vezes, é a própria família que protege sem reservas seus próprios filhos, não lhes dando os limites necessários. O importante, para esse tipo de pais, é que seus filhotes não sofram trauma e, acima de tudo, que não criem problemas, já que eles, os pais, estão ocupados com outras coisas.

Na base do fenômeno do *bullying* e das *baby gang*, obviamente, existem situações sociais e familiares complexas, sejam por problemas econômicos, desintegração do núcleo familiar, incomunicabilidade e, em particular, privação cultural. Situações que, em todo caso, invocam a responsabilidade dos adultos. Não se pode culpabilizar o grupo de pares de ser responsável pelo desvio de adolescentes: o grupo de pares abrange, sempre e em qualquer caso, funções fundamentais para esta faixa etária. Quando muito, pode-se culpabilizar quem, entre os que deveriam fornecer dependências saudáveis, falham nesta função.

O comportamento desviante dos adolescentes como um constructo social: a experiência do South Bronx

O South Bronx foi para Andolfi uma escola de vida e de aprendizagem fundamental para entender o desenvolvimento da personalidade de tantos adolescentes que crescem em bairros que são desagregados do ponto de vista familiar e social. Através de uma experiência de mais de dois anos, passada nos anos de 1970 em uma escola que atendia os últimos anos do Ensino Fundamental (*Junior High School*), localizada em uma das áreas mais miseráveis do South Bronx (Nova York, EUA), ele pôde constatar em primeira mão que o comportamento transgressivo e desviante dos adolescentes se configura como uma espécie de "carreira delinquencial", praticamente inevitável quando faltam os pressupostos básicos para construir uma identidade positiva. Ao mesmo tempo, teve oportunidade de observar a plasticidade evolutiva de um grupo de adolescentes (já fortemente estigmatizado e marginalizado nos anos anteriores) e sua incrível capacidade de recuperação pessoal e social, onde foi possível criar um espaço de crescimento para cada um deles, tanto na escola quanto na família.

O projeto desta pesquisa de campo nasceu de sua experiência anterior na prisão juvenil de Casal del Marmo, em Roma, onde trabalhou como consultor do Judiciário, elaborando perfis psicológicos e psicossociais dos meninos em detenção preventiva. Naquela época, Andolfi observava os mesmos componentes, depois reencontrados de maneira amplificada no South Bronx. A primeira observação, a mais trágica, foi que esses rapazes, uma vez que começavam a cometer crimes, de pessoas que eram se transformavam simplesmente em casos e, a partir daquele momento, os procedimentos eram fortemente burocratizados e havia uma maior preocupação de avaliar a extensão do fato delinquencial do que a personalidade do adolescente em risco e seus recursos potenciais; a atitude geral do Sistema de Justiça Juvenil era altamente paternalista (a experiência carcerária do South Bronx, por sua vez, seria muito mais difícil e desprovida de reais estruturas de recuperação) e o que faltava não era a presença de operadores motivados e competentes no "agora" da detenção preventiva, mas, sim, o "depois", quando teria sido necessário favorecer uma real recuperação social do adolescente, uma vez que ele retornasse ao seu habitat natural. Assim, o interior e o exterior da estrutura carcerária tornavam-se um *continuum*, ininterrupto, e o jovem perdia progressivamente a estima em si mesmo e nos outros e só podia construir para si mesmo uma identidade negativa, que se tornava a única indumentária para enfrentar os acontecimentos da vida.

É verdade que na Itália, nas últimas décadas, muito tem sido feito em relação à construção de estruturas de recuperação alternativas à prisão, mas o problema da reintegração social, escolar e laboral de muitos jovens em risco é ainda muito inicial e distante de uma solução satisfatória.

Agora voltemos ao Bronx, em uma escola pública frequentada principalmente por meninos negros e porto-riquenhos, onde até as paredes exsudam violência racial, onde a polícia, com sua presença maciça nos arredores do prédio da escola, era parte integrante do sistema escolar, sempre pronta para intervir a pedido da diretoria ou, no caso de agressões físicas, do próprio professor; uma escola onde, para ir ao banheiro, cada menino / menina precisava de permissão do professor e então, dentro do banheiro, chaveado, era observado/a em seus comportamentos por um "guarda" especial, de modo que uma inevitável necessidade fisiológica poderia ser confundida ou esperada como possível comportamento delinquente, como, por exemplo, uso de drogas ou tráfico de drogas, etc.

Em tal clima, era difícil distinguir entre agressor e agredido, pois se criava tal círculo vicioso na ação violenta no qual não se sabia bem como intervir. No entanto, o que era indubitável era que, para meninos de 12 a 14-15 anos, a escola perdia todo e qualquer valor educativo e tornava-se o laboratório no qual, dia após dia, se construíam carreiras delinquenciais para adolescentes negros e porto-riquenhos, os quais, em poucos anos, aqueles que seriam os mais importantes para o seu desenvolvimento, passavam da realidade de crianças desamparadas e impotentes para a de "durões da vizinhança". Sem mencionar o desempenho, ou seja, o nível de *Literacy* e *Numeracy* (escrita e matemática), que nesses ambientes foi 70-80% menor que a média nacional e que impedia qualquer futuro de trabalho decente para esses meninos, cuja única opção permanecia a de ser explorados em trabalhos pesados e ocasionais, e que, portanto, no fim, se tornava mais fácil e proveitoso entrar em gangues delinquenciais.

A ausência de um guia paterno em casa (a carreira desviante começa nos "andares superiores") e de um consenso social no bairro foi substituída pela presença de uma lei repressiva, devidamente representada pela polícia que coabitava na escola, apoiando professores perdidos e incapazes de educar, de modo que ganhava cada vez mais forma a ideia de que ir à escola seria como entrar em uma casa de correção.

Conhecendo a realidade dessas escolas, o Centro de Higiene Mental local, associado à Faculdade de Medicina Albert Einstein, de Nova York, aceitou uma proposta de Andolfi (então bolsista em Psiquiatria Social Comunitária), voltada a realizar um trabalho de pesquisa no campo sistêmico; na prática, decidiu-se trabalhar com a turma duas horas por semana, com o grupo de professores e com as famílias (ou fragmentos delas) no bairro. O programa previa que Andolfi fosse inserido permanentemente no conselho do instituto, ou no órgão responsável pelas decisões (prevalentemente de natureza punitiva, como suspensões dos menores ou envio para outra estrutura escolar), constituído pelo diretor, pelo *guidance counselor* (uma espécie de assistente social com função de atuar como ponte entre escola e família) e por representantes dos professores. Entre outras coisas, a sua presença neste órgão decisório teve o efeito inesperado de reduzir, ao longo de dois anos, as medidas punitivas contra os meninos, que sabiam de uma presença positiva no órgão diretivo da escola.

Os encontros com o grupo de meninos, difíceis de estruturar no início, mostraram-se muito frutíferos com o tempo, dado que nunca antes esses adolescentes tinham sentido que poderiam ser ouvidos e levados em consideração por um adulto. Na verdade, Andolfi foi muito ajudado nesse trabalho por Joy, uma assistente social afroamericana, nascida e criada no South Bronx (aquela colaboração preciosa que hoje definiríamos como mediação cultural) e, talvez por causa de seu *broken english* e pelo fato de ser um homem branco estrangeiro que não pertencia à cultura americana dominante, nunca lhe aconteceu de ser objeto de comentários raciais sobre ser branco por parte do grupo.

Para as perguntas repetidamente levantadas pelos rapazes em seus encontros de classe sobre sua própria identidade – "Por que sou mau?" ou "Quem sou eu?" – era difícil encontrar uma resposta. Mas valia à pena partir delas para reconstruir as formas da "maldade" e talvez descobrir juntos uma intersecção que permitisse mudar de direção em busca de valores e de sentimentos positivos.

Nessa perspectiva de busca do positivo, se inseriam os numerosos encontros realizados dentro da escola em que participaram, além de Andolfi e Joy, um só rapaz ou moça e um membro de sua família; na grande maioria dos casos, tratava-se de mães ou avós. À simples pergunta feita de maneira carinhosa e afetuosa à mãe: "Senhora, diga-me algo positivo sobre John ou Michelle" seguia-se um longo silêncio e depois talvez um balançar a cabeça de forma desconsolada, como se para confirmar que o filho/a era apenas ruim e, após uma segunda e uma terceira repetição da mesma pergunta, a mãe finalmente disse, sem convicção, que John era bom no basquete ou que Michelle sabia cozinhar bem. Era nessas ocasiões que o rapaz ou a moça do momento se iluminava, como se um vislumbre de esperança se abrisse em sua própria vida. Era impressionante ver como, em meninos que foram privados de tudo, uma simples conotação positiva podia ter um impacto tão forte!

Sem dúvida, mais duro e difícil foi o trabalho com o grupo de professores, pouco motivados para buscar aspectos positivos em seus alunos, definidos com epítetos pesados e considerados já perdidos do ponto de vista de uma recuperação social. Além disso, sua sobrevivência física era o principal objetivo durante as aulas, pois se criava com frequência um circuito negativo entre professores e turmas de alunos: os primeiros ameaçavam com suspensões e recorriam à intervenção da polícia e os alunos respondiam de forma violenta. Também deve ser ressaltado que os professores enviados para o South Bronx iam como "para um confinamento" e eram frequentemente os piores elementos da região. Entretanto, aos poucos, apoiando-os também e ouvindo constantemente suas queixas, foi possível recuperar um mínimo de valorização pelas mudanças positivas nos comportamentos produzidos pelos jovens em sala de aula.

O mesmo procedimento de buscar aspectos positivos de cada jovem também foi estendido às famílias e à vizinhança em encontros quinzenais realizados no bairro ou no pátio de suas casas, muitas vezes organizados por mães que começavam a ver as mudanças de seus filhos na escola.

Como já foi descrito em um artigo anterior (Andolfi, 1997), depois de dois anos de trabalho em tempo integral na escola, Andolfi e Joy observaram com seus próprios olhos que, em qualquer lugar onde fosse possível dar espaço a essa busca de significado e de sentido da existência, envolvendo as realidades familiares e sociais que cruzavam a vida desses adolescentes, mudanças radicais, muitas vezes inimagináveis, eram alcançadas, tanto na estrutura da personalidade quanto nas modalidades relacionais dos adolescentes. De qualquer forma, o maior problema era, e infelizmente ainda é hoje, como transformar pesquisas como a que acabamos de descrever em modalidades estáveis de intervenções sistêmicas na Escola. Um objetivo desse tipo, inevitavelmente, exigiria ideias, dedicação, recursos econômicos e colaboração entre o Sistema Escolar, a Família e o Sistema Judiciário. Na ausência de tal vontade por parte dos Grandes quem paga são sempre os Menores: neste sentido, podemos confirmar que os comportamentos desviantes e delinquentes dos adolescentes são realmente o resultado de um constructo social.

Capítulo 3

A PATOLOGIA DA DEPENDÊNCIA E A DIMENSÃO TRIGERACIONAL

O MITO DA INDEPENDÊNCIA

Nos últimos 40 anos, o individualismo ganhou um lugar central na influência sobre nossa vida cotidiana. Se o valor positivo desta evolução social tem a ver com a afirmação dos direitos individuais e da dignidade do ser humano, as consequências críticas dessa atitude têm produzido cada vez mais, com o passar do tempo, uma contraposição entre pessoa e comunidade e uma profunda desconexão entre os direitos e deveres do indivíduo e da comunidade, perturbando seu equilíbrio.

As raízes históricas que levaram à ênfase do valor do indivíduo em relação a da coletividade remontam a tempos ainda mais distantes, ao período do Iluminismo, no entanto, é interessante notar como, na última parte do século XX, tenha cada vez mais tomado forma na sociedade ocidental que poderíamos definir como "mito da independência". A independência econômica, por exemplo, é fascinante; as necessidades do indivíduo estão em primeiro lugar na sociedade de consumo de hoje que produz, prepara e serve de tudo para ele, desde que pague. Tudo pode ser comprado, você pode ter sem nem sair de casa: pizza, *personal trainer*, amizade, amor. Assim nos dizem.

Até mesmo a ciência parece empurrar sua curiosidade em direção a objetivos atraentes nesse sentido: a cirurgia plástica, o uso de células-tronco, a inseminação artificial. O interesse e os experimentos com a clonagem, então, são o objetivo máximo da manifestação do mito da independência.

Como se o indivíduo pudesse realmente bastar a si mesmo! Talvez devêssemos nos perguntar se não estamos desorientados, confundindo a autonomia e a subjetividade com a autossuficiência.

É interessante a definição de nossa sociedade pelo sociólogo polonês Zygmunt Bauman (2000). Segundo seu pensamento, o individualismo dos dias de hoje é um individualismo pobre, onde o interesse egoísta, a incerteza e a ansiedade com o fracasso prevalecem. Bauman fala de uma *sociedade líquida*, significando com esse termo a contemporaneidade sem contornos que nos permeia, aquela na qual nós, homens e mulheres, ansiamos pela segurança da agregação e por uma mão com a qual podemos contar no momento de necessidade, contudo somos os mesmos que temos, inconscientemente, medo de ficarmos emaranhados em relacionamentos estáveis e tememos que um laço estreito, tanto em relação a uma comunidade quanto a uma pessoa, envolva ônus que não queremos, nem achamos que podemos suportar. Nesse sentimento de vazio e absurdo existencial gerado por essas tendências contraditórias, pode-se então compreender como a dependência de qualquer outra pessoa pode ser facilmente confundida com um limite à própria liberdade e, de qualquer modo, como uma espécie de fracasso pessoal.

Do ponto de vista evolutivo, a dependência é uma *posição* de respeito absoluto, como foi dito por Melanie Klein (1959), necessária para o crescimento de indivíduos saudáveis. Uma pessoa que nunca tenha experimentado dependências saudáveis, terá que construir para si algumas dependências patológicas. Como vimos no capítulo anterior, um jovem não pode viver sem o senso de sua própria identidade pessoal: se não for possível construir uma identidade positiva, será necessário recorrer ao contexto familiar e social ao qual pertence e formar pra si uma negativa. Não se pode com certeza dizer de um jovem delinquente que ele não tenha uma identidade; tem e é absolutamente completa, mas é altamente destrutiva, tanto para si como para os outros.

O MODELO PSICODINÂMICO DA DEPENDÊNCIA

Segundo Peter Fonagy e Mary Target (2001), famosos pesquisadores do Anna Freud Center, de Londres, o fenômeno da *dependência saudável*, ou seja, a dependência necessária do ponto de vista evolutivo, envolve o sistema de apego e o sistema reflexivo, os quais são fortemente correlacionados.

A crença dos autores e da maioria dos psicanalistas contemporâneos é que a criança, desde o nascimento, tenha capacidades mentais complexas que regulam sua relação com o ambiente, em particular com quem cuida dela. Isso implica uma crescente responsabilidade por parte do cuidador, pois na relação com a criança há uma reciprocidade nos sistemas de regulação, particularmente naqueles de regulação afetiva que facilitam os processos de interiorização e o desenvolvimento das funções simbólicas. O processo de apego, de fato, interfere fortemente nessa função. Um apego seguro (Bowlby, 1969), capacitando a criança a exercitar o máximo de atenção aos processos de regulação afetiva e no desenvolvimento de suas habilidades cognitivas e simbólicas, comporta uma facilitação do processo de mentalização, que é enriquecido até chegar à organização do pensamento verbal.

Em resumo, os autores afirmam que pais com elevada capacidade reflexiva promovem um apego seguro nos filhos e que este último representa o precursor fundamental da função reflexiva. Tal função, por sua vez, permite à criança "ler a mente" dos pais, isto é, atribuir estados mentais aos outros, e organiza a experiência do comportamento seu e dos outros em termos de constructos do estado mental e de capacidade de brincar com a realidade. A consciência da criança sobre o seu estado mental e sobre o dos outros depende da percepção de maneira não persecutória e confusa do estado mental dos pais. Finalmente, para a criança é crucial "brincar juntos" como experiência fundamental para estar na realidade de modo seguro e criativo.

A base de uma dependência patológica, segundo Fonagy e Target, viria a se constituir em algumas situações particulares. Quando um pai finge, se realiza uma distinção drástica entre a realidade interna e a realidade externa, de modo que a criança tende a mantê-las completamente separadas. Outra situação crítica configura-se quando uma criança nunca é colocada na condição de brincar com a realidade: à medida que cresce, ela será incapaz de diferenciar o que é aparente do que é real e isso constituirá a base da dependência patológica.

O MODELO SISTÊMICO-RELACIONAL DA DEPENDÊNCIA: A BALANÇA DOS AFETOS

No modelo sistêmico-relacional, a dependência saudável é o ingrediente necessário para experimentar o sentimento de pertencimento, uma experiência rica e real do ponto de vista emocional, porque ~~nos~~ permite ao indivíduo sentir-se amado e compreendido.

Murray Bowen (1979), em consonância com seu modelo evolutivo de diferenciação do *Self* da família de origem, voltado a adquirir a *posição-eu* através da transformação progressiva da dependência intergeracional, coloca a ênfase na balança dos afetos, que deve sempre manter um equilíbrio dinâmico entre pertencimento e separação. "Não é possível separar-se se não pertencemos primeiro", afirma Carl Whitaker (1989), e é precisamente uma série de dependências saudáveis a serem testadas durante o ciclo vital que podem nos permitir pertencer a um determinado grupo ou sistema. "O pertencimento é ter outros dentro de si", como cantava Giorgio Gaber[5] há alguns anos, para dizer que somente se alguém aprendeu a interiorizar os outros que são significativos para si mesmo, é que se pode afastar-se, separar-se deles, sem sentir que os perdeu.

À medida que o ciclo de vida progride, as dependências saudáveis que um indivíduo precisa experimentar assumem diferentes formas e se destacam ao longo da vida. Elas incluem: apego e cuidado da criança em crescimento pelos pais; contenção emocional e relacional do adolescente; a dependência do grupo de pares em tempos de estresse e conflito; a mutualidade do casal, composta pelo vínculo de apego romântico (Santona; Zavattini, 2007; Whitaker, 1958) e pelo vínculo de cuidado; o ser capaz de pedir ajuda à família de origem quando o adulto está em necessidade; e, por fim, o cuidado do idoso por parte dos filhos em seu momento de necessidade, ou seja, a reversão de papéis.

No que diz respeito aos adolescentes, muitas vezes, diante de situações em que as dependências saudáveis são escassas na família, os jovens conseguem equilibrar as próprias carências com experiências importantes de dependência saudável no grupo de pares. Esse fato, infelizmente, raramente é percebido pelos pais, especialmente pelas mães, mais frequentemente aterrorizadas pelos efeitos negativos que o grupo de pares possa causar aos seus filhos. De acordo com essa perspectiva, poderíamos imaginar que até mesmo aqueles tipos de dependência patológica que condicionam a vida de muitos adolescentes sejam *dependências de substituição*.

5 N.deT. Giorgio Gaber (Milão, 25 de janeiro de 1939 — Montemagno di Camaiore, 1 de janeiro de 2003) foi um famoso cantor e compositor italiano. O autor aqui se refere à Canzone dell'appartenenza, de 1994.

A dependência patológica é estabelecida quando é necessário controlar, através de experiências contundentes ou excitantes, potenciais colapsos psicológicos em pessoas com risco de ansiedade, pânico ou depressão. Em geral, as mais importantes dependências patológicas na adolescência nascem com o objetivo de escapar de estados emocionais desagradáveis ou negativos, de se livrar dos próprios sentimentos, de buscar uma condição de prazer e de bem-estar instantâneos, de se autocurar, de se defender contra qualquer tipo de tensão psíquica, tanto de origem externa quanto interna.

Na adolescência, a ausência de dependências positivas na família pode levar à construção de uma série de dependências patológicas.

Para além das já conhecidas toxicodependências, isto é, dependências de substâncias, sejam elas drogas ou álcool, hoje estamos testemunhando um aumento vertiginoso no que chamamos de toxicomanias objetais ou *new addiction*. Este tipo de dependência é bastante recente e caracteriza-se pela grande velocidade com que vem aparecendo em nossa sociedade, na qual as relações humanas são cada vez mais rarefeitas, enquanto a relação com as coisas se multiplica dramaticamente. É por isso que, com frequência, essas formas de dependência nem sempre são percebidas como perigosas. Trata-se de todas aquelas formas em que nenhuma substância química está presente; o objeto da dependência é, nesses casos, um comportamento ou uma atividade perfeitamente legal e socialmente aceita.

Entre as *new addictions* incluem-se os jogos de azar, a internet, as compras, o trabalho, o sexo e a comida.

As síndromes de dependência mais características da adolescência permanecem sendo, infelizmente, a toxicodependência (álcool e drogas), enquanto entre as *new addictions* os jovens parecem se dividir de acordo com o gênero: enquanto nas meninas os transtornos alimentares são mais frequentes, nos meninos a dependência de produtos tecnológicos parece ter cada vez mais consistência.

AS DEPENDÊNCIAS PATOLÓGICAS NA ADOLESCÊNCIA – AS DROGAS

O uso de drogas desde sempre foi uma tentativa infeliz e desesperada de autoterapia. A busca pela manipulação da consciência, pela alteração dos estados da mente e pelo controle do comportamento é constante na história da humanidade. Apresenta-se, com metodologias e caminhos diversos, em todas as épocas e em todas as latitudes geográficas e sociais. Através das drogas, o homem sempre tentou curar o mal, fugir das aflições, das preocupações e da tristeza, além de romper os laços com a rotina, adquirir uma percepção mística e alcançar a experiência do sagrado.

Segundo o relatório da ONU apresentado na 22ª Jornada Mundial contra as Drogas, na primavera de 2009, enquanto os mercados da cocaína, heroína e maconha estão estáveis ou, em alguns casos, em declínio, o das drogas sintéticas está em ascensão, particularmente nos países em desenvolvimento. Além do uso de drogas tradicionais, sempre fortemente induzido em populações jovens pelo narcotráfico internacional, drogas que causam forte dependência física e mental, os nossos dias pareceriam ser particularmente caracterizados por um aumento constante entre pessoas jovens e muito jovens no uso de drogas leves, as *dance drugs*, usando a expressão em inglês. Seriam elas as anfetaminas, as metanfetaminas e o ecstasy. São drogas fáceis de tomar (geralmente vêm em forma de pastilhas), não trazem o risco de infecções, como HIV ou hepatite, não desenvolvem a mesma dependência que a heroína e rapidamente fazem os consumidores se sentirem brilhantes e adaptados, cheios de energia e desinibidos.

Esta imagem "limpa" das drogas sintéticas (ecstasy, mas também anfetaminas, LSD, cetaminas, poppers, entre outras) é na verdade falsa e bastante superficial: os ingredientes ativos contidos nelas atuam em alguns setores do sistema nervoso central e, portanto, podem danificá-lo. Além disso, são substâncias produzidas em laboratórios clandestinos de formas muitas vezes grosseiras e artesanais, com o acréscimo de substâncias adulterantes potencialmente perigosas. São substâncias ilegais. Na Itália, país onde este livro foi escrito, as apreensões de novas drogas pela polícia aumentaram exponencialmente, tornando cada vez mais possível prever uma mudança das pequenas produções individuais para uma prerrogativa de organizações criminosas de certo nível.

As novas drogas ou, como alguns gostam de chamá-las, as *drogas ocasionais* são consumidas pelos jovens em tempos e espaços bem definidos: são utilizadas no final de semana (como zona franca em que se interrompe tudo o que pertence à rotina diária de estudo ou trabalho) e essencialmente em discotecas, raves ou outros eventos onde a música *techno* reina em todas as suas variações. As raves, nascidas na década de 1980 na Inglaterra, são grandes festas organizadas em lugares isolados, edifícios abandonados ou em locais alternativos, onde se ouve música no volume máximo durante toda a noite, se não por dias, entre muitas pessoas e onde, então, para aumentar a própria resistência física, recorrer a estimulantes pode parecer a única alternativa. *House party* e raves, muito amadas também nos EUA, são ocasiões ideais para a distribuição do ecstasy.

Durante as festas, diferentes pastilhas de ecstasy são distribuídas, com variadas formas e cores, talvez personalizados com o signo do zodíaco ou com personagens clássicos das histórias em quadrinhos, brancos, azuis, rosas ou esverdeados, para se preparar para a diversão e, pelo menos por quatro ou cinco horas, ser incansável e dançar a noite toda. Entre os consumidores, há aqueles que ficam no ecstasy, mas há também aqueles que usam mais substâncias na mesma noite. Alguém acrescenta "meio adesivo" de LSD para acentuar o efeito alucinógeno do MDMA (princípio ativo do ecstasy), ou anfetaminas ou cocaína para poder dançar mais, aumentando os efeitos colaterais e os perigos. As mortes por drogas estão quase sempre relacionadas a misturas. Muitos, se não todos, bebem álcool, especialmente cerveja e coquetéis. O haxixe, naturalmente, não falta. É usado com mais frequência no final da festa, para diminuir a excitação oferecida pelas pastilhas. Entre os consumidores clássicos de ecstasy, aqueles que decidem usar heroína ainda são muito poucos e ligados a circuitos extremos e desviantes. Consomem-na no final da noite, caso se deem conta que não podem acabar com a hiperexcitação causada pelo uso e abuso dessas substâncias, arriscando-se a se tornarem viciados em heroína sem perceber. Pela mesma razão, a maioria das pessoas toma sedativos, muitas vezes roubados em casa, do armário de remédios.

A ingestão de substâncias psicotrópicas parece representar novos rituais em relação ao passado; para as novas gerações, ingerir pastilhas, fumar e beber são uma preparação para diversão. É a cultura da "loucura total", a cultura de diversão confundida com entorpecimento e perda de consciência, a cultura do "proibido proibir", em uma sociedade onde tudo é possível e realizável, em uma sociedade sem limites.

Mas como chegamos lá?

Para cada geração a sua droga

Para compreender as razões que produziram um aumento maciço do consumo de drogas leves em todo o mundo contemporâneo, em um interessante artigo, publicado em 2001 e intitulado "Le generazioni della droga", Franco Avenia nos propõe retornar aos turbulentos anos 1960 e ao movimento cultural que nasceu naquela época nos Estados Unidos da América.

Na década de 1950, o uso de drogas era um fenômeno marginal, elitista, e amplamente difundido apenas no mundo da arte, entre músicos de jazz e entre escritores. Na década seguinte, em vez disso, com a chegada da geração *beat*, a incapacidade de se adaptar ao pensamento dominante, às instituições, em uma sociedade fortemente conservadora, uniu jovens e intelectuais na necessidade de projetar um modo de vida alternativo. Assim, em vez de correrem incessantemente na "roda do hamster" de uma sociedade cinzenta, opulenta e sufocante, milhões de jovens escolheram pegar carona para passear pelas estradas aniquiladas entre os dois oceanos, acompanhados primeiro por maconha (talvez para aliviar o desconforto da própria marginalização) e por ácido lisérgico e outras drogas sintéticas mais tarde (com efeitos consonantes com o mito da viagem).

O consumo coletivo de drogas tornou-se, junto com o rock, uma expressão de protesto físico e intelectual contra o pensamento comum. Pacifistas, dedicados ao amor livre, os *hippies* foram os primeiros a utilizar substâncias entorpecentes não apenas como resposta a uma necessidade de ruptura, mas também como forma de satisfazer necessidades espirituais diferentes daquelas até então praticadas, tomando como referência a dimensão místico-religiosa oriental. Era precisamente o Oriente, que fornecia drogas em grandes quantidades e a baixo custo, que lhes prometia uma espiritualidade para viver sem regras e sem dogmas, como era seu desejo. "Os caminhos do Leste tornaram-se suas metas, suas últimas metas: no Oriente morreram milhares de jovens assassinados por bandidos e por traficantes de drogas, dizimados por doenças, aniquilados pelas drogas" (Avenia, 2001); e com eles a utopia que eles perseguiram intensamente também foi definitivamente enterrada.

Desvigorados os *filhos das flores* no pós-68, para muitos jovens todos os sonhos e esperanças tramontaram de repente, e tudo, lentamente, parecia tornar a ser como antes. Do fracasso da grande ilusão nascia o que alguns autores definem como a *heavy generation* (Avenia, 2001). Era a geração do desencanto, do fracasso, da crua realidade, das drogas que matam sem piedade. Desapontados e desanimados, esses jovens preencheram o vazio existencial com drogas, culpando suas famílias. Eram os anos em que os pais dos dependentes químicos migravam de um psicólogo para outro, tentando entender onde erraram e, confusos e com medo, arruinavam ainda mais uma autoridade que se esforçava para acreditar em si mesma e que não possuía mais apoio para se sustentar. Com um sentimento de impotência e sem futuro, impossibilitados de se refugiar na família para superar desilusões e encontrar motivações, muitos jovens vivenciavam um profundo sentimento de frustração que se transformava, como sempre, em agressividade. Agressividade que direcionavam para si mesmos, usando drogas cada vez mais pesadas; para a família, atribuindo a ela toda a responsabilidade; e para a sociedade, não mais respeitando suas regras. A mesma agressividade que para outros será direcionada para o terrorismo dos anos de chumbo.

"Passaram-se apenas alguns anos: das roupas coloridas dos *hippies*, de suas canções cheias de sonhos e esperanças, do amor livre e do anseio místico ao realismo cru das depressões mais escuras e imundas para se injetar" (Avenia, 2001). O haxixe e o LSD foram progressivamente acompanhados pela heroína para atenuar a dor insuportável de um vazio existencial sem futuro.

A recuperação econômica dos países ocidentais nos anos 1980 reativou uma nova corrida rumo à prosperidade, ao dinheiro e ao sucesso. Uma corrida em que parecia que todos poderiam participar, mas onde na realidade apenas pouquíssimos conseguiam atingir a linha de chegada: os mais fortes, os melhores. A competição implacável e as asperezas do percurso exigiam um esforço enorme e contínuo. Excelentes qualidades, lucidez, rapidez, coragem, resistência física, autocontrole, capacidade de assumir riscos, cuidado com a imagem pública eram necessários. A geração *yuppie*, precisando de ajuda para fazer isso, procurava-a na droga. O jovem "alpinista", ambicioso e disposto a fazer qualquer coisa para emergir e alcançar uma posição social respeitada em pouco tempo, tornava-se rapidamente desgastado devido à sua atividade frenética. A consciência das enormes dificuldades entregava-o a um profundo medo de não estar à altura, fazendo-o se sentir ainda mais frágil. Ativava-se, assim, um círculo vicioso de sinais de alarme e de compensações que cresciam progressivamente até o inevitável encontro com a cocaína.

Mas também o mito do *yuppie* durou pouco. A nova desaceleração econômica da década seguinte, além do triste espetáculo dos derrotados na escalada ao sucesso, vinha desmotivando cada vez mais os jovens de se empenhar sem, no entanto, querer perder as vantagens que poderiam eventualmente ser alcançadas. É assim que a *light generation* (Avenia, 2001) de hoje chegou.

Filhos de pais bem-sucedidos, que os enchem de bens materiais, estes jovens são especialistas em atalhos para obter benefícios sem conquistar o direito de ganhá-los. Não sabem resistir aos modelos impostos pelos *mass media* e aos objetivos enganosos da publicidade, um distribuidor de felicidade e sucesso a baixo custo. A realidade desagradável é facilmente substituída pela realidade virtual, e assim acontece com as relações entre as pessoas, que se comunicam cada vez mais entre si por meio de filtros de segurança. Do amor "cego" passa-se cada vez mais ao amor "cauteloso", os relacionamentos criam vínculo e, portanto, assustam, até mesmo pelo risco de se infectar ou ferir.

Os jovens desta geração, que pertencem em grande parte à burguesia, usam drogas sintéticas para amplificar o prazer, inventá-lo onde não existe. O ecstasy é uma droga empatogênica que permite entender as emoções dos outros; quem o utiliza busca uma maneira rápida de adquirir facilidade, palavras fluentes e relações fáceis com todos, aspectos extremamente importantes, especialmente nos muitos jovens, na comunicação com os outros. É também uma droga entactógena, geradora de contato interior. As sensações subjetivas compreendem a redução do medo, o aumento da consciência e das emoções, a diminuição da agressividade. Mais uma vez, "atalhos" para um melhor relacionamento com os outros e com o ambiente circundante.

Concluindo, podemos afirmar que os motivos pelos quais se procura drogas, passando do consumo ao abuso, até gerar a toxicodependência, podem ser muito diferentes entre si. E, como no passado, até mesmo as transformações socioculturais mais recentes, modificaram a complexa relação entre as substâncias e seus consumidores.

Igualar gerações diferentes caracterizadas pelo uso de drogas significa simplificar um fenômeno antigo, complexo e dramático e pode nos fazer perder a possibilidade de compreender as raízes contextuais necessárias para encontrar soluções adequadas para preveni-lo e enfrentá-lo.

Teorias relacionais sistêmicas da toxicodependência

Existem vários autores que lidaram com a toxicodependência nestes últimos 30 anos. Trata-se da dependência de drogas tradicional, isto é, que se relaciona com substâncias que causam forte dependência física e psicológica.

Luigi Cancrini, psiquiatra de grande experiência neste campo, desenvolveu uma teoria que integra três diferentes pontos de vista: a perspectiva individual, as relações dentro da família e as características do consumo de substâncias. Segundo esse modelo psicopatológico, existem quatro tipos diferentes de toxicodependência, dependendo das razões que motivaram o início do consumo (Cancrini, 1982).

A *toxicodependência traumática* é sempre relacionada a um evento súbito e doloroso, por exemplo, morte, abandono por um ente querido, perda psicológica de uma amizade, separação conjugal hostil dos pais. Isso, na realidade, é também o tipo de toxicodependência em que a intervenção de um terapeuta pode ser mais eficaz, uma vez que são vícios de tipo reativo a um evento que o indivíduo não foi capaz de processar.

A *toxicodependência de cobertura* é aquele tipo de autocuidado adotado em substituição de problemáticas de caráter neurótico, como transtorno obsessivo-compulsivo, transtornos de humor ou psicossomáticos.

O terceiro tipo de toxicodependência é a chamada *toxicodependência de transição*, que nasce para cobrir ou compensar graves transtornos de personalidade. São aquelas situações em que está permanentemente presente um duplo diagnóstico.

Finalmente, temos a *toxicodependência sociopática*, que surge nos indivíduos que sofrem de transtorno de personalidade antissocial, acostumados a resolver os próprios conflitos psíquicos por meio do *acting-out*.

Stefano Cirillo, deslocando seu olhar essencialmente para a família, considera a toxicodependência como resultado de uma transição intergeracional de experiências traumáticas e deficientes, que nunca foram elaboradas adequadamente pelos sujeitos envolvidos e descreve a organização familiar do toxicodependente segundo três tipologias (Cirillo; Berrini; Cambiaso, 1996).

Um primeiro tipo de organização envolve uma situação chamada de *abandono dissimulado*, ou seja, um modo de cuidado aparentemente irrepreensível, mas inadequado no plano substancial, com experiências traumáticas trigeracionais nunca elaboradas. Em segundo lugar, há um tipo de organização familiar conectada ao *abandono ignorado*: os pais parecem perpetuar experiências insatisfatórias vividas dentro da família de origem através da instrumentalização dos filhos no interior das disfunções de casal, ou através do encobrimento do desconforto relacional. Finalmente, pode haver uma situação de *negligência*. Neste caso, estão presentes, em outros membros da família, comportamentos antissociais e abandono afetivo real de uma geração para a próxima. No último caso, trata-se das assim chamadas *famílias multiproblemáticas*.

Quanto às novas drogas, acreditamos que elas se incluem no quadro do mal-estar social juvenil, em um sentido diferente que, para os jovens, assume o conceito de diversão como "barato", ou seja, a busca pela alteração do estado de normalidade como necessidade de excesso e de extremismo. Mas também necessidade de vínculo, de pertencimento e de socialização. Estamos testemunhando, de fato, fenômenos de uso coletivo, possíveis também graças à fácil disponibilidade, nos locais preferidos pelos jovens, de tais substâncias; uso coletivo que parece responder precisamente à necessidade de entrar em contato uns com os outros, para escapar da solidão que não é nem ao menos refletida, mas vivida. O barato coletivo parece, portanto, expressar a grande dificuldade dos jovens de encontrar modalidades não autolesivas de encontrar o outro, de pertencer e de satisfazer as próprias necessidades de socialização.

O álcool é, para alguns jovens, o primeiro passo para o uso de drogas como a maconha e a cocaína, mas também de drogas sintéticas de nova geração que, de modo semelhante, favorecem emoções positivas, desinibição e maior promiscuidade. Até mesmo o sexo, entre os muito jovens, parece ter sido contagiado por essa tendência ao extremismo e, muitas vezes, vivenciado não mais como uma exploração e área de intimidade exclusiva, mas como uma moeda de troca; outra modalidade de evasão do comum, evasão de mim para o outro.

A intervenção clínica

Do nosso ponto de vista, a intervenção clínica na dependência de substâncias entorpecentes, particularmente em jovens, mas diríamos em todos os casos, não pode ser separada do ambiente em que o toxicodependente vive. E o primeiro ambiente em que ele vive é o familiar. A atenção à avaliação caso a caso e a leitura do contexto sociofamiliar do jovem torna-se fundamental, inclusive porque o abuso de substâncias se insere frequentemente em contextos já difíceis em relação aos riscos evolutivos.

Para ajudar um jovem a sair de uma dependência grave e, sobretudo, fortemente alimentada pela criminalidade, muitas vezes a terapia familiar sozinha pode não ser suficiente. Nada pode mudar se as redes de proteção adequadas não forem ativadas ao mesmo tempo, o que não pode ser constituído simplesmente por uma hora de terapia uma vez por semana em um consultório. Também porque muitas vezes trata-se de famílias com diversos problemas e que, justamente por essa razão, dificilmente querem ou podem buscar ajuda no profissionalismo privado. São usuários que mais facilmente se dirigem para estruturas públicas e são acompanhados por estas utilizando todos os instrumentos à sua disposição, partindo de serviços territoriais especificamente implantados até chegar às comunidades terapêuticas.

Na verdade, quando a dependência é definida pela modalidade compulsiva do consumo, isto é, pela necessidade de recorrer ao abuso maciço e prolongado de drogas, a intervenção mais adequada é fornecida pela própria comunidade terapêutica. A utilização de tratamentos integrados intensivos de base residencial oferece a possibilidade não só de conter os danos do comportamento de abuso ou de dependência, mas também de trabalhar simultaneamente na reconstrução da personalidade e na estabilização da sintomatologia psíquica resultante de eventuais transtornos primários e daqueles induzidos por substâncias (Addazi; Marini; Rago, 2009).

Angelo e a sua batalha contra a heroína

Por conta deste livro, Andolfi considerou oportuno recontatar uma família que ele havia conhecido em terapia familiar há muito tempo para consultar sobre sua disponibilidade de nos oferecer um breve testemunho sobre sua própria história antes, durante e depois da toxicodependência do filho. O pai, em nome da família, respondeu ao convite com o seguinte e-mail.

Caro Professor,

Com grande prazer ouvi a sua voz ao telefone, foi como se um velho amigo, que perdi um pouco de vista, tivesse me chamado, um parente distante.

A simpatia que você despertou em nós permaneceu inalterada e a estima que nós imediatamente nutrimos em relação a você, ao longo do tempo, sempre aumentou.

Eu não lhe nego que muitas vezes sentimos a necessidade de nos encontrar novamente diante de você e, mais cedo ou mais tarde, talvez nós o chamemos.

Eu lhe envio o "testemunho" que você solicitou, na esperança de que chegue a tempo útil e na esperança de termos feito um pequeno "trabalho" que nos ajude a lhe dizer um OBRIGADO!!!! infinito.

Com muito carinho e estima, meus e de toda a minha família.

L. S.

Quando estiver em nossa cidade, espero poder vê-lo para estarmos um pouco juntos.

Nós nos casamos em uma pequena cidade no centro da Itália, em 1977. Éramos jovens (eu com 27 anos; minha esposa com 26) e cheios de expectativas, eu era profissional liberal e minha esposa, professora de ensino médio.

Algumas intromissões de minha mãe em nossa vida conjugal já tinham causado alguns problemas em nossa família, mas eu, otimista e ingênuo, havia subestimado isso, não me opusera, enviando assim à minha esposa mensagens que – hoje – eu entendo terem sido muito negativas.

Após cerca de um ano nasceu o nosso primeiro filho, Leonardo, que, por alguns problemas durante a gestação, chegou ao mundo saudável, mas pesando apenas um quilo e meio. Isso suscitara em nós e especialmente nos pais de minha esposa uma série de ansiedades, talvez excessivas, dado que, exceto pelo peso, Leonardo era perfeitamente saudável e normal.

Dois anos após o nascimento de Leonardo, nasceu nosso segundo filho, Angelo, uma criança bonita e robusta.

As atenções normais que demos a Angelo causaram alguns problemas em Leonardo, que se tornou fortemente inapetente, quase anoréxico. Tudo isso aumentou a ansiedade dos meus sogros que sempre dispensaram mais atenção a Leonardo.

Por causa do trabalho de minha esposa e de minha ausência, nossos filhos passaram muito tempo com os avós.

Alguns anos após o casamento, uma série de graves problemas começou para nós.

Meu pai, um empreendedor do ramo imobiliário, devido a alguns investimentos equivocados, teve um colapso econômico que envolveu tanto meu irmão quanto eu por diferentes razões. A história, infelizmente, durou vários anos até que todos nós perdemos todo o patrimônio, incluindo imóveis de uso pessoal.

Infelizmente, neste clima, nossos filhos certamente não tiveram uma infância tranquila. Minha ausência crônica das questões familiares, meu apego excessivo à família de origem, combinado a uma atitude não firme em relação aos filhos, levaram a problemas mais sérios na fase adolescente.

No verão de 1998, começamos a entender que nosso filho Angelo estava enviando sinais de angústia profunda e, assim, aconselhado por um amigo psiquiatra, recorremos ao professor Andolfi para iniciar uma terapia familiar. Angelo não queria se juntar a nós na terapia, alegando que não queria ser "psiquiatrizado" e então começamos em três. Em uma das sessões seguintes, Angelo se apresentou e, depois de ter se manifestado de modo rebelde e até mesmo "mal-educado", a vontade de não querer mais relações conosco, disse que nunca mais voltaria.

Em seguida, após uma série de sinais mal interpretados ou negligenciados por nós, Angelo confessou que usava heroína.

Por um tempo tentamos entender quais eram as medidas a serem tomadas e quais as atitudes a serem mantidas para podermos enfrentar a gravíssima situação.

Depois de alguns meses, e depois de uma luta difícil com o nosso filho para levá-lo a uma comunidade, decidimos mudar para uma cidade próxima, onde Angelo começou a frequentar uma comunidade terapêutica semirresidencial (ficava na comunidade das 9h às 17h e o resto do dia em família). Foi um período muito difícil, entre ansiedades e esperanças, sob a constante ameaça de Angelo de abandonar a comunidade, mas minha esposa e eu, entre tantas dificuldades, formamos um muro contra o qual nosso filho não conseguiu levar a melhor.

Depois de alguns meses, os profissionais da comunidade nos impuseram iniciar uma terapia familiar e foi assim que voltamos ao professor Andolfi.

Finalmente, depois da postura bastante negativa da vez anterior, a verdadeira terapia começou. Entre muitas dificuldades, especialmente criadas por mim pelo meu caráter muito relutante de abrir e falar livremente sobre os meus problemas e os de minha família, depois de um tempo alguns canais de comunicação foram reabertos dentro da família, o que nos facilitou a difícil tarefa de acompanhar Angelo em seu percurso na comunidade. Entendemos a origem do desconforto de nosso filho Angelo, nós que o considerávamos sempre tão forte não tínhamos entendido plenamente que as excessivas atenções dirigidas a Leonardo por nós e pelos avós o tornaram muito frágil, o que foi agravado pela falta de comunicação dentro da família e pelos graves problemas já expostos. Além disso, nas sessões terapêuticas, emergia que minha esposa e eu não "éramos um casal".

Infelizmente por uma série de desentendimentos com alguns profissionais, Angelo não terminou seu percurso e, depois de um ano e meio, voltamos à vida normal, em nossa cidade.

Angelo, que neste meio tempo se graduara, decidiu viver a sua experiência longe da família e mudou-se primeiro para Roma, depois para Florença e depois para a província de Bolonha. Ficamos muito ansiosos naqueles anos, porque Angelo não queria continuar seus estudos e porque sabíamos que, mais cedo ou mais tarde, ele poderia voltar a usar drogas. E, de fato, pontualmente, o que não queríamos, mas estávamos conscientes de que poderia acontecer, ocorreu.

Enquanto Angelo estava em Roma, continuamos a frequentar a Academia de Terapia Familiar periodicamente, mas depois da recaída paramos, também porque percebemos que a terapia nos fornecera as ferramentas certas para evitar a repetição de certas situações.

O trabalho durou ainda muito tempo, entre altos e baixos. Angelo recaiu mais de uma vez, mas no fim percebeu que seu futuro e seu destino não poderiam estar ligados às drogas.

Um dia ele voltou para casa com uma "carta de demissão" e então, provavelmente, percebeu que havia chegado ao fim da linha.

Por um tempo ele ficou em nossa casa e, aos 25 anos, decidiu começar a estudar novamente e se matriculou na Universidade. Com um ato de extrema confiança, permitimos que ele se mudasse para Bolonha para estudar, onde permaneceu apenas um ano.

Mais tarde, ele preferiu retornar e permanecer conosco por um tempo, mas ainda fazendo exames. No momento ele está de volta a Bolonha para um estágio obrigatório e falta pouco tempo para obter um diploma de curso trienal.

Leonardo, que já é formado há vários anos, trabalha com um contrato temporário em Roma, em um Ministério.

Hoje, sempre entre mil dificuldades, chegamos a um equilíbrio familiar aceitável.

Temos um bom relacionamento com nossos filhos, especialmente com Angelo, que com o tempo tem estado muito ligado a nós.

Falamos muito, mesmo por telefone, e somos constantemente informados de todos os seus problemas. Às vezes nós discutimos, até alteramos a voz, mas não faltam momentos de afeto e confirmações frequentes de estima mútua entre nós.

Eu, da minha parte, admiro muito meus filhos, um que se esforça para ter um emprego estável e que, somente graças a seus meios, consegue ficar em Roma, esperando por melhores dias, e o outro que soube conduzir uma batalha muito dura contra a heroína.

Em tudo isso, a terapia familiar teve um papel muito importante.

Chegáramos ao ponto em que Angelo odiava todos nós, inclusive seu irmão. As coisas mudaram. Angelo frequentemente nos lembra de que ele exige sua parcela de consideração e respeito de todos os membros da família. Às vezes tropeçamos nos erros habituais que todos os pais ansiosos cometem, especialmente os excessos de proteção, mas nos ajuda a comunicação, a qual continua sendo a ferramenta mais importante para continuar a seguir adiante.

Aproveitamos a oportunidade para agradecer à família S. por esta carta; certamente não deve ter sido fácil escrevê-la sem reabrir antigas feridas, talvez ainda não completamente curadas.

O ÁLCOOL

O problema do abuso de álcool por adolescentes é um fenômeno que está em constante ascensão em todo o mundo. Mesmo o nosso Ministério da Saúde relata um aumento no consumo, particularmente na faixa etária entre 12 e 29 anos, e indica que o álcool e os acidentes relacionados ao abuso de álcool são a principal causa de morte em adolescentes. Estes dados, infelizmente, estão de acordo com estatísticas semelhantes de outros países, da UE ou não.

Dentro de nossa cultura, o álcool desempenha múltiplas funções: é ao mesmo tempo um instrumento de socialização, de vinculação, de ritual e de evasão, mas também um meio de exclusão, autoflagelação e dano, tanto para a saúde do indivíduo como para aqueles que sofrem as consequências: a família e a sociedade.

Os dados mais recentes sobre o consumo de álcool mostram que muitos adolescentes ficam alcoolizados um dia em cada quatro, mas o que é preocupante é que esses jovens bebem justamente com o propósito de "ficar bêbados" e o sentido desse uso excessivo de álcool pode ser entendido se nos livramos da ideia de que isso esteja ligado ao prazer do paladar. Este último, de fato, é absolutamente secundário à necessidade de alcançar, por meio de uma substância, aquele estado de euforia e de bem-estar necessário para atingir certo grau de desinibição. Em outros termos, para muitos adolescentes, não é tão importante a qualidade do que bebem, mas que a gradação seja tal que se atinja o efeito desejado o mais rápido possível. Nesse sentido, podemos entender porque o álcool é considerado por muitos um substituto para as drogas: é uma substância que pode provocar um estado de profunda alteração psicofísica, mas, ao mesmo tempo, é uma substância legal e socialmente aceita.

A redução dos danos sanitários e sociais causados pelo álcool em jovens tornou-se um dos mais importantes objetivos de saúde pública, perseguidos por grande parte das nações, por indicação da OMS e, em particular, da União Europeia, com a aprovação da *WHO Declaration on*

Alcohol and Young People (Declaração da OMS sobre Álcool e Juventude). Elaborado em 2001, em Estocolmo, este acordo estratégico entre as nações europeias propõe diretrizes claras para a prevenção e a redução do consumo de álcool entre adolescentes e dedica particular atenção à promoção de uma autonomia de pensamento dos jovens em relação às mensagens provenientes da mídia e da sociedade.[6]

Políticas de proteção e prevenção em relação à pressão exercida nos jovens, por parte da sociedade e de seu próprio grupo de pares, parecem reconhecer a necessidade de desmistificar mensagens cada vez mais ambíguas e prejudiciais. Por um lado, o consumo de álcool é apresentado aos jovens por meio de mensagens normalizadoras, que o promovem como parte da cultura adulta e juvenil (pensemos nas propagandas de cerveja ou de bebidas alcoólicas em geral): o consumo de álcool torna-se, assim, parte da cultura da diversão e da festa, uma maneira de se sentir ao mesmo tempo jovens se divertindo, mas também adultos e transgressivos. Por outro lado, por parte dos adultos, há uma resposta fortemente crítica e patologizante ao consumo de álcool na adolescência, quando as consequências de tais comportamentos se tornam evidentes: acidentes de trânsito, brigas, estupros de gangues.

Essa ambiguidade cultural, às vezes, permite que fenômenos de verdadeira dependência ou abuso por parte dos adolescentes sejam mascarados e lidos, inclusive pelos pais, como uma simples expressão de seu momento evolutivo específico. Além disso, a maioria dos jovens consome álcool pela primeira vez em casa, na presença de seus pais primeiro, e depois sozinhos, dada a fácil disponibilidade no ambiente doméstico. Em muitas famílias, a autorização para beber é considerada uma espécie de ritual de passagem da infância para a idade adulta. Infelizmente, no entanto, não foram ainda identificados pela comunidade científica os limites corretos dentro dos quais beber não seja prejudicial à saúde psicofísica dos adolescentes.

Pensando, portanto, em estratégias de prevenção e de tratamento para reduzir o consumo de álcool entre os jovens, uma das primeiras questões problemáticas encontradas é a própria definição de qual adolescente deve ser considerado um consumidor problemático.

[6] Ministério do Trabalho, da Saúde e das Políticas Sociais, 2009.

Dada a idade, os adolescentes não se apresentam ao clínico com o quadro de desenvolvimento típico de um estado de dependência ou de personalidade dependente. O padrão de consumo de álcool varia, de fato, tanto na frequência de uso quanto na quantidade consumida. Isso representa uma oscilação entre comportamentos abusivos de tipo exploratório ou ocasional relacionados ao contexto social – os bebedores de fim de semana que recorrem ao *binge drinking*[7] – e condições reais de dependência psicofisiológica.

Muitas vezes, o comportamento alcoólico do jovem pode ser lido como um sintoma de uma necessidade de crescimento que, embora ainda não seja consciente, é exercido através da adoção de atitudes adultas e transgressivas em relação às normas sociais e legais. Para muitos adolescentes, o consumo de álcool, mesmo de forma exagerada, continua sendo uma das formas mais facilmente acessíveis e culturalmente aceitas de se alcançar alguma forma de experimentação e liberação, ultrapassando os limites socialmente aceitos.

Em outros casos, porém, quando os processos normais de transição e de autonomização que caracterizam a transição para a vida adulta são particularmente bloqueados ou prejudicados, e quando o conflito entre dependência e separação é expresso com fortes estados de ansiedade, angústia, frustração e desconforto, o álcool pode se tornar a solução preferida para aquele jovem em particular.

O consumo excessivo de álcool serve, então, para escapar e fugir da dificuldade e da responsabilidade, tendência cada vez mais típica do nosso tempo. A longo prazo, entretanto, para alguns indivíduos, a embriaguez é uma estratégia perdedora, que, em vez de resolver os problemas, amplia as dificuldades relacionais. Segue-se a isso uma perda gradual e potencialmente prejudicial de autoestima e do senso de autoeficácia. A única saída volta a ser a fuga de si e das emoções negativas, com uma busca ainda mais exasperada de alteração do estado de consciência e de fuga do mundo real, não apenas por meio do álcool, mas também com substâncias psicoativas, videogames e música ensurdecedora.

[7] N.de T.: Expressão utilizada para descrever o consumo excessivo de álcool que corresponde à ingestão de cinco ou mais bebidas alcoólicas em um único dia ou momento. Ocorre geralmente no fim-de-semana. Este tipo de consumidor busca um efeito de embriaguez rápida.

É necessário ainda distinguir, entre as várias condutas alcoólicas, aquelas que estão associadas a transtornos psicológicos de natureza diferente, como ansiedade, depressão, instabilidade de humor e a transtornos psiquiátricos, muitas vezes com idade de início precoce, como esquizofrenia e psicose maníaco-depressiva.

Para o álcool, assim como para as drogas, a atenção à avaliação caso por caso e a leitura do contexto sociofamiliar do jovem torna-se fundamental, inclusive porque o abuso de substâncias é muitas vezes inserido em um contexto em que já existem riscos evolutivos, sejam individuais, familiares, socioeconômicos ou culturais. Por exemplo, dificuldades psicológicas dos pais costumam estar associadas a problemas na regulação dos afetos nos filhos, como também pobreza e desemprego e uma reduzida atenção às necessidades filiais podem estar associadas a um relacionamento problemático e inadequado entre pais e filhos. O adolescente pode responder a essas dificuldades de modo reativo, aceitando ou tornando-se mais sensível à pressão exercida pela cultura do grupo de pares, sentindo-se rebelde e vivendo o pertencimento ao grupo como prioritário em relação à família. Frequentemente, acontece também que ele expresse sempre níveis cada vez maiores de agressão e ataque contra seus pais, desencadeando nestes uma reação de permissividade ou de delegação; sentindo-se incapazes, é frequente que os pais abandonem ao exercício do próprio dever de administrar e controlar seu filho. Não é incomum encontrar nas histórias dessas famílias outras formas, semelhantes ou diferentes, de dependência, como álcool, jogos de azar, toxicodependência e transtornos alimentares.

Já foi comprovada, por várias pesquisas, a correlação entre a menor idade de início de ingestão de álcool e o maior risco de desenvolver uma verdadeira forma de alcoolismo ou outros transtornos de conduta e de personalidade na vida adulta.

O risco prognóstico dado pela idade de início precoce pode, ao mesmo tempo, tornar-se um recurso e uma garantia de maior flexibilidade e possibilidade de recuperação e prevenção; intervir prontamente pode evitar que uma conduta abusiva resulte em transtorno de personalidade e / ou dependência na vida adulta.

As áreas de risco descritas anteriormente são as mesmas sobre as quais intervir para desenvolver fatores de proteção: uma boa qualidade da relação afetiva com os pais; a percepção de contenção e apoio às dificuldades que o adolescente encontra em sua trajetória de crescimento; a adesão a valores ou modelos familiares saudáveis; o estímulo ao desenvolvimento de uma autonomia decisória em relação aos riscos que o adolescente sente desejar correr e maior capacidade de resistir às pressões exercidas pelos pares.

A terapia familiar no tratamento do alcoolismo

A importância dos fatores familiares na etiologia e no tratamento do alcoolismo tem sido amplamente confirmada pela pesquisa e pela prática clínica (Deas; Thomas, 2001; Becker; Curry, 2008). Da mesma forma, pesquisas no âmbito do desenvolvimento psicopatológico confirmaram o papel central desempenhado pela dinâmica familiar no surgimento da dependência de álcool e de drogas em adolescentes jovens. A eficácia do tratamento e/ou o envolvimento da família no caso de dependências de álcool e de drogas resulta igualmente comprovada (Liddle, 2004) com relação a três dimensões: favorece o contato e a motivação para tratar o adolescente; aumenta a probabilidade de que a família continue o tratamento; produz bons resultados e sua manutenção a longo prazo.

As famílias de adolescentes com problemas de álcool, no entanto, podem ser particularmente difíceis de se envolver na terapia, tanto pela falta de motivação e confiança do jovem em relação ao sistema de ajuda do adulto, quanto por características intrínsecas às dinâmicas relacionais da família. Portanto, é importante para o clínico, nesta fase inicial do tratamento, incluir tantos recursos quanto possível no sistema terapêutico, ou seja, professores, amigos e eventuais mensageiros, a fim de compreender o contexto que favoreceu e sustentou o surgimento do desconforto e verificar as possibilidades de mudança na situação.

A releitura em termos relacionais da angústia individual oferecida pelo terapeuta familiar, se compartilhada com a família, permite a construção e o apoio da motivação de cada membro ao trabalho terapêutico, reduzindo os riscos de resistência e sabotagem.

Diferentemente dos métodos tradicionais de intervenção focados na redução dos sintomas e na abstinência, a terapia familiar parece ser aquela que melhor atende à necessidade do jovem de ser contido e de se comunicar e adquirir novos significados.

A DEPENDÊNCIA DE PRODUTOS TECNOLÓGICOS

Em 1995, há apenas 15 anos, o psiquiatra Ivan Goldberg propôs ironicamente inserir no DSM uma nova síndrome, *Transtorno da Dependência da Internet*, identificando um quadro sintomático variado e complexo, útil para o reconhecimento desse novo transtorno. Esse gesto, considerado inicialmente uma simples provocação, produziu um impacto interessante no âmbito clínico: a comunidade científica começou a considerar seriamente a possibilidade de Goldberg estar certo, isto é, que realmente fosse possível desenvolver uma dependência da rede assim como acontece com as drogas ou o álcool. Desde então, iniciou-se um debate contínuo, ainda não concluído: diversos autores, mesmo reconhecendo que o abuso da Internet pode causar consequências bastante negativas, ainda se opõem a aceitar a existência de uma síndrome de dependência sem uso de substâncias; outros, por sua vez, sustentam ser capazes de falar para todos os efeitos de dependências comportamentais (ALONSO-FERNANDEZ, 1999).

Um autor que tem estado particularmente envolvido em fazer pesquisas neste campo, desde meados dos anos 1990, é Mark Griffiths. Ele distingue com o termo *Technological Addictions* (GRIFFITHS; HUNT, 1995) todas aquelas dependências comportamentais que têm a ver com a interação homem-máquina, tanto de tipo prevalentemente ativo, como no caso do computador, quanto de tipo passivo, como no caso da televisão.

Griffiths sustenta que as dependências de produtos tecnológicos, incluindo a Internet, compartilham algumas características essenciais com as dependências de substâncias. São elas: a *dominância* (a atividade domina os pensamentos e o comportamento do sujeito, assumindo importância primordial sobre os outros interesses); as *alterações de humor* (o início da atividade produz excitação ou relaxamento); a *tolerância* (a necessidade de aumentar progressivamente a atividade para obter o efeito desejado); os *sintomas de abstinência* (o mal-estar psicológico e/ou físico que se manifesta quando se interrompe ou se reduz o comportamento); o *conflito* (tanto interpessoal, entre o sujeito e aqueles que lhe são próximos, seja intrapsíquico, por conta de seu comportamento dependente); a *recaída* (tendência a reiniciar a atividade depois de tê-la interrompido).

Em tempos ainda mais recentes, os estudiosos utilizam a sintética definição *Tech Abuse* para se referir à ampla gama de consequências geradas pelo uso excessivo e compulsivo de tecnologias midiáticas, que consistem em desconfortos subjetivos significativos, dificuldades sociorrelacionais e afetivas com o declínio do desempenho escolar e laboral, até situações de quase total isolamento das relações externas (Careti; La Barbera, 2001). Mais especificamente, os efeitos nocivos do *tech abuse* variam desde doenças físicas (sedentarismo e, portanto, sobrepeso, dores nas costas, distúrbios visuais, etc.) até a fixação em um vídeo, ou seja a exposição prolongada a um vídeo em estado completamente absorto, em silêncio e, com frequência, em um quarto pouco iluminado.

Em crianças e adolescentes, o *tech abuse* evidencia-se por uma série de comportamentos explícitos relacionados a um incremento da agressividade (aumento de disputas familiares e com os pares da mesma idade para ganhar mais tempo na frente do vídeo); em adultos, por outro lado, manifesta-se em uma tendência progressiva a negligenciar as responsabilidades familiares, com consequente aumento dos problemas conjugais. Há até relatos de mães que se esquecem de buscar os filhos na escola e de preparar as refeições para eles (Young; Rogers, 1998).

As várias atividades que podem ser realizadas *online* garantem que o Transtorno da Dependência da Internet não seja uma categoria homogênea de transtornos, mas se manifeste de várias formas, atualmente bastante distintas entre si. Estas incluem dependência cibersexual ou *cyber-sexual addiction* (uso compulsivo de sites dedicados a sexo virtual e a pornografia); a dependência ciber-relacional ou *cyber-relational addiction* (uma tendência a estabelecer amizade ou relacionamentos amorosos com pessoas encontradas *online*); as *net compulsions* (jogos de azar e compras on-line compulsivos); sobrecarga cognitiva ou *information overload* (comportamento compulsivo por navegação na web); o jogo obsessivo no PC ou *computer addiction* (tendência a se envolver em jogos virtuais, como, por exemplo, os MUDs (*Multi-user dungeon*), jogos de RPG interativos, nos quais o sujeito participa construindo uma identidade fictícia). A esta última categoria pertence o que se chama videomania, ou seja, um uso excessivo e quantitativamente descontrolado dos videogames.

O envolvimento excessivo em atividades de rede por parte de muitos jovens desvia a atenção do trabalho e da escola. Conexões exageradamente longas, inclusive durante a noite, levam à interrupção do ciclo regular de sono-vigília e a cansaço excessivo, o qual invalida o desempenho acadêmico e/ou profissional. Mas o mais grave é que, aumentando progressivamente as horas de conexão, diminui o tempo disponível para se dedicar a pessoas significativas e, acima de tudo, a pessoas de carne e osso. Algumas características fundamentais da Internet, como o anonimato e a ausência de vínculos espaço-temporais, oferecem a possibilidade de vivenciar uma experiência particular, semelhante ao sonho, e a Internet pode se tornar um espaço psicológico no qual projetar as próprias emoções e fantasias. Esse espaço pode facilmente sobrepujar a vida real, da qual tendemos a nos tornar cada vez mais alienados, contribuindo para o desenvolvimento da dependência em relação ao mundo virtual.

A dependência de videogames é já considerada uma verdadeira patologia adolescente, a ser tratada como dependência de drogas e alcoolismo. De um estudo que durou três anos, concluído no início de 2009 e conduzido pelo Smith & Jones Center, em Amsterdã, sobre "dependência de console", emerge que 93% dos pacientes são do sexo masculino, com menos de 23 anos. Depois de Estados Unidos, China e Coréia do Sul, também na Europa, para ser preciso em Amsterdã, nasceu o primeiro centro de desintoxicação de videogames, no qual estão previstas terapias de cerca de dois meses para poder desintoxicar e reabilitar jovens com fortes dependências deste tipo.

Como sempre acontece com a chegada das inovações tecnológicas, mesmo a Internet permite, em muitos aspectos, uma melhoria na vida das pessoas, mas, ao mesmo tempo, representa um perigo para quem não sabe como usá-la adequadamente. Se, por um lado, a Internet pode ser uma oportunidade para obter apoio social, em particular para aqueles que têm algumas dificuldades de relacionamento a mais do que os outros e, possivelmente, baixa autoestima, não podemos subestimar o fato de que justamente a possibilidade de um novo meio de comunicação oferece a qualquer um poder inventar identidades paralelas à real e constitui um fator de risco para o desenvolvimento de uma verdadeira dependência da internet, especialmente entre os adolescentes, que ainda não construíram sua identidade.

AS DEPENDÊNCIAS ALIMENTARES: ANOREXIA E BULIMIA

A disseminação de transtornos alimentares (TA) entre adolescentes do sexo feminino assumiu, nos últimos 30 anos, dimensões de caráter epidêmico. Podemos dizer, quase com certeza, que eles constituem o indicador eleito de sofrimento psíquico feminino, particularmente na adolescência.

A tendência a expressar com o corpo e com a ação conteúdos não traduzíveis em representações mentais é uma característica típica da adolescência. Mesmo os transtornos alimentares, como qualquer tipo de transtorno do comportamento – como comportamento desviante, toxicodependência, tentativas de suicídio –, indicam obstáculos no processo evolutivo normal do adolescente e implicam dificuldades, mais ou menos graves, que podem ser parte de uma crise adolescente turbulenta ou tendem a se organizar em um quadro psicopatológico. De qualquer forma, através do transtorno alimentar, o adolescente evita o processamento emocional daquilo que não pode processar, por ser muito doloroso. Aquele que, como o adolescente, não é capaz de verbalizar as próprias necessidades, pode liberar uma tensão emocional insustentável por meio da linguagem do comportamento.

Muito se ouviu falar de anorexia nervosa e de bulimia e sobre tal assunto muito se estudou e se escreveu nos últimos 30 anos no mundo da medicina, mas também no campo da psicologia.

A anorexia e a bulimia, embora ainda hoje sejam descritas como duas formas diferentes de transtorno alimentar, na realidade, são dois lados da mesma moeda, diferentes manifestações do mesmo transtorno. No passado, a anorexia nervosa restritiva era mais frequente do que a bulimia, enquanto hoje em dia o oposto é verdadeiro. A anorexia restritiva e a bulimia tendem, de qualquer maneira, a alternar-se em diferentes períodos da vida de uma pessoa, mesmo que com frequência a fase restritiva anteceda as fases bulímicas ou anoréxicas / bulímicas (Cuzzolaro, 2002).

Neste texto, trataremos as duas formas como manifestações diferentes de uma única síndrome.

O termo anorexia deriva do grego *an-orexis* e significa "falta de apetite". Na patologia em questão, na realidade, é um termo etimologicamente impróprio: nesse transtorno não há perda de apetite, a anoréxica morre de fome, mas a busca exasperada pela magreza a condena a sacrifícios extremos para manter sob controle o terror de engordar.

A idade média de início da anorexia é de cerca de 17 anos, tendo, de qualquer forma, o maior percentual de início entre os 14 e os 18 anos. De resto, o número de casos de anorexia na vida adulta, em torno de 40 anos de idade e após o casamento, parece estar aumentando.

Embora, entre os transtornos alimentares, seja o que apresenta a maior taxa de mortalidade, a anorexia raramente leva à morte; os casos de morte registrados incluem aqueles por suicídio e atingem um pico máximo de 5% (Harrison, 2006). A anoréxica, mais do que querer morrer, brinca com a morte para dominar a sua vida.

De acordo com algumas pesquisas, a proporção entre homens e mulheres é de 1 para 10, de acordo com outras, 1 para 8. A porcentagem de homens anoréxicos parece estar aumentando, porém isso poderia ser devido ao simples fato de que seu pedido de ajuda está aumentando. Atualmente, na realidade, o problema predominantemente masculino relacionado à imagem corporal é o de querer parecer o mais musculoso possível, em vez de mais magro. Neste caso, falamos de *dismorfia muscular*, que é considerada pelos especialistas como a forma masculina da anorexia.

A imagem do corpo e a construção da própria identidade de gênero são os elementos centrais no início da anorexia nervosa. Fatores individuais, como idade e feminilidade, e fatores psicossociais, ou seja, modelos culturais e relacionais da família e da sociedade contemporâneas, se interligam no delinear de sua difusão.

É improvável uma colocação correta de transtornos alimentares no contexto da psicopatologia; ao contrário, eles podem ser considerados distúrbios étnicos ou síndromes culturais (Devereux, 1973; Gordon, 1990), ou, ainda, aquelas manifestações patológicas da psique humana que a cultura de pertencimento utiliza de maneira bizarra para revelar seus aspectos mais ocultos e paradoxais.

Anoréxicas e bulímicas expressam com o corpo o desconforto da adolescência feminina atual, incorporando o modelo de uma feminilidade completamente intelectualizada com um corpo para domar. Assim como no século XIX vitoriano as histéricas afirmavam através do corpo sua recusa em assumir o papel materno feminino imposto às moças burguesas da época, caracterizado pela dependência e pela passividade, as anoréxicas contemporâneas parecem perseguir, com seus rituais dietéticos, o distanciamento das formas de uma mulher adulta.

Na Idade Média, a mortificação do corpo por meio do jejum era considerada pela religião como um meio de acesso ao divino. Até chegar a Santa Teresa d'Avila, em 1500, a qual utilizava um ramo de oliveira para induzir o vômito e liberar seu estômago para acomodar a hóstia consagrada. O ideal místico religioso e o ascetismo espiritual atribuíam um significado culturalmente aceitável ao jejum prolongado das santas anoréxicas. Hoje, comportamentos totalmente análogos são justificados pelo ideal estético. O fato de a anorexia ser santa ou nervosa depende somente do tipo de cultura em que a jovem se encontra a lutar para adquirir o domínio de sua própria vida (Bell, 1980).

Os modelos culturais não são intrínsecos à psicopatologia do transtorno alimentar, mas constituem uma racionalização desta conforme a cultura dominante; em nossa sociedade moderna, os mandamentos da estética funcionam como um reforço dos comportamentos anoréxicos: afirma-se o valor de um corpo feminino magro, eficiente e atlético contra a "flacidez" do corpo macio e acolhedor que em outras épocas assumiu o cânone estético e de modelo ideal de feminilidade. E tudo isso acontece contemporaneamente com a perda do valor social da maternidade, que é considerada por muitas mulheres como um "opcional" ao qual reservar espaços exíguos e residuais de suas vidas ou, ainda, secundária a outras prioridades. Nesse panorama, não deve ser subestimada a separação entre sexualidade e maternidade permitida pelo uso de contraceptivos: ao mesmo tempo em que favorece maior liberdade individual, o "sexo seguro" favoreceu consideravelmente uma espécie de desvalorização dos valores maternos, confirmada pelo declínio dos nascimentos em todas as sociedades ocidentais.

Quer sejam santas medievais, adolescentes vitorianas histéricas ou adolescentes anoréxicas modernas, essas jovens parecem compartilhar a necessidade de rejeitar o corpo feminino adulto: todas expressam, cada uma com a linguagem de seu tempo, a dificuldade de reconciliar dentro de si os modelos de papéis femininos dominantes na própria cultura ou, mais simplesmente, a dificuldade de crescer.

Foram realizados muitos estudos e pesquisas em anorexia mental, já há muito tempo. As abordagens terapêuticas e teóricas que lidam com a anorexia mental podem ser agrupadas em diferentes modelos: médico, psicodinâmico, comportamental e relacional sistêmico.

O modelo médico

O modelo médico foi o primeiro a lidar com a anorexia, procurando uma matriz orgânica do transtorno. Por outro lado, a sintomatologia típica dessa patologia é altamente arriscada para a vida, devido à grave deterioração física e às disfunções fisiológicas que a anorexia produz.

De acordo com o DSM-IV, os critérios diagnósticos da anorexia nervosa são:

a) recusa em manter o peso corporal acima ou dentro do padrão mínimo normal por idade e estatura;
b) medo intenso de aumentar peso e formas do próprio corpo;
c) presença de uma alteração da imagem corporal quanto a formas e tamanhos;
d) amenorreia.

Com base na presença periódica de compulsões ou de condutas de eliminação, dois subtipos são distinguidos: o *subtipo restritivo*, no qual a perda de peso é obtida exclusivamente por meio de dieta, jejum e atividade física excessiva; o *subtipo bulímico*, ao qual pertencem os sujeitos que regularmente apresentam comportamentos de compulsão e/ou eliminação, como vômitos autoinduzidos ou uso inadequado de laxantes, diuréticos ou enemas.

Quanto à bulimia, por sua vez, as manifestações são:

1) *Episódios recorrentes de compulsão alimentar.* A compulsão alimentar é caracterizada por:
    a) comer em um determinado período de tempo (por exemplo, duas horas) uma quantidade de comida significativamente maior do que a maioria das pessoas comeria ao mesmo tempo e em circunstâncias semelhantes;
    b) sensação de perder o controle durante o episódio (por exemplo, sensação de não poder parar de comer, nem verificar o que e quanto se está comendo);
2) *Comportamentos compensatórios recorrentes e inapropriados* para evitar ganho de peso, como vômitos autoinduzidos, abuso de laxantes, diuréticos, enteroclismas ou outros remédios, jejum ou exercício físico excessivo;
3) *Inapropriada ênfase na forma e no peso do corpo* para autoavaliação, percepção de si mesmo como muito gordo com medo de ganhar peso.

As intervenções médicas para síndrome anoréxica incluem muitas vezes hospitalização para obter uma remissão dos sintomas o mais rapidamente possível (Santonastaso, Favaro, 1998). Os parâmetros físicos em que se baseia a decisão de hospitalização são peso, estado cardíaco e metabólico, fatores psiquiátricos e comportamento em geral.

Trata-se, em última análise, de um tratamento que poderíamos definir como sintomático, uma intervenção destinada a aliviar os sintomas, administrando alimentação forçada para evitar o pior. No entanto, deve-se ressaltar que atualmente, justamente no campo da medicina, há uma tendência crescente de considerar o tratamento multidisciplinar como o mais adequado.

O modelo psicodinâmico

Hilde Bruch, a quem se devem trabalhos fundamentais sobre transtornos alimentares, hipotetiza que, na base do desenvolvimento da síndrome anoréxica, há dificuldades nos processos interpessoais durante as primeiras experiências infantis. Experiências que levam a anoréxica a não distinguir a fome de outros estados de necessidade física ou de excitação emocional. A autora se expressa assim: "Será um indivíduo privado de seu sentido de ser uma criatura, cujo Eu terá limites indistintos e que se sentirá impotente em relação às forças externas" (Bruch, 1973). Tiveram amplo espaço em seus estudos os transtornos da percepção corporal, um aspecto central da anorexia.

O olhar de Bruch voltado ao passado, às interações mãe-filho e à interiorização das relações interpessoais na esfera intrapsíquica nos levam a considerar os conflitos familiares atuais como uma reproposição de conflitos experimentados pelo paciente na primeira infância.

Segundo Bruch, existem dois tipos diferentes de anorexia. A *anorexia mental primitiva* é este transtorno da imagem corporal que consiste na percepção errônea de ser gordo; a verdadeira anoréxica é identificada com sua aparência esquelética. Nesse tipo de anorexia, está presente a incapacidade de perceber adequadamente as sensações internas e estados de necessidade, em particular a fome, e um sentido paralisante de ineficácia permeia ações, pensamentos e sentimentos. O segundo tipo é, em vez disso, a *anorexia mental atípica*. Esse transtorno está relacionado a fatores psicogênicos, secundários a condições neuróticas ou psicóticas, e não inclui o sintoma mais importante, que é o da distorção da percepção corporal. Preocupações sobre o corpo e o peso, embora presentes, não assumem proporções tão importantes. Além disso, enquanto a anoréxica pura é identificada por sua aparência esquelética e nega suas anormalidades, a anoréxica atípica está ciente de seu estado óbvio de definhamento.

O modelo comportamental

Esta abordagem volta seu interesse ao comportamento atual da anoréxica, considerando-a como fobia. A anoréxica teria a fobia de comer. É uma abordagem baseada no princípio de que um conjunto de falsos pensamentos e consciência do próprio corpo pode ser modificado por meio da administração de elementos reforçadores, constituídos por recompensas e punições, para que "(...) todos possam, por si mesmos, ganhar uma situação mais satisfatória" (Crisp; Joughin; Halek, 1997). As estratégias mais eficazes seriam aquelas que dependessem da capacidade do sujeito para ajudar a si mesmo, através de uma forma clara e definida de programas diários para abordar os vários problemas que, como em todas as formas de dependência, podem favorecer o abandono de comportamento disfuncional.

Muitas vezes, o tratamento é administrado em um ambiente hospitalar; no entanto, não levar em consideração os aspectos de base da síndrome, mas apenas suas manifestações sintomáticas não parece garantir uma longa duração de melhora.

O modelo sistêmico-relacional: Salvador Minuchin

Minuchin, partindo do pressuposto de que o sintoma deve ser enquadrado no contexto em que se manifesta para compreender seus significados relacionais, também aborda a anorexia no contexto de transtornos psicossomáticos (Minuchin; Rosman; Baker, 1978). Ele define claramente as características das famílias psicossomáticas e das famílias anoréxicas.

Trata-se de famílias emaranhadas, caracterizadas por uma forma extrema de proximidade e de intensidade nas transações familiares, com fronteiras difusas nos subsistemas e pouca diferenciação individual. São famílias em que há uma forte superproteção, dos pais para os filhos, e vice-versa. Segue-se uma forte rigidez, com tendência a manter uma organização estática. Emaranhamento e rigidez reduzem significativamente o limiar de tolerância a conflitos, que é regularmente evitado através de triangulação negativa.

Na família anoréxica, o emaranhamento é particularmente orientado em relação à filha e ao seu bem-estar, com especial atenção às suas necessidades psicobiológicas e com pouca orientação extrafamiliar. Com a chegada da adolescência, há também a necessidade de conciliar o mundo externo com o da família, para negociar o conflito entre essas duas realidades. Isso exigiria a flexibilidade que esse tipo de família não possui: suas fronteiras externas são tão rígidas e definidas, quanto são frágeis e nuançadas as internas, favorecendo o estabelecimento de coalizões intergeracionais e transgeracionais.

Característica é a atenção da família para a dimensão do corpo: "A preocupação com os problemas somáticos é um elemento importante para a cultura familiar" (Minuchin; Rosman; Baker, 1978). Isso pode desencadear sintomas psicossomáticos no filho, com o objetivo de desviar o conflito familiar; mas no nível individual, para a filha, a doença pode representar um cartão de identidade cada vez mais baseado em definições implícitas de incompetência, que se tornam ainda mais dramáticas quando se pede ao adolescente que expresse suas habilidades pessoais, de modo que "(...) para o sujeito que dolorosamente experimentou sua inadequação, adotar uma dieta significa adquirir um senso de poder e de independência " (Gordon, 1990).

O modelo relacional sistêmico: Mara Selvini Palazzoli

Selvini Palazzoli incorpora as ideias e as intuições clínicas de Bruch e fará muito trabalho individual com pacientes anoréxicas até sua adesão à terapia familiar. A Selvini Palazzoli, devemos os estudos mais originais e aprofundados sobre os modelos familiares que produzem e sustentam a anorexia (Selvini Palazzoli, 1981). A autora chega a definir uma modelagem específica e articulada do jogo da família em famílias com meninas anoréxicas, para poder falar de um *processo anoréxico na família*. Na base de sua teoria, haveria o conceito de *engano relacional*, entendida como uma "tática comportamental caracterizada por afirmar como privilegiada uma relação diádica intergeracional (pai-filho) que, na verdade, não é assim" (Selvini Palazzoli et al, 1988), e cujo objetivo implícito seria a instigação do filho contra o outro genitor.

Sem entrar nos detalhes das diferentes fases deste processo, pode-se dizer que em sua base haveria um *bloqueio do casal*, ou melhor, uma crise de casal já crônica e estática que, através de uma triangulação negativa da filha, consegue manter o *status quo*. Além do bloqueio de casal, há vários aspectos gerais que a autora capta e sublinha nas situações de anorexia que tratou já na década de 1980. Entre elas está a presença de ligações não resolvidas com a família de origem dos pais, a intolerância à desaprovação social e a tendência sacrifical de recolher as humilhações por parte da anoréxica, que sofre em silêncio pelo amor da mãe pelos irmãos e irmãs, sentindo, assim, raiva e inveja.

Posteriormente, em 1998, em seu livro intitulado *Ragazze anoressiche e bulimiche*, Mara Selvini Palazzoli, após um importante trabalho de *follow-up* da casuística de cerca de 20 anos, aprofunda os conteúdos teóricos anteriores, refinando-os e ampliando o quadro de referência. Não apenas diferentes tipos de anorexia são hipotetizados, mas também modelos familiares diferenciados subjacentes ao transtorno.

Deve-se atribuir uma grande mudança na abordagem diagnóstica e, portanto, terapêutica da anorexia a Mara Selvini com o percurso de sua carreira ao longo dos anos. Com o tempo, torna-se sempre mais reconhecido o valor significativo dos aspectos individuais e pessoais, não apenas das anoréxicas, mas também dos membros da família, com especial atenção a quanto os diferentes níveis de leitura estão interligados. O caminho interpretativo desloca-se sobre três polos relacionados entre si: a família, o indivíduo e o sintoma, tanto que ocorre uma distinção entre a primeira e a segunda anorexia, baseada nas diferentes funções do próprio sintoma. O sintoma da primeira anorexia teria uma função defensiva em relação a um problema histórico, pois o sentimento de inadequação é uma dimensão universal que atravessa a história da experiência feminina ao longo dos séculos, mas a forma de se defender contra a inadequação é culturalmente determinada (Andolfi; Angelo; D'Atena, 2001).

A evolução da nossa intervenção familiar com adolescentes anoréxicas

Por quase 40 anos, a intervenção clínica de Maurizio Andolfi e de seu grupo de trabalho com pacientes anoréxicas ocorreu dentro do contexto familiar destas.

Nos anos 1970, era muito raro ver meninas anoréxicas em psicoterapia familiar, em primeiro lugar porque esse quadro psicopatológico era muito menos difundido do que hoje, e também por causa do preconceito social contra uma doença perturbadora, equiparada a doenças mentais sérias, como a psicose; não por acaso, era definida como *anorexia nervosa*, para salientar o fato de que tinha a ver com o sistema nervoso, e não com a esfera alimentar.

Uma vez de volta dos Estados Unidos, em consonância com o trabalho clínico de Salvador Minuchin experimentado na Child Guidance Clinic di Philadelfia, Andolfi introduziu as chamadas *lunch sessions* em seu grupo inicial, que consistiam em sessões de almoço em que a família com uma paciente anoréxica e os terapeutas comiam juntos. Inicialmente, essas sessões tinham o propósito de forçar a anoréxica a comer, valorizando a concordância dos pais em forçar a vontade da anoréxica como um recurso útil, mesmo que decididamente autoritário, para convencer a menina a comer. Isso respondia a uma modalidade de intervenção ativa e coerciva (talvez bastante sintonizada com a época histórica daqueles tempos), que tinha, contudo, o único aspecto positivo de criar uma assunção de responsabilidade conjunta por parte dos pais, de outra maneira divididos e sujeitos a triangulações fáceis. Logo, porém, essa modalidade foi substituída por uma técnica quase oposta, paradoxal, voltada à injunção, verbalizada na sessão pelo terapeuta, de que a menina anoréxica não deveria comer nada, enquanto o restante da família e o terapeuta conversavam livremente entre si, consumindo sua refeição, quase ignorando sua presença. O propósito implícito, obviamente, era encorajar a anoréxica à transgressão, acabando por comer, a fim de manter uma posição de poder na qual: "Ninguém pode decidir o que devo fazer!".

Este tipo de linguagem e de técnicas foi amplamente superado e levou a profundas autocríticas ao longo do tempo. É suficiente, no entanto, ler os volumes *La famiglia rigida* (ANDOLFI et al, 1982), com sua abordagem provocativa, e *Paradosso e controparadosso* (SELVINI PALAZZOLI et al, 1975), para compreender o clima cultural e os pensamentos clínicos da época.

Nas últimas três décadas, a abordagem da compreensão e da terapia do fenômeno anoréxico no contexto familiar mudou progressivamente e, para nós e para nosso grupo clínico na Academia, o trabalho deslocou-se decisivamente do tema da alimentação e da nutrição, mais ou menos forçada, para o de natureza identitária e evolutiva, como descrito em várias obras (Andolfi; Angelo, 1987; Andolfi; Angelo; D'Atena, 2001), em busca de significados relacionais e históricos onde situar essa forma extrema de rebelião contra a própria dimensão adolescente e contra o mundo das afeições familiares.

A seguir resumimos alguns pontos-chave úteis à compreensão e ao tratamento da anorexia de acordo com a abordagem trigeneracional.

Distorção da imagem de Si e do próprio corpo

Não há dúvida de que a adolescente anoréxica sofre de uma grave distorção da imagem de Si e do seu corpo.

Conhecemos meninas, muitas vezes com corpos esplêndidos e harmoniosos, que se "vivissectavam" no espelho, com o olhar, encontrando em si defeitos físicos imperceptíveis ou inexistentes e que se obcecavam com essas imperfeições até a exaustão. Seios, nádegas, nariz, orelhas, barriga, joelhos, axilas, podem tornar-se partes insuportáveis de si e levar a dramatizações na família, com relativa impotência por parte dos pais e irmãos, incapazes de oferecer qualquer tipo de solução.

Rejeição de alimentos, uso de laxantes, compulsão alimentar, vômitos recorrentes: todos parecem ser rituais diários para se autopunir e confirmar sua incapacidade de entrar positivamente em sua fase adolescente.

Distorção na percepção da morte

De nossa experiência clínica, pudemos constatar, cada vez com mais frequência, que a paciente anoréxica raramente pretende se matar (obviamente, estamos falando principalmente de adolescentes, enquanto a evolução em pacientes adultos crônicos, à qual não nos referimos neste trabalho, é mais grave). Quando muito, seu objetivo é se tornar ainda mais protagonista e seu gesto é, mais do que qualquer outra coisa, uma expressão exasperada de potência e um desesperado grito de independência! Na grande maioria dos casos, o tema e o risco de uma possível morte por emaciação e caquexia está presente por períodos bastante longos, como se jogar entre a morte e a vida fosse uma habilidade particularmente desenvolvida na experiência da jovem anoréxica.

Muitas vezes, vemos internações mais ou menos forçadas, sempre muito traumáticas, que favorecem uma estabilização biológica temporária da menina, com a recuperação de um ou dois quilos de peso, mas, uma vez em casa, as coisas voltam rapidamente a ser como antes: o jogo recomeça, a menos que aconteça algo em níveis muito distantes daqueles de seu controle implacável sobre a ingestão de alimentos e sobre ganho de peso.

Aqui está a memória distante (depois da recuperação) de uma menina anoréxica sobre a hospitalização:

"Eu não queria ir e, como fazem as crianças, eu me jogava no chão, agarrando-me aos batentes da porta, e meus pais com lágrimas nos olhos tentando me arrastar para longe... naquele momento eles salvaram a minha vida. Eu não estava convencida sobre a internação, porque não estava determinada no desejo de me recuperar!"

E este é precisamente o cerne da questão: uma luta exaustiva e um cabo-de-guerra entre aqueles que querem curar a menina (pais, irmãos, cuidadores, etc.) e esta última que não quer se curar!

Nesse sentido, a dependência alimentar é muito diferente daquela de substâncias, onde o toxicodependente corre um risco muito maior de morrer de overdose, voluntária ou inconscientemente. O toxicodependente tem uma visão mais realista do fato de que as drogas podem realmente matar e que, no fim das contas, alguém realmente morre por suicídio.

Um transtorno étnico

Parece que nos países pobres, onde a comida é escassa, seja pouco provável desenvolver um transtorno anoréxico. Como afirma Mara Selvini Palazzoli, a anorexia "é um sintoma ligado à civilização opulenta": é jogada com o corpo na civilização do bem-estar; emagrecer, engordar, compulsão e assim por diante, o que significariam na África, onde não há comida? Mas mesmo lá, se testemunhássemos um *boom* consumista, encontraríamos as mesmas premissas para desenvolver patologias semelhantes.

No caso clínico que descreveremos em breve, nos deparamos com um grave transtorno anoréxico de uma menina de Bangladesh, que se transferiu por muitos anos com sua família para o Canadá. Com a família e os amigos dos pais, falaremos sobre o fato de que, em sua memória, não há transtornos anoréxicos em Bangladesh, onde as pessoas estão famintas e onde os problemas sociais são profundamente diferentes. Se, então, deslocamos nosso olhar para o Magrebe ou para os países árabes em geral, poderemos ver como os comerciais de TV e os meios de comunicação de massa representam uma mulher curvilínea e formosa como um modelo de beleza feminina; nesses lugares, garotas como amazonas, sem seios ou esqueléticas, não seriam muito atraentes!

Centralidade dos filhos e dependência prolongada de casa

Não há dúvida de que na sociedade ocidental temos testemunhado mudanças radicais na organização afetiva da família. Regras e limites geracionais mudaram profundamente. Os filhos, numericamente diminuídos (estamos em uma média de 1,2 filhos por família) ampliaram sua centralidade dentro da família. Passamos de uma família com muitos filhos (potencialmente produtivos, em uma sociedade agrícola) para uma família onde os filhos, sendo poucos, são em si mesmos o "bem da família": amados, reverenciados e mimados pelos pais e avós, com consequente perda de limites entre aqueles que representam a autoridade – os pais – e aqueles que crescem, tendo que obedecer e respeitar as regras dos adultos.

A centralidade infantil, que por vezes se transforma em comportamentos tirânicos e onipotentes, é mais um construto social do que um problema criado pela geração mais jovem. A centralidade perpassa a infância e também é encontrada na adolescência, muitas vezes considerada a idade da desvinculação, que, em vez disso, mais e mais frequentemente, acontece muito tarde, por volta dos 25, 30 anos, na fase que é descrita por vários autores como *adolescência prolongada* (Scabini, 1997). Esse fenômeno pode nos explicar o aumento das patologias de dependência e as formas exasperadas de rebelião adolescente, como a anorexia.

A síndrome de Peter Pan e do "filho crônico"

A dificuldade de crescimento da anoréxica, que pode ser associada ao complexo de Peter Pan, também inclui as dificuldades de toda a família nuclear em lidar com as tarefas evolutivas adequadas ao momento de transição. Não se deve esquecer que a adolescência dos filhos, especialmente em nossos dias, coincide cada vez mais com a aceitação da idade que avança por parte dos pais e com a possível perda de avós idosos. Em essência, o conjunto de ajustes e reorganizações exigidos da família durante a adolescência dos filhos é muitas vezes complexo, tanto em termos de quantidade como de qualidade. Portanto, não é raro que se instaure uma espécie de codependência recíproca que leva o adolescente a iniciar a "carreira de filho crônico" (Andolfi, 2003), ou de um filho que se recusa a crescer e a se emancipar, aparentemente pela sua necessidade de controle dos movimentos afetivos familiares, mas na realidade pelo terror de "se perder" no mundo exterior.

A comida não é o problema, mas o mundo exterior

O verdadeiro problema da adolescente anoréxica não está ligado à comida e a exaustivas batalhas na mesa com a família, mas ao mundo exterior, percebido como ameaçador e altamente perigoso.

As anoréxicas têm um medo terrível do mundo exterior e do confronto com os pares. São tiranas em família, uma área de segurança e prevaricação afetiva previsível, enquanto no mundo exterior elas têm pouca habilidade para estabelecer relacionamentos emocionais, então dificilmente fazem parte de um grupo de amigos. São frequentemente muito boas na escola, perfeccionistas, mas qualquer comentário que imperceptivelmente se assemelhe a uma crítica torna-se para elas uma imensa frustração. Finalmente, no que diz respeito à esfera dos sentimentos, essas meninas têm uma hipersensibilidade à rejeição e o terror de se sentirem desvalorizadas. Tudo isso leva à total evitação das relações físicas e sexuais, muitas vezes percebidas como algo sujo ou degradante.

Inversão de papéis e da função parental: o adolescente avô

Já afirmamos nos capítulos anteriores e também veremos isso mais adiante, quando falaremos de depressão reativa em adolescentes, que os transtornos psicológicos em idade evolutiva estão fortemente conectados a muitas formas diferentes de disfunção familiar e conjugal.

Na anoréxica, o fenômeno da inversão de papéis é muito frequente, tanto pela presença por vezes oprimente da mãe no desenvolvimento de seus filhos, como por uma espécie de evanescência das figuras paternas. O fato é que a paciente anoréxica controla a vida da família (controle que surge e se desenvolve muitos anos antes do início do comportamento anoréxico) e torna-se uma testemunha privilegiada de cortes emocionais, conflitos de casal, carências afetivas sofridas por seus pais; muitas vezes torna-se uma espécie de parceira substituta para mães emocionalmente solitárias e se "especializa em funções de cuidado em relação aos pais, à semelhança de uma avó". Não raramente as meninas anoréxicas se identificam com uma avó emocionalmente importante e seguem seus rastros e suas atitudes.

Recordamos um caso em que a avó materna de uma jovem anoréxica participou de uma sessão de terapia familiar e se apresentou com um chapéu de marta na cabeça. Durante a sessão, soube-se que a menina tinha crescido muito próxima a esta avó, cujo nome lhe fora dado e a qual lhe tratava a pão-de-ló, ao contrário de sua mãe, que não conseguira ganhar a estima e a admiração da própria mãe. O fato é que o terapeuta propôs que a avó colocasse o chapéu na neta, para ver se esta última o usaria da mesma maneira régia com a qual o vestia a velha senhora. A garota, muito animada com o teste, vestiu o chapéu com indubitável "realeza". À proposta do terapeuta de passá-lo para a mãe, esta última, muito constrangida, o experimentou de maneira embaraçosa, provocando relativas críticas por parte da avó, confirmando, assim, sua preferência por sua neta.

A parte regressiva e a parte super-adulta coexistem, mas estão dissociadas entre si

Depois de descrever a parte super-adulta desempenhada pela menina no seio da família, não podemos esquecer que o comportamento anoréxico em si representa uma escolha fortemente regressiva, o que faz com que a menina volte às atitudes caprichosas e tirânicas típicas de uma menina mimada de 3 ou 4 anos de idade; além disso, o desaparecimento da menstruação também nos fala de uma recusa biológica ao rito de passagem para a vida adolescente. Isso cria uma espécie de *splitting*, de dissociação entre um plano adultizado e um outro, infantilizado. O objetivo da terapia será restaurar a adolescência para a menina, brincando com suas partes regressiva e super-adulta, ajudando os pais a recuperar totalmente o leme da família.

A anorexia como uma forma extrema de rebelião adolescente e de busca de amor

Ao contrário do homem, que tende a externar seus desconfortos por meio da agressividade, a mulher tende a ser mais reflexiva e prefere manter dentro de si tudo o que pode. A raiva e a dor, enquanto energias negativas, promovem a rebelião adolescente atacando o corpo e privando-o de qualquer forma de vitalidade ou paixão. A anorexia é equivalente à morte virtual.

O que se deve admitir, entretanto, é que quando se consegue superar os aspectos patológicos, em uma anoréxica, com frequência, se encontra uma pessoa de sensibilidade, profundidade e inteligência acentuadas, algumas vezes superiores as das garotas chamadas normais. Como se estar doente, sofrer e fazer sofrer entes queridos, uma vez superados, representasse um valor agregado ao próprio sentido de pessoa.

É igualmente verdade que, pelo resto de sua vida, a anoréxica curada conservará, no entanto, certa dificuldade em termos de intimidade e de sexualidade, porque será difícil tranquilizar-se nesse nível. O medo da rejeição é muito antigo. Mesmo que tenha filhos e um relacionamento estável, esse medo provavelmente permanecerá intacto. Por outro lado, quem é perfeito?

A anorexia de Nita: encruzilhada entre Bangladesh e Canadá

A seguir apresentamos excertos de uma sessão de consultoria feita por Andolfi há 18 anos no Canadá com uma família de Bangladesh.[8] É uma família constituída pelo pai, um engenheiro naval de 53 anos, sua esposa, uma dona de casa de 40 anos de idade e as filhas Nita, de 18 anos, e Lila de 14 anos.

O casal está casado há 18 anos e seu casamento, segundo as tradições do país de origem, era um casamento arranjado: o marido, na verdade, casara com a moça depois de ter visto e apreciado a foto de sua irmã, confiando na semelhança física entre as duas.

O aparecimento do sintoma de anorexia foi notado pela primeira vez quando Nita tinha 14 anos e estava prestes a entrar no ensino médio. Quando seu peso caiu para um nível crítico, a garota foi hospitalizada no hospital local, onde foi alimentada à força, inserida em uma terapia de grupo e em uma individual com uma psiquiatra.

[8] Este caso clínico, cuja descrição vem aqui retomada, modificada e ampliada, foi citado por Elisabeth Ridgely no livro *La consulenza in terapia familiare* (ANDOLFI; HABER, 1994).

Após alguns meses de hospitalização, toda a família foi enviada para um conhecido centro de Toronto, o George Hull, que cuidava de famílias e adolescentes. Nesse contexto, os pais falaram sobre a diminuição do apetite de sua filha, de sua recusa em participar das refeições e de sua relutância em sair de casa. Justamente quando poderíamos esperar um aumento na autonomia pessoal, ocorreu o oposto.

Dois meses antes da consultoria de Andolfi, sua avó materna, residente em Bangladesh, ficou seriamente doente e a mãe não pôde visitá-la antes de sua morte porque Nita havia piorado naquele momento. Será possível saber mais sobre esse luto ao longo da consultoria.

O terapeuta familiar, após 14 meses de terapia familiar sem particulares mudanças, decidiu trabalhar apenas com o casal, confiando que uma melhora nessa relação produziria melhoras na garota. Na realidade, este trabalho tinha sido muito difícil e o casal estava cada vez mais estabilizado em uma situação de "separação dentro de casa". Ao mesmo tempo, a terapeuta individual de Nita também fora desencorajada pela ausência de mudanças nesta última. Assim, no contexto desse impasse terapêutico e da persistência dos sintomas anoréxicos de Nita, solicitou-se uma consultoria com Andolfi.

Nesta sessão estão presentes toda a família, o terapeuta familiar e a terapeuta individual. O consultor está momentaneamente atrás do espelho unidirecional e escolhe contatar a família indiretamente, por meio de uma mensagem enviada via terapeuta familiar. De fato, sua posição atrás do espelho, inicialmente considerada temporária, será mantida durante todo o primeiro encontro.

Este será o primeiro experimento de Andolfi de condução de uma sessão através de uma espécie de supervisão para a família com a colaboração ativa do paciente. Essa experiência, que ocorreu quase por acaso, mudará profundamente a maneira de pensar a terapia e a supervisão de Andolfi nos anos sucessivos e, principalmente, seus pensamentos sobre onde e como procurar a competência e os recursos da família.

De consultoria a supervisão da garota anoréxica

O que o consultor faz neste caso é um experimento paradoxal: faz uma consultoria no que diz respeito à entrada em uma situação de terapia como um elemento externo, mas não diretamente ao sistema terapêutico. Em vez disso, estabelece uma relação de "supervisão direta" com a garota por trás do espelho. Na realidade, este é um tipo muito particular de intervenção, completamente estranho aos procedimentos padrão; no entanto, em sua opinião, esta é a única maneira de não se sentir conectado e de poder se mover em uma situação de impasse terapêutico: dentro do grupo de participantes deste encontro está a equipe de atendimento completa, estando presentes pelo menos uma dúzia de figuras institucionais (psiquiatras, enfermeiras, assistentes sociais, nutricionistas, psicoterapeutas individuais e familiares, etc.) que "puseram as mãos" neste caso e onde todos, familiares e terapeutas, parecem ter falhado.

Assim, o consultor decide não entrar na sessão e permanecer por trás do espelho unidirecional, enviando uma mensagem bastante provocativa para a família através do terapeuta.

Terapeuta: Ele está atrás do espelho. Ele ouviu a história da terapia e poderia ligar, às vezes. A mensagem que ele quer que chegue a vocês é que se perguntava, do momento em que Bangladesh fracassou e do momento em que Toronto fracassou em ajudá-los, como um terapeuta que vem de outro continente pode ajudá-los esta manhã? Por isso, estava relutante em intervir, em iniciar esta consultoria.

Mãe: O que quer dizer com fracasso?

Terapeuta: Bem, devo, em certo sentido, interpretar por ele: acho que ele entende fracasso ... no sentido de que eu e Tina (a terapeuta individual) começamos a trabalhar com vocês 14 meses atrás; imagino que com fracasso ele queira dizer que nada realmente mudou!

Mãe: Algo mudou, algo está mudando, nós não falhamos, estamos progredindo, sim, estamos fazendo isso! O que você quer dizer com isso?

Terapeuta: Não, fracasso no sentido de que nada mudou. Por exemplo, vocês vieram até nós depois da internação hospitalar, mas nosso trabalho, incluindo os relatórios dos médicos, não nos levou a lugar nenhum.

Pai: Eu acho que no Brendon Hospital houve uma pequena mudança em sua vida, depois de estar no hospital, saindo de lá, algo mudou. Mas é ela quem se recusa a comer tanto quanto deveria!

Terapeuta: Mas não é por isso que você veio?

Pai: E eu acho que ela talvez esteja tentando; além disso, ela estava acostumada a ficar sozinha em seu quarto de hospital, ela nunca saía, ela não conhecia pessoas... agora ela é livre, vai onde ela quer, tudo está melhor.

Não há mais esperança

(O interfone toca pela primeira vez. O terapeuta se levanta e vai atender. De agora em diante, todas as intervenções do consultor são "sussurradas" através do interfone atrás do espelho).

Consultor: Qual o seu nome?

Terapeuta: Paul.

Consultor: Paul, você pode parar na frente da garota e dizer: "Você sabe o que o Dr. Andolfi quer dizer quando diz que" não há mais esperança em Bangladesh e Toronto?". Então você se senta sem dar uma explicação.

Terapeuta (em pé na frente de Nita): Era o Dr. Andolfi e queria que eu lhe enviasse esta mensagem: "Você sabe o que ele quer dizer quando diz que não há esperança em Bangladesh, nem em Toronto?".

O que recém descrevemos é um primeiro passo para a construção de uma cumplicidade terapêutica com a moça. Ela sabe que as coisas não mudaram, até porque ela não quer se curar e as respostas dos pais parecem ser modalidades protetoras para não admitir que, no fundo, nada realmente mudou. Mas talvez esse estranho terapeuta que vem de longe possa dar as palavras à "não esperança" presente na realidade, para solicitar algum movimento e buscar a máscara familiar.

Mãe: Como você pode dizer que não há esperança? Eu não sei ... há esperança ,eu acredito!

Terapeuta: Ele sente que não há esperança no sentido de ... a que serve ele vir? Ele tem medo de que nada mude. Você sente que há esperança?

Mãe: Sim, claro, sinto que algo está mudando!

Pai: Bem! Como eu lhe dizia, quando voltou do hospital ela melhorou em tudo, exceto pelo assunto da comida, então observamos que ela estava caindo de novo em velhos hábitos.

Nita (com um lampejo de luz nos olhos): Eu entendo o que ele quer dizer ... que eu escuto ele, eu escuto todo mundo, mas não sei se eu o acompanho, ele também ... posso dizer que o entendo ... só faço o que posso. Às vezes sim, às vezes não, depende. Depende de mim, pra mim não importa e não escuto ninguém, apenas faço o que quero, então provavelmente ele está certo em dizer que nada mudou.

Pai: Sim, mas como você espera ter saúde normal? Você quer ter saúde normal?

Nita: Eu não sei.

Pai: Você não sabe? Você não acha que pessoas com saúde normal funcionam bem?

Nita: Você me disse isso, mas não penso assim.

Pai: não? Mas a meu ver, sua mente está mudando, às vezes está em um lugar, e de repente muda, sinto que você não pode decidir o que quer fazer ou como deve ser feito.

Assim que a mensagem do consultor é comunicada a ela, a garota começa a ficar curiosa: começa a mover os olhos quase como que procurando a presença atrás do espelho e, ao mesmo tempo, em uma tentativa de entender que direção a sessão esteja prestes a tomar. É interessante observar como uma primeira sintonização afetiva entre esse consultor que "não sabe se deve entrar" e essa garota que "não sabe se deve segui-lo" constitui um elo fundamental. Em outras palavras, iniciou-se uma colaboração implícita. E tudo isso em contraste com o pai, que fala muito em vez de ouvir; a mãe está mais preocupada com ele do que com a definição pessimista da situação, enquanto a irmã mais nova, de frente para a "rainha", tem os braços cruzados e parece muito zangada.

O consultor introduz a ideia de que não há mais esperança porque a esperança, em vez disso, sempre existe, basta querer encontrá-la. É um paradoxo como é um paradoxo declarar sua impossibilidade de ajudá-los enquanto, na realidade, movimenta a trama através do interfone por trás do espelho. São paradoxos que abalam a todos, exceto este pai que parece estar falando sozinho consigo mesmo.

A morte na família

(O interfone toca; o terapeuta atende)

Consultor: Paul, você pode dizer ao pai: "Você sempre fala, e esse é o sinal mais claro de que não há esperança. Pode ficar em silêncio por três minutos e sentir a morte que existe na família?".

Terapeuta (dirigindo-se ao pai): Dr. Andolfi diz que sua fala é o maior sinal de falta de esperança em sua família e se pergunta se pode ficar em silêncio por três minutos e sentir a morte na família.

(Depois do longo silêncio que cai na sala, o interfone toca)

Terapeuta (dirigindo-se à garota): Nita? O Dr. Andolfi quer falar com você.

Até agora, o consultor sempre se comunicou através de Paul, o terapeuta, que tentava dar o melhor de si, apesar do embaraço de uma situação imprevisível também para ele. Durante essa pausa interminável, o consultor tem uma intuição: esse silêncio "indiano" talvez esteja ligado a uma elaboração real de algum luto nessa família. Não são muitas as famílias que teriam tolerado três minutos de silêncio. O consultor agora está pronto a seguir um caminho e sente que pode se experimentar em um relacionamento direto com a garota. Deste momento em diante, durante a sessão, ele falará apenas com ela, sempre através do interfone colocado atrás do espelho, numa voz sussurrada, já que a distância real entre eles é de apenas 20 centímetros, separados apenas pela parede do espelho unidirecional.

Consultor: Olá Nita!

Nita: Olá!

Consultor: Você pensa que seu pai seja capaz de sentir a morte na família agora?

Nita: Eu não sei.

Consultor: você pode tentar verificar? Porque se papai pode ouvi-la, talvez haja alguma esperança, senão não há motivo para eu me juntar a vocês na sala. Você pode tentar verificar, por favor? Você pode tentar ver com ele se ele pode sentir a morte e o fracasso desta família? Você pode tentar e depois me ligar de volta?

O consultor não se apresenta, não precisa de preliminares, vai direto ao assunto, como se já houvesse um relacionamento entre ele e a garota. Ele pede a ela para passar uma mensagem bastante dura ao pai e, ao mesmo tempo, fortalece a aliança com ela quando a convida a ligar para ele assim que seu pai experimente algo. Assim, estabelece uma espécie de reciprocidade, de modo que Nita também poderá ativar o consultor com suas respostas.

Nita (dirigindo-se ao pai): Você entendeu o que Paul disse antes? Você sente a morte na família agora?

Pai (olhando a filha nos olhos): Não, eu não sinto nenhuma morte.

Nita (um pouco tímida, sorrindo): Você não entende. Você entende?

Apesar da negação verbal, pela primeira vez este homem, que emocionalmente parecia totalmente desapegado, ativa-se em uma troca não-verbal, como se o esperasse. Resta ver como ele consegue organizar as mensagens que recebe, no entanto, o jogo de olhares que é criado entre pai e filha é muito interessante, mesmo que o sorriso da garota pareça inadequado para a pergunta.

Pai: Eu não vejo porque eu deveria sentir a morte, em uma família onde não há morte ...

Nita (dirigindo-se ao terapeuta): Qual é o número do telefone, posso chamá-lo?

Terapeuta: Sim, levante o interfone e ele responde do outro lado.

(Nita interfona)

Consultor: Sim?

Nita: Bom. Eis a resposta.

Consultor: Como?

Nita: Eis a resposta!

Consultor: Não entendi a verdadeira resposta.

Nita: Você não ouviu?

Consultor: Não, porque você falou sobre a morte rindo. Eu estava confuso, estava um pouco confuso. Você pode ver se seu pai tem a experiência de morte sem rir? Porque, se você rir, o pai não recebe a mensagem, você sabe disso? Tente de novo!

(Nita retorna ao seu lugar, mudando completamente o tom)

Nita: Você sentiu alguma coisa?

Pai: O que eu deveria sentir? Eu não vejo morte na família!

Nita: No que pensava?

Pai: Eu pensava em você.

Nita: O que em mim?

Pai: Em como as coisas melhoraram!

Nita: Como as coisas melhoraram?

Pai: Eu cheguei a pensar que o tratamento que você teve não foi o tratamento correto para a anorexia, e se você pudesse estar no hospital por seis meses ou um ano, sob assistência deles, você teria melhorado. Não apenas isso. Em geral, onde eles têm um tratamento para anorexia, um tratamento específico. Este é o único hospital, eu acho, que existe em Toronto para tratar anorexia e com um programa regular, um programa de um ano..., vão de manhã às 6h e ficam o dia todo até às 18h, por seis meses, um ano e, se você melhorar, e você pode continuar por um ano, eu acho que você estaria em um estado melhor ...

A incapacidade desse homem de se conectar com suas emoções de pai é bastante evidente e, portanto, retoma seu tema habitual: precisamos apenas intensificar a cura! O que impressiona, uma vez introduzido o tema da morte, é observar o rosto da mãe: ela realmente parece estar experimentando algo forte dentro de si que não consegue expressar em palavras, mas que existe. Enquanto isso, a irmã está furiosa. Para abrir o coração deste engenheiro, há muitas estruturas defensivas a serem superadas, mas o importante é não desistir.

Consultor: Nita? Você pode tentar me ajudar? Você pode tentar me ajudar a sério?

Nita: Como?

Consultor: Agora, se você quiser me ajudar, pode olhar nos olhos de seu pai e perguntar-lhe: "Você morreu primeiro como marido ou como pai?". Tente fazer isso de uma maneira que você realmente peça uma resposta do coração e não uma resposta da cabeça. Você conhece bem a diferença entre coração e cabeça. E então espere a resposta mantendo-se na frente dele. Boa sorte.

Enquanto o consultor conversa com Nita no interfone, o pai, como se tivesse que se concentrar em alguma coisa, tira os óculos do bolso do paletó e os coloca: seus sentidos parecem se confundir, como se esse homem devesse focar, sentir com os olhos.

Nita (para o pai dela): Primeiro... hum... escute, você morreu primeiro como marido ou como pai?

Pai: Repita.

Nita: Você morreu primeiro como marido ou como pai?

Pai: Eu nunca morri, nunca morri!

Nita: Quero dizer, a única maneira de você sentir uma sensação de perda seria com uma morte real?

Pai: Sim, é o único modo.

(...)

Consultor: Oi Nita, muito bem, você acha que chegou ao coração dele ou não?

Nita: É muito difícil.

Consultor: É muito difícil alcançar o coração dele? Ou é muito difícil para você?

Nita: Para mim, eu acho.

Aqui a coterapia começou. A partir de agora, quando o interfone toca, a garota responde diretamente. Nita não é mais "telecomandada", mas começa a produzir algo de seu. E cada vez mais, na continuação da sessão, apresentará conteúdos próprios.

Consultor: Você pode tentar perguntar à mamãe? Você pode perguntar a mesma coisa a ela? Para ver se mamãe está mais disposta a abrir o coração? E então tente fazer as suas perguntas. Conhece seus pais tão bem, antes mesmo de nascer. Eu acho que você é a única que pode perceber se há esperança em sua família. Então talvez algo possa começar hoje, ok? Chame-me somente se você sentir que há esperança real em sua família. Há esperança se eles sentirem a morte, a verdadeira morte, não somente a sua, que morre dia após dia, mas outros sofrimentos mais profundos, presentes mesmo antes de sua doença; alguma morte anterior, de alguma pessoa muito importante nessa família ou alguma morte no casamento, alguma outra morte, porque agora você é a única morte presente na família e acho que isso é demais para você. Boa sorte.

Esta é uma comunicação longa e muito intensa em que o consultor repete os mesmos temas, tentando oferecer outros significados ao sofrimento e à impotência familiar, que não estão exclusivamente relacionados à doença de Nita. A garota capta o desejo do consultor de ampliar a investigação (talvez pela primeira vez) para a história de desenvolvimento da família, relativizando seus transtornos anoréxicos e, ao mesmo tempo, para o controle sobre todos e a tirania que ela exerce em casa através de seus sintomas. A garota a princípio não entende, depois se agarra ao interfone, fascinada pela voz hipnótica do outro lado da linha. O interfone do consultor está exatamente do mesmo lado que o de Nita: 20 centímetros de parede os separam. Há um sentimento de grande compreensão, de grande intensidade.

Nita (para a mãe): Você sentiu algum sentimento de perda?

Mãe: Não.

Nita: Você sente como papai que deve haver uma morte real para sentir uma perda?

Mãe: Não.

Nita: E sente o quê?

Mãe: Eu não sinto nada, porque sou mais positiva que o seu pai, eu acho ...

Nita: Você está falando sobre suas esperanças?

Mãe: Sim.

Nita: Sobre a morte? Você está falando sobre isso?

Mãe: Sim.

Nita: Esqueça as esperanças, não fale sobre esperanças. Se você pensa no passado, sente que perdeu algo nos últimos quatro anos? Uma parte de você ou...?

Mãe: Sim, sinto algo, mas não sem esperanças...

(O interfone toca; Nita responde diretamente)

Consultor: Você quer tentar uma última vez? Você pode aproximar sua mãe do seu pai ou vice-versa, e pode pedir a cada um deles para falar sobre as perdas mais importantes de suas vidas antes de você começar a morrer de anorexia dia após dia? Você pode pedir-lhes para falar sobre qual foi a morte mais importante para eles além da sua?

Nita: Eu posso.

Consultor: E seja convincente!

Nita: Eu posso.

Consultor: Talvez você possa tirar o casaco. Isso poderia ajudá-la. E tente colocá-los bem perto, ok?

(Nita desliga o interfone e vai para o centro da sala)

Nita (para a mãe): Ok, você pode se sentar aqui?

(A mãe senta na cadeira que era de Nita, ao lado do marido)

Nita: Qual foi a morte mais importante em sua vida antes de eu ser afetada por essa anorexia?

Pai: A quem você está fazendo esta pergunta, a ambos?

Nita: Eu gostaria que você pudesse falar sobre isso, sim!

Pai: Bem! Eu acredito que meus pais.

Mãe: De que tipo de morte estamos falando?

Nita: Bem, depende de você. Qual foi a morte mais importante que você sentiu antes... antes de mim?

Mãe: Eu não posso te dizer, porque tem havido tantos "altos e baixos", eu não sei (*a mãe está se referindo à morte do casamento?)*

Nita (para o pai): O que você diz?

Pai: Claro, a morte dos meus pais.

Tendo estabelecido a existência dessas outras perdas, o consultor passa à busca de seus significados.

(O interfone toca; Nita responde)

Consultor: Pergunte a papai o que ele perdeu com a morte deles, não apenas os fatos, porque se entendermos o que ele perdeu com a perda de seus pais...

Nita: Ah! O que você perdeu por causa disso?

Consultor: Sim, porque o coração dele ainda está trancado à chave e sua anorexia tem a chave do coração dele; então use a chave com ambos.

Nita (dirigindo-se ao pai): O que é que você perdeu com a morte de seus pais? Você perdeu seus pais, mas o que você perdeu dentro de si mesmo?

Pai: Bem... o sentimento de pertencer a alguém, o relacionamento entre pai e filho, seu amor e suas atenções e todos os laços com meu pai... sim, mas então o tempo passa...

Nita: Você nunca mais os viu, certo? Desde que você partiu. Você estava tão longe deles...

Pai: Sim, mas eu ainda tinha esses sentimentos quando eles estavam vivos.

Nita: Você os levava com você e quando eles morreram não mais? Então você diz que não se sente mais perto de seus pais, o fato de eles estarem mortos não faz você se sentir mais perto deles?

Pai: Não... é assim.

Nita: Então, se eu morresse, você se sentiria da mesma maneira? Que você não tem mais nada a ver comigo...

Pai: Eu não sei. É uma situação diferente, você é minha filha, eu não sei ...

Nita (para a mãe): E você?

Mãe: Não, não me sinto assim.

Nita: Sua mãe acabou de morrer!

Mãe (muito emocionada, começa a chorar): Minha mãe está morta, mas como não a vi morrer, não a sinto distante.

Na época da morte de sua avó, Nita havia sido hospitalizada por ideias suicidas e sua mãe ficara com ela em Toronto, em vez de voltar para Bangladesh para ver sua mãe morta. Ambos os terapeutas presentes na sessão tomam conhecimento sobre a morte da avó e lamentam. No entanto, eles vêm seguindo a família há mais de um ano; isso parece inexplicável, mas infelizmente isso pode acontecer quando o centro do interesse de todos é a grave doença de um filho e o resto, os eventos da vida, mesmo os mais difíceis, permanecem nas sombras. O sofrimento dessa mulher, que não pôde lamentar a morte de sua mãe por causa da doença de sua filha, pode agora finalmente se expressar diante de todos e assumir um valor e um significado que reduza a prioridade das doenças familiares.

Nita: Ela ainda está perto de você.

Mãe: Sim, claro!

Terapeuta: Quando ela morreu?

Mãe: Há dois meses.

Terapeuta (um pouco desconcertada, voltada para a mãe): Não sabia que sua mãe estava morta. Não foi para casa em Bangladesh?

Mãe: Não. Eu queria ir, mas ela estava doente, então eu não fui.

(O interfone toca; Nita responde)

Consultor: Nita, acho que você usou a chave certa agora.

Nita: Não entendo...

Consultor: Eu não sei, acho que você começou a usar a chave para abrir as emoções de seus pais. Agora você sente que há alguma esperança?

Nita: Eu acho que sim.

Consultor: Ok.

Parece inacreditável, mas esta menina está ativando movimentos emocionais na sessão usando sua competência relacional e sua sensibilidade de filha adolescente. Quando Nita pergunta ao pai: "Se eu morresse, não significaria mais nada para você?" também introduz a ideia de futuro, de uma possível história diferente, de uma nova maneira de administrar os afetos. Ainda que com dificuldade, o pai consegue se abrir sobre o assunto de suas perdas, enquanto a mãe deve decidir sobre qual morte falar, já que a "morte do casamento" também se insinuou. Será novamente sua filha a lhe dar a permissão para falar sobre seu recente luto, que representará para todos uma real virada emocional da sessão. Muitas coisas estão começando a se mover por meio da colaboração com Nita.

O consultor sente que deve fazer uma escolha, porque não pode continuar incorporando o fantasma que orquestra a cena através do espelho. Os longos silêncios, os temas da morte e a participação emocional da família na sessão devem ser valorizados em um contexto que restitua um espaço, ainda que mediado, às raízes e aos processos de crescimento dessa família, emigrada de Bangladesh em busca de uma vida diferente no mundo ocidental. Mais do que o consultor-mago que vem de Roma, há necessidade de mais Bangladesh, de modo a devolver à família indiana um sentimento de competência e de protagonismo saudável em seus próprios destinos, depois de ter delegado a gestão de suas próprias vidas a hospitais e terapeutas canadenses.

Estes são os pensamentos do consultor que decide utilizar novamente a colaboração de Nita.

À procura de Bangladesh

Consultor (no interfone com Nita): Agora me ajude novamente. Essa é a parte mais difícil. Eu acho que essa família precisa de um pouco mais de Bangladesh, entende o que eu digo? Você foi a única que tentou manter Bangladesh ligada a Toronto, mas você fez isso de uma maneira um pouco maluca...

Nita: Maluca?

Consultor: Maluca, sim, você sabe, seus sintomas são muito estranhos...

Nita: Eu não entendo.

Consultor: Sim, o seu jeito de "ficar maluca" para ajudar seus pais a manter o vínculo com Bangladesh é "legal", mas é inútil, não leva a parte alguma.

Nita: Eu não entendo.

Consultor: Você tentou fazer o melhor possível para manter os pais perto de Bangladesh, você sabe disso, mas faz isso de uma maneira muito estranha. Agora, minha pergunta é: existe alguém de Bangladesh que viva em Toronto e que pode me ajudar a conhecer melhor seus pais? Alguém mais adulto que você? Existe alguém na cidade que seja próximo deles e os conheça muito bem?

Nita: É difícil, próximo a ambos?

Consultor: Porque eu tenho uma ideia um pouco maluca, como as suas. Nós nos encontramos depois do almoço e desta vez eu também entro na sessão, mas seus pais devem trazer alguém de Bangladesh que os conheça bem e conheça bem suas vidas lá. Você representa demais o vínculo com Bangladesh para eles. Você cobre muitos papéis. Às vezes você fala como se tivesse 73 anos, sabe? Às vezes você fala como uma avó, age e se sente como uma avó. Isso é "legal", mas está errado, então precisamos de pessoas mais adultas, pessoas em quem seus pais confiam, talvez uma pessoa para cada um. Uma para cada um. Você pode propor o que eu lhe disse e, se eles acreditam que exista alguma esperança para esta terapia, diga-lhes para voltar com duas pessoas de Bangladesh.

Nita: Toda a família?

Consultor: Sim, toda a família mais essas pessoas.

Tendo em mente que o supradescrito ocorre às 11h30 da manhã, você tem que ser muito bom para pedir a uma família indiana que mora em Toronto para voltar às 14h30, trazendo alguém do Bangladesh com eles! No entanto, vale a pena arriscar quando se está convencido de que existem algumas possibilidades, pode-se perceber que algo importante se movimentou.

Consultor: Agora, ao mesmo tempo, gostaria que você, no almoço, comesse pensando que tem 18 anos.

Nita: Não como uma avó?

Consultor: Não como uma avó. Você sabe, os avós às vezes têm problemas com os dentes, às vezes nem comem, não precisam. Coma como uma menina bengali-canadense de 18 anos de idade. E tente pensar que sua irmã é realmente sua irmã, porque eu não acho que você pense que há uma irmã nesta sala.

Nita: Como você acha que eu a trato?

Consultor: Você a trata como um cachorrinho. Ou como se fosse sua filha!

Nita (rindo): Sim, é verdade, eu sempre faço isso!

Nita apresenta aos pais a ideia de uma sessão à tarde com clareza e firmeza. Juntamente com sua mãe, que imediatamente se mostra determinada, ela convence o pai e a irmã a voltar à tarde com dois amigos da família. Enquanto usam o telefone para convidar os amigos, falando em bengali, os pais se animam e entre abraços, beijos e vitalidade preparam-se para sair para almoçar. O pai pede que sua filha ligue para o Dr. Andolfi no interfone para confirmar a consulta às 14h30.

Bangladesh ao vivo

A família retorna depois do almoço com os dois amigos, marido e mulher de Bangladesh, padrinhos de Nita. Andolfi dá as boas-vindas a todo o grupo em uma atmosfera muito diferente daquela da manhã. Agora o clima é muito mais alegre e vital, menos deprimido e intimidado do que o do encontro anterior. Nita cede seu papel de "consultora do consultor" para os dois convidados e os tópicos tratados são diversos: memórias, usos de Bangladesh, a difícil integração norte-americana. Fala-se também das diferentes culturas entre as duas famílias, das diferenças e semelhanças entre as duas: casamentos arranjados, a diferença entre os dois homens ao mostrar seus sentimentos, a diferença entre as mulheres em pedir ajuda de seus filhos, as expressões de afeto em família e as mortes em cada uma. Ao longo da sessão, ambas as meninas participam da reconstrução da história e pontuam eventos significativos.

Uma "dose maior de Bangladesh" não apenas alivia Nita de seu papel central de paciente designada, mas também altera o equilíbrio interno da família. Até este momento, assim como Nita, os diferentes terapeutas substituíram Bangladesh, como se a história e a evolução transcultural da família não tivessem peso nem valor no presente, quase completamente obscurecidos pela anorexia de Nita. À medida que Bangladesh preenche seu espaço, a família recupera a energia e a vitalidade, reapropriando-se de seu próprio mundo.

Follow-up

Cerca de um ano após a sessão de consultoria, por ocasião de uma viagem de Andolfi a Toronto, um encontro de *follow-up* foi organizado com a família, o terapeuta familiar, o terapeuta individual e o consultor. A família, de bom grado, concorda em participar, mais para satisfazer a curiosidade dos especialistas e sua necessidade de verificar os efeitos do aconselhamento, do que por outras razões.

Nita terminou o ensino médio, matriculou-se na universidade, a anorexia desapareceu. A mãe trabalha fora de casa com grande satisfação. Tanto o marido como a mulher acreditam que o casamento deles melhorou. O pai ainda manifesta uma forma de "síndrome naval", mas é menos "almirante" e mais pessoa. A filha mais nova vai muito melhor na escola e está ativamente envolvida em atividades esportivas.

O efeito mais impressionante da consultoria foi ter posto fim à terapia. Esse resultado pode ser interpretado de diferentes maneiras: a primeira é que, durante o período da terapia, a família aprendeu muitas coisas sobre si mesma e, portanto, com um efeito cumulativo ao longo do tempo, agora os membros da família podem procurar novas formas. independentemente, sem ajuda externa. Outro caminho diz respeito, por outro lado, à redefinição do problema pelo consultor. Afirmar que "a família precisa encontrar mais Bangladesh" representou um catalisador para o desapego e separação do sistema terapêutico. Também ajudou a abrir novas possibilidades para uma maior atividade por parte da família dentro da comunidade, ao mesmo tempo em que renova o interesse pela história da família: memórias, parentes, amigos e perdas. A situação deixou de ser um problema psiquiátrico para se tornar uma crise evolutiva, cultural e familiar.

Três anos após o encontro, durante uma visita ao Centro George Hull, Andolfi pede para falar com a família ao telefone. Parece continuar uma conversa interrompida por apenas duas semanas. Nita está noiva de um colega universitário japonês e ainda está estudando.

O senso de humor de seu pai é mais acessível a toda a família. Lila, a irmã, continua a se sair bem no ensino médio. A mãe fica feliz que o Dr. Andolfi se lembra dela e o convida para jantar com pratos típicos de Bangladesh, na ocasião de sua próxima visita a Toronto. Para o consultor, o convite para jantar é a prova tangível de que a família seguiu um caminho, de que o processo de mudança começou onde a terapia acabou. A família não precisa da presença de um terapeuta que testemunhe a sua mudança.

A anorexia de Frank e o rito do divórcio na sessão

Antes de concluir o tópico da anorexia, parece interessante relatar brevemente a história de um encontro particular realizado por Andolfi alguns anos atrás com uma família dinamarquesa em Roma. Trata-se de uma intervenção necessária para a anorexia de Frank, um adolescente de 15 anos, que sofre desse transtorno há mais de dois anos.

Para Frank, assim como para Nita, foram ativados o hospital e vários serviços territoriais. Os terapeutas familiares que acompanham o caso, tendo conhecido Andolfi pessoalmente, oferecem-lhe uma consultoria-maratona de três dias, a ser realizada em Roma com a família e os dois terapeutas de Frank que o acompanham em psicoterapia em Copenhague.

A proposta é bastante controversa, pois o hospital é contrário a este tipo de intervenção em Roma, considerando-a inútil, enquanto o município e os serviços territoriais consideram-na válida e, portanto, a apoiam e a financiam inteiramente.

Para Andolfi, esta é uma experiência incomum e, portanto, bem-vinda.

O trabalho é realizado seguindo uma série de métodos descritos várias vezes neste volume; desde os primeiros diálogos iniciais forma-se uma forte aliança com Frank e, através do rapaz, explora-se a história do desenvolvimento da família, procurando conexões entre o transtorno anoréxico e eventos importantes da vida familiar. Entre estes, alguns conflitos de base emergem dentro do casal, os quais não pouparam nem mesmo o período de gravidez da mãe; Frank disse em uma sessão que sua mãe escondeu a gravidez por seis meses e que, nos primeiros anos de sua infância, ela disse a ele em várias ocasiões que "papai nunca o quis". Entre outras coisas, o casal finalmente se separou quando o menino tinha

4 anos de idade. Mamãe diz que nunca mais quis um homem em casa, talvez se esquecendo de que seu "parceiro" estável se tornou desde então Frank, que ainda hoje precisa olhar a mãe no rosto para ter a permissão para falar.

Não só a senhora não quer novos relacionamentos românticos, mas verifica regularmente os do seu ex-marido, dando-lhe conselhos sobre as mulheres mais adequadas para ele. O ex-marido não depende de seus julgamentos apenas sentimentalmente, mas também os utiliza para conselhos administrativos de vários tipos.

Em suma, Frank cresce em um contexto muito emaranhado, onde as distorções intergeracionais são graves e formalmente negadas; a irmã mais velha escolhe o caminho da rebelião e foge de casa, enquanto Frank permanece fazendo papel de cola no triângulo original. Seus transtornos são quase inevitáveis em um contexto tão distorcido, e os encontros servirão para jogar luz sobre os níveis de sofrimento de todos para manter em pé a máscara familiar.

Os encontros romanos têm a intenção de criar uma experiência que rompa o "bom-mocismo" um tanto nórdico da família, onde tudo aparece em ordem, para fazer mudanças concretas.

Depois de conhecer e trabalhar nos genogramas das famílias de origem dos genitores de Frank e descobrir que ambos se ocupam da cura do filho, constrói-se um ritual terapêutico que permite ao casal re-celebrar o divórcio na sessão, com Frank atuando como tradutor de Andolfi (já que um verdadeiro ritual deve ser realizado na própria língua!). Em essência, todos devem comprometer-se a fazer mudanças radicais, de modo a descobrir um verdadeiro desapego, mantendo um vínculo unicamente no que concerne às funções parentais. Para permitir isso, Ele não mais usará Ela como sua conselheira, e a mãe compromete-se a promover a emancipação progressiva de Frank, enquanto o pai se compromete a desempenhar funções paternas diretas, sem delegar tudo à mãe.

Este rito é celebrado com um contrato final assinado pelos pais e por Frank que, por sua vez, se empenha em promover o distanciamento conjugal, ganhando a vida como um adolescente fora de casa, sem chantagem emocional mascarada através de seu comportamento regressivo e infantil.

Frank também está comprometido em buscar um relacionamento emocional com sua irmã, descrita por todos como desinteressada na família, mas absolutamente negligenciada e abandonada por seus pais, ocupados demais com as hospitalizações de Frank e com a necessidade de preencher muitas lacunas através da doença do rapaz.

Talvez os encontros pareçam mais destinados a alcançar um "memorando de entendimento" entre ex-cônjuges, como acontece nas sessões de mediação familiar, do que a explorar áreas profundas de sofrimento típicas de uma intervenção psicoterapêutica. No entanto, não devemos esquecer o valor, quase mágico, de uma série de encontros realizada em outro país, que em si contém muitos valores de mudança: a forte motivação de dois adultos em dificuldade e um menino problemático que, juntamente com o sistema dos cuidadores, se movem por três dias para refletir sobre as dificuldades um do outro com um consultor externo, falando todos outro idioma (o inglês) é, em si, um remédio extraordinário. O fato de que "usamos anorexia sem falar dela", considerando Frank um sujeito de competência, em vez de um paciente, muda as expectativas, e o objetivo final é então intervir nas distorções familiares para permitir que Frank entre com menos medo e preocupação (pessoal e relacional) no mundo da adolescência.

Dois anos depois, por ocasião de um seminário de terapia familiar em Copenhague, Andolfi encontra os dois terapeutas, juntamente com Frank e seu pai, em uma espécie de sessão de *follow-up*. Os sintomas anoréxicos de Frank desapareceram (a anorexia é quase sempre curada se alguém intervém na adolescência, envolvendo a família na terapia), ainda que Frank pareça um adolescente bastante desajeitado.

O mais surpreendente é observar o quanto o pai mudou em relação ao garoto. É como se ele pudesse finalmente (com alguns anos de atraso) redescobrir seu próprio filho, enquanto o último parece muito feliz em ver que agora seu pai realmente o quer e passa muito mais tempo com ele. Ambos estão muito felizes em poder ver Andolfi novamente e relatar as mudanças ocorridas.

A ausência da mãe no encontro pode ser lida de duas maneiras diferentes: por um lado, pode ser interpretada como uma forma de altruísmo, permitindo à díade pai-filho individuar-se sem a influência de terceiros, particularmente inconvenientes; por outro lado, no entanto, essa ausência pode estar ligada ao vazio que a mãe tem que sustentar dentro de si, se realmente ocorreu o corte do cordão umbilical de Frank, e à dificuldade de aceitar e demonstrar sua solidão.

OBESIDADE: A GRANDE INCOMPREENDIDA

Se a anorexia nervosa e a bulimia foram muito estudadas no âmbito dos transtornos alimentares nos últimos trinta anos, sobre obesidade se falou muito pouco no mundo da psicologia. Entretanto, não é difícil reconhecer que estar com sobrepeso em um mundo construído sob medida para os magros pode ser um bom motivo para acreditar ter um problema, especialmente na adolescência. O excesso ponderal pode constituir um sério obstáculo nas relações pessoais, afetivas e profissionais, não somente pelos reflexos psicológicos da pessoa obesa com relação ao próprio corpo, mas também, o obeso é facilmente rotulado pela sociedade como uma pessoa fraca, indolente, mimada, sem vontade, insensível, em suma, o responsável pela própria condição. Na realidade, o sobrepeso, principalmente quando é importante, não é um problema banal sobre responsabilidade e tenacidade pessoais, como a indústria de dietas quer que se acredite. Além do mais, os estudos mais recentes confirmaram que as dietas, sobretudo na juventude, têm grande probabilidade de constituir um fator de pré-disposição a uma obesidade em idade adulta (Ostuzzi; Luxardi, 2007).

O desconforto das pessoas frente à obesidade tem a ver com os estereótipos de culpa e, é provavelmente por esse motivo que o *politically correctness* se desenvolveu nas sociedades mais civilizadas do mundo, inclusive no que diz respeito ao sobrepeso: não se pode dizer a uma pessoa que ela é gorda, porque este termo é tido como ofensivo. Na realidade, pensando bem, provavelmente o "politicamente correto" não é necessariamente uma vantagem para as pessoas que sofrem com esse problema: parece mais um tipo de "pronto socorro" para os outros, aqueles que são magros e que, negando o problema com o qual se deparam, não precisam lidar com o próprio desconforto. Mas não podemos esquecer que, ao nos expressar utilizando uma aura protetiva, isso nos impede de dizer aquilo que queremos! No mais, a proteção, como já foi dita anteriormente, nada mais é do que um modo de esconder, mesmo que seja pelo bem, e isso pode facilmente ser interpretada como desinteresse. A cultura ocidental, por outro lado, promove modelos de homens e mulheres extremamente magros, deixando completamente de lado do circuito comercial de vestuário quem não é magro, construindo elevadores por vezes pequenos demais, poltronas de locais públicos devidamente definidas como "poltronazinhas", idem no que se refere aos assentos dos aviões etc. O gordo não está na moda e, portanto, é como se não existisse!

Nesse clima de total negação, há algum tempo, vem acontecendo outra coisa: a mídia bombardeia aqueles que estão com sobrepeso com as mais graves ameaças. (...) Perigos reais, objetivamente, mas tratados de maneira inquietante. Fala-se com muita superficialidade sobre o risco de diabete, de doenças cardiovasculares, de enfisemas pulmonares. Sobretudo, se fala sobre isso, culpando fortemente as pessoas obesas.

No geral, entre os profissionais da saúde, psiquiatras e psicólogos são mais cautelosos em falar abertamente de obesidade quando se deparam com ela. O fazem, eles também por serem politicamente corretos? No DSM-IV a obesidade não é classificada como um transtorno psiquiátrico e nem como um problema médico. Isso equivale a dizer que essas pessoas, no fundo, estão bem!

É difícil tratar a obesidade porque, de fato, a sociedade não a define como um problema em si e as pessoas obesas são obrigadas a viver com o seu próprio problema em solidão, se privando da possibilidade de receberem ajuda externa. Por que, se uma menina é um "esqueleto", a família é sensível e a leva para a terapia? É fora de questão que uma menina anoréxica corre um risco de vida maior e em tempo mais breve, e que jogue com a vida e a morte muito mais do que um obeso. Todavia, no nosso trabalho, não são poucos os casos com os quais nos deparamos com famílias que vinham para a terapia por motivos muito diferentes do que a grave obesidade de um dos membros e conseguimos fazer de maneira que a obesidade entrasse no discurso terapêutico, encarando como uma dificuldade e procurando as conexões, por exemplo, com os problemas mentais ou psicológicos apresentado por um irmão, aquele pelo qual a família havia pedido o tratamento terapêutico. É necessário referir que nenhuma família jamais se opôs a essa modalidade de intervenção ativa e direta, ou que tenha reagido abandonando o processo.

Com o crescimento exponencial dos problemas ligados à obesidade, a literatura sobre esse assunto na área da psicologia está lentamente florescendo, entretanto ainda são relativamente poucos os estudos sistêmicos-relacionais sobre a obesidade. Entre os autores sistêmicos, Ugazio (1998), enfrentou o assunto pelo ponto de vista etiopatogênico e terapêutico, prestando atenção, particularmente, às temáticas relacionais e aos contextos de aprendizagem, mais especificamente, aqueles familiares. A ideia de base é que os sintomas, apesar de individuais, sejam funcionais para a manutenção do equilíbrio familiar e podem ser compreendidos e vencidos somente com a intervenção sobre os modelos de relações.

O modelo biopsicossocial tornou-se mais relevante, seja como paradigma de pesquisa, seja como abordagem clínica para a avaliação e o tratamento da criança e do adolescente obeso (Cuzzolaro, 1983). Mesmo reconhecendo, de acordo com as mais recentes indicações, que a criança é um sujeito ativo, dotado de competências e capacidades específicas, é verdadeiro também que na infância existe uma maior dependência dos cuidados de um adulto. Na adolescência, ao contrário, a balança entre dependência e autonomia se modifica e, é por isso que o aparecimento e a manutenção de uma condição de obesidade em idade adolescente se apresentam mais articulados e complexos. A obesidade que surge durante a adolescência, sem um histórico de sobrepeso infantil tem, frequentemente, no plano psicológico, um significado reativo à uma transição evolutiva de alto risco e que tem seus momentos de acme logo depois da puberdade e ao final do ensino médio, quando é mais forte a exigência das escolhas individuais (Aveni; Caputo; Cuzzolaro, 1998; Ostuzzi; Luxardi, 2007).

Em tempos bem recentes, alguns autores, deslocando o olhar sobre o social, veem a nossa cultura ocidental como uma cultura pouco preocupada em criar condições de vida saudáveis, porque somos mais preocupados com o que produzidos e com o que possuímos do que com o nosso equilíbrio psicofísico. Em prática, o nosso estilo de vida não está organizado para permitir que nos ocupemos conosco e com a nossa saúde.

> Um estudo recente evidenciou que a falha de programas de emagrecimento depende, para 45% do total, de causas práticas, ou seja, problemas de trabalho, exigências familiares e questões de logística que impedem a continuação do tratamento, contra 14% de insatisfação pelos resultados obtidos e, 12% pela pouca motivação. Os mesmos estudiosos afirmam que, se observarmos o problema de um ponto de vista ecológico, a obesidade é uma resposta normal para um ambiente anormal. Em outras palavras, a obesidade representa a consequência natural de adaptação para as condições de vida atuais. (Ostuzzi; Luxardi, 2007, p. 83)

O alarme para esse fenômeno em rápida expansão são as crianças; hoje, na Itália, uma criança de três está com sobrepeso e a razão disso, na maioria dos casos, está ligada ao estilo de vida: comem demais e comem mal e, principalmente, fazem pouca atividade física. Os especialistas do setor falam em *puer condominialis*, neologismo que indica, de maneira assustadoramente concreta, o último produto da sociedade de consumo: um menino que vive na cidade, passa pouco tempo ao ar livre, usa elevador em vez de escadas, passa os dias na frente da televisão ou do Playstation.

Para agravar ainda mais a situação, existem também as nossas tradições, de acordo com as quais, uma criança que come é uma criança que está bem, enquanto uma criança que não come e recusa alimentos não está muito bem: a nossa cultura reconhece como boa aquela mãe que consegue transmitir afeto através da esfera alimentar. Por outro lado, é por isso que mães de meninas anoréxicas são ainda mais desesperadas: não é somente pela filha que é um "esqueleto", mas por renegar, também, aquilo que é o símbolo primário do laço afetivo entre mãe e filha.

> Se o nosso estilo de vida, caracterizado pela ampla disponibilidade de comida e pelo baixo gasto energético, nos leva a engordar, temos somente duas possibilidades: por um lado lutar contra as respostas de adaptação que o nosso organismo desenvolve e, por outro, a de modificar o ambiente e deixar que sejam as respostas da adaptação a nos fazer emagrecer. Trata-se de diferentes perspectivas, onde a atenção e o empenho tomam caminhos diferentes. (Ostuzzi; Luxardi, 2007, p. 84)

Tentar impor um modelo médico elementar de doença, como foi feito nos últimos cinquenta anos, sem levar em consideração a complexidade de fatores que podem intervir na origem do sobrepeso e no seu decurso, tem só agravado o fenômeno, favorecendo o acentuamento do estigma social que persegue a pessoa gorda. "Prescrever simplesmente uma dieta restritiva para uma pessoa com sobrepeso, escrevera Jules Hirsch há alguns anos, é o equivalente a uma antiga receita que dizia para dar pauladas nos loucos para ficarem lúcidos" (Bosello; Cuzzolaro, 2006).

No estado atual, diversos autores acreditam que, como nenhuma prescrição médica sozinha, seja dietoterápica, seja farmacológica, tenha probabilidades aceitáveis de reduzir estavelmente o peso de um sujeito obeso; uma psicoterapia formal também não seja justificada, nem seja útil para todos os obesos (Ardovini et al, 1998). Em sobrepeso de grau leve, simples técnicas de modificação comportamental, mesmo que aplicadas em grupo, podem ser úteis. Em obesidades médias ou graves, em casos de repetidas derrotas, devem ser aplicados programas mais complexos, sensíveis e direcionados aos estilos alimentares atuais e anteriores, articulados em auto monitoramento, educação nutricional, atividades físicas e reestruturação cognitiva guiada. Na idade evolutiva, as intervenções para modificação do comportamento feitos em crianças e adolescentes requerem um tratamento contemporâneo da família e o envolvimento das escolas (Ardovini et al, 1998, Ostuzzi; Luxardi, 2007).

Em síntese, grande parte dos médicos nutricionistas e/ou psicoterapeutas concordam sobre o fato que as psicoterapias formais mais usuais não parecem terapias que devam ser escolhidas para o tratamento da obesidade. Seria necessário fundar e promover uma nova disciplina (Bosello; Cuzzolaro, 2006), por alguns também definida como *obesologia* (Ardovini et al, 1998), que desenvolva técnicas originais, médicas e psicológicas, de tratamento da obesidade em geral mais satisfatórias que aquelas que dispomos atualmente.

Do nosso ponto de vista, de acordo com Ostuzzi e Luxardi, sobre o fato que a obesidade deva ser considerada como uma patologia "social", a cura eficaz, sobretudo se for capaz de manter os resultados, é essencialmente de tipo psicológico, pois tem como base a realização de mudanças de comportamento alimentar e dos estilos de vida.

Mudar o comportamento alimentar e o estilo de vida não é uma brincadeira de criança, visto que é uma operação que não tem a ver simplesmente com força de vontade, mas que envolve os significados intrapsíquicos e relacionais que dão sentido à própria existência. De maneira particular, na idade evolutiva, a solução centrada na modificação do estilo de vida diz respeito a muitas pessoas, não só a criança ou o menino(a) que deve e quer emagrecer. A característica principal de uma alteração no sistema de vida é que isso se dá através da mudança da rotina quotidiana. E mudar hábitos requer um esforço enorme que, de qualquer forma, uma vez realizado, deixa que a transformação ocorra autonomamente, como uma consequência natural. Trata-se de uma mudança positiva para toda a família, e não simplesmente uma variação de peso do indivíduo interessado. É por tudo isso que, além do que descreveremos a seguir, não se pode pensar em enfrentar o problema da obesidade e do sobrepeso em crianças e adolescentes sem envolver no percurso do tratamento toda a família.

A obesidade está aumentando

No mundo existe mais de um bilhão de adultos com sobrepeso e, pelo menos, trezentos milhões desses são obesos. O fenômeno da obesidade está aumentando constantemente nos países mais civilizados. O número mais alto de obesos está nos países anglo-saxões e, em particular na Austrália, onde o sobrepeso é causado, principalmente, por uma alimentação incorreta. Será que existe uma relação entre essa primazia na quantidade de obesos nos países anglo-saxões e as rígidas regras do *politically correctness* característica dos países anglófonos? O fato é que o *trash food* gira pelo mundo rapidamente e, em poucos anos, teremos muito mais obesos do que anoréxicos nas Itália.

A obesidade não existe como patologia

A obesidade não figura entre os transtornos de comportamento alimentar, não é mencionada nas classificações psiquiátricas e nem ao menos nas patologias médicas. Perante a um caso de diabete evidenciado em uma pessoa obesa, os médicos, geralmente, afirmam que a causa do diabete é a obesidade. Perante a uma doença circulatória ou enfisema pulmonar em uma pessoa obesa, idem. Mas não existe nenhuma prevenção, posto que a obesidade não é tratada de maneira apropriada e é muito difícil que o médico entre na problemática complexa e psicológica da pessoa obesa; sendo assim, a solução proposta é sempre a mesma: dieta e ginástica!

Trata-se a doença e não o doente

O diagnóstico de obesidade é obtido segundo o índice de massa corporal, que é calculado dividindo o peso em quilogramas pela altura elevada ao quadrado. Se o resultado fica entre 25 e 30 pontos fala-se em sobrepeso, enquanto se fica acima de 30 pontos fala-se em obesidade grave.

As ciências matemáticas não são uma opinião e, portanto, não se pode escapar. Estamos de fronte a rotulação de uma pessoa, sem que se considere nada mais sobre ela: fala-se, mais uma vez, somente da doença sem considerar o doente.

A sintomatologia é semelhante à anorexia

Um número consistente de obesos manifesta comportamento alimentar caracterizado por crises recorrentes de compulsão alimentar (*binge eating*).

Sobre esse tipo de comportamento se tem pouca clareza. O *binge eating* nunca foi considerado como uma síndrome em si, mas mais como um sintoma que pode ser apresentado tanto na obesidade quanto na anorexia. Muitos anoréxicos, de fato, sofrem com esses ataques de bulimia que levam à compulsão alimentar. Um fator de risco verificado para o desenvolvimento de uma alimentação emotiva é constituído pelas dietas.

É um fenômeno complexo

O sobrepeso e o grave excesso de peso estão, sem dúvidas, ligados ao fato de comer, mas têm também implicações simbólicas, uma vez que dizem respeito ao corpo como meio de relacionar-se, de expressar-se e de comunicar-se.

O sobrepeso é determinado pela interação de fatores de tipo genético, comportamental, psicológico e social e, cinquenta anos de insucessos terapêuticos demonstram que para enfrentar o problema não basta fazer dieta. Na realidade, o corpo fala tantas palavras e mostra estados de sofrimento profundos, às vezes negados pelo obeso e por seus familiares, e tem sempre um forte componente relacional, como veremos adiante na descrição de um caso concreto.

As famílias dos obesos

No que tange as modalidades de funcionamento das famílias com adolescentes obesos, Minuchin fala frequentemente em *famílias emaranhadas* para indicar aquele tipo de estrutura familiar na qual vemos fenômenos de fusão e de falta de demarcação clara entre as gerações. Trata-se de um conceito similar ao enunciado por Bowen quando ele fala de massa indiferenciada do ego familiar para compreender a dificuldade de distinguir a individualidade de cada membro da família, com a presença de graves confusões identitárias.

Assim, o corpo do obeso é usado como proteção e defesa do contato relacional, um tipo de distância de segurança necessária, por um lado, por medo do outro e, por outro lado, por temor de se perder no outro.

Vazios e cheios

O adolescente obeso manifesta uma profunda dificuldade em tolerar situações frustrantes e de lidar com a angústia que vem da percepção de um vazio que tem de ser preenchido. Para o obeso, o nível de tolerância para a frustração é muito baixo, sobretudo em situações sociais, em contato com os seus pares e em contextos profissionais. Nesse sentido, existem muitas semelhanças de fragilidade emotiva nas meninas anoréxicas que, a seu modo, compensam melhor o problema através da intelectualização e do rigor comportamental.

O estresse possui uma ação direta sobre o metabolismo, porque pode induzir a comer mais. Nem sempre é um fenômeno patológico, mas pode se tornar um se qualquer agente externo romper as defesas, diminuí-las e ameaçar a integridade psicofísica da pessoa obesa. Além do mais, se verificou que, enquanto o estresse pode induzir uma pessoa que está de dieta livre a não comer, ele tende a ter o efeito contrário nas pessoas que estão em regime alimentar controlado.

À procura de identidade

O abuso da função alimentar na adolescência pode representar, também, uma maneira extrema de procura pela própria identidade. Na realidade, os comportamentos patológicos de adolescentes que apresentam as mais diversas problemáticas psicológicas, psicossomáticas ou relacionais, poderiam ser considerados como tentativa para encontrar a própria identidade através de uma corrida de obstáculos muito complicada.

Nos encontros de follow-up feitos a partir do término do tratamento terapêutico com muitas famílias, os adolescentes que haviam sido encaminhados para a terapia por diferentes problemas, incluindo graves patologias alimentares, reconheciam que a experiência de estar mal e de suportar pesos muito grandes sobre as costas, assim como o sentimento de ter feito sofrer as pessoas queridas, uma vez que foram superadas as dificuldades, isso lhes havia permitido viver a dimensão heroica da resolução. Em prática, os adolescentes, por terem conseguido superar um grande obstáculo na vida, haviam ganho muita autoestima pessoal. Ao mesmo tempo, os familiares lembravam-se do sofrimento ligado a esses problemas, porém, ainda mais, recordavam da força de grupo adquirida através de um doloroso percurso de mudança.

O enquadramento da obesidade na adolescência está cada vez mais relacionado com a família juntamente com o contexto social

Como já havíamos afirmado com relação à violência, mesmo nos comportamentos autodestrutivos do adolescente, e a obesidade grave representa uma importante categoria, devem ser observados o funcionamento familiar e o respectivo contexto social, incluindo o grupo de pessoas mais próximas.

Na nossa experiência clínica sempre consideramos o obeso como uma metáfora dos pesos familiares, mal distribuídos em um nível intergeracional, que acabam por sobrecarregar o adolescente problemático. Falta de regras, confusões intergeracionais com relação aos cuidados e as responsabilidades dos pais, hostilidade do casal com fortes triangulações afetivas dos filhos, incapacidade em gerenciar doenças crônicas ou psiquiátricas de um filho são algumas das concausas que levam ao início e à estabilização da obesidade juvenil, por vezes associadas a outras formas de dependência, entre as quais a alcoólica ou a toxicomaníaca.

Frequentemente, se assiste a um progressivo isolamento do obeso dos contextos sociais dos quais ele pertence, também em relação a possíveis discriminações por parte do seu grupo de convivência. Sem dúvida a gordura que envolve o corpo do jovem obeso serve como uma defesa aparente, ao passo que internamente, ao contrário, existe uma evidente fragilidade emocional e uma grave preocupação em se sentir aceito, que é frequentemente camuflado por comportamentos gregários e cativantes. Não é raro meninos obesos, muito amigáveis, que quando readquirem o peso normal, ficam sem uma identidade e mais inadequados socialmente, declarando terem perdido a carga de simpatia que haviam antes.

Tudo isso nos faz pensar, também no lado oposto que é a anorexia, que o verdadeiro problema não é o peso corpóreo em si, mas sim a imagem corporal distorcida de uns com os outros e, ainda, ter sido por muito tempo o centro de distorções afetivas graves nas próprias famílias.

Luisa e a redistribuição dos pesos na família

Luisa tem 20 anos e vem para a terapia com os pais e o irmão menor, Emílio de 15 anos. De fato, a mãe chama atenção para alguns aspectos depressivos da garota e para o seu comportamento bulímico: Luisa engordou nos últimos quatro anos até alcançar os 100 quilos. Além disso, está preocupada com o fato que a filha não consegue arranjar um emprego estável, também por causa das suas dificuldades de se relacionar fora do meio familiar.

No primeiro encontro, temos poucas informações, como se a senhora não quisesse que soubéssemos muito sobre a família por telefone.

Realmente, na primeira consulta, viemos a saber que Luisa é filha adotiva que chegou ao lar com poucos meses de vida, depois de sete anos de casamento e de três insucessos de reprodução, com três relativos abortos. Depois de cinco anos da chegada da Luisa, nasce, com muita surpresa e alegria, o filho biológico Emílio.

Nesse momento Luisa pesa mais de 100 quilos e sofre claramente de insegurança, que parece espelhar a insegurança dos pais, os quais, alguns anos antes, haviam iniciado terapia de casal por uma série de incompreensões e por uma forte depressão de ambos.

Na primeira sessão, estão presentes a mãe, o pai e a filha. O irmão não está presente e sobre a sua ausência o terapeuta começa a construir uma aliança com a paciente: pergunta-lhe o motivo pelo qual Emilio não veio e o que levou a garota a trazer a sua família para a terapia. Em suma, como normalmente se faz, coloca-se a paciente no centro, reconhecendo-a com competência sobre a história familiar. Frente à evidente obesidade da garota, o terapeuta não hesita e fala sobre o assunto desde as primeiras conversas no primeiro encontro.

Da gordurinha visível até a notícia imprevisível

Terapeuta: Eu gostaria de entender uma coisa: você, desde pequena sentia que tinha um corpo diferente?

Luisa: Sim, desde os 8 anos que faço dieta!

Terapeuta: Mas quanto pesava dentro da barriga? Sabe?

Luisa: Como dentro da barriga?

Terapeuta: Você era gorda?

Luisa: Sim, eu era gorda.

Terapeuta: Mesmo dentro da barriga da mãe?

Luisa: Ah! Dentro da barriga eu não sei, de qualquer forma, sempre fui gorda. Mesmo nas fotos de recém-nascida eu era bem rechonchuda, eles sempre me contaram que não colocavam fraldas e que tinham que comprar as fraldas com lacinhos porque aquelas com adesivo não fechavam.

Terapeuta: Então você cresceu com lacinhos! Mas quanto você pesava quando nasceu?

Luisa: 3,100 kg

Mãe: Assim nos foi dito, 3kg e alguma coisa.

Terapeuta: 3kg é normal, nem acima nem abaixo do peso.

Luisa: Eu me lembro das fotografias de bebê que eu não entrava na cadeirinha.

Terapeuta: A mãe tinha leite?

Luisa: Não, a minha mãe não me amamentou porque "fui adotada"!

Terapeuta: Ah! Eu não sabia disso!

Frente a essa informação, de grande importância, mas imprevisível para o terapeuta, vemos como pode se trabalhar sem atrapalhar a atmosfera agradável que se criou, com essa garota que volta a ser criança e conduz a sua própria história para aquela que ela sente ser a sua família. Essa mudança repentina de cenário, de fato, poderia ter bloqueado o terapeuta, o fazendo desviar completamente para outras direções.

Terapeuta: Quando?

Luisa: Com 3 meses.

Mãe: Com 4, mais precisamente.

Terapeuta: E então me conta um pouco sobre esses meses.

Luisa: O que me lembro, bem ou mal, é a partir do nascimento do meu irmão em diante, alguma coisa antes.

Terapeuta: Me faça entender alguma coisa para chegar até a adoção. Uma pessoa, antes de adotar uma criança, passa por várias fases. Você sabe alguma coisa sobre isso?

Luisa: Sim, eu sabia que a minha mãe não podia ter filhos, que abortou três vezes e então, visto que eles (os pais) queriam...

Terapeuta: Sabe que problema tinha?

Luisa: Por que abortou?

Terapeuta: Sim.

Luisa: Não.

Terapeuta: Nunca lhes perguntou?

Luisa: Talvez tenham dito, porém me disseram que tinha abortado depois de 3-4 meses de gravidez.

Pai: Nem nós sabemos.

Luisa: Não dava para saber naquela época.

Mãe: Os médicos fizeram exames, mas não encontraram nenhuma causa...

Terapeuta: Então eles se casaram?

Luisa: Eles se casaram e depois de 7 anos me adotaram.

Terapeuta: Então, desde que se casaram e os 7 anos aconteceram esses abortos?

Luisa: Esses três abortos.

Terapeuta: O que acha que aconteceu em casa antes que você chegasse?

Luisa: Acredito que tenha sido uma coisa muita desagradável, enfim, duas pessoas que se casam querem ficar juntas e construir uma família, e um aborto, né?! Pode acontecer.

Terapeuta: Dois. Três é azar?

Luisa: Principalmente para a mãe não deve ter sido uma coisa muito positiva, muito agradável!

Terapeuta: Então você acha que a sua mãe ficou muito fragilizada com esses fatos?

Luisa: Sim.

Terapeuta: E então a depressão começou ali?

Luisa: Sim, acredito que sim, porém acredito que no final ficou feliz, pelo fato que podia ter uma criança.

Terapeuta: Você acha que naqueles sete anos eles não tenham pensado nunca em se separar?

Luisa: Não.

Terapeuta: Não sabe ou tem certeza disso?

Luisa: Não, eles nunca me disseram se pensaram em se separar, mas eu acredito que não.

Terapeuta: Sabe, às vezes os pais dizem mentiras..., sabe?

Luisa: Sim, nunca falamos sobre isso, mas eu acho que não.

Terapeuta: Acha que não. Quer perguntar, só para...

Luisa: Bom! Eu acho que essas coisas negativas também podem ser um ponto de união entre as pessoas.

Evidentemente, se não nos deixamos cair nas armadilhas dos próprios julgamentos, podemos continuar a trabalhar com tranquilidade e com a necessária curiosidade. O terapeuta não deixa desviar o fato que ninguém o havia informado sobre a adoção: aceita os dados da realidade, colhe as informações, mas não deixa descarrilhar dos trilhos.

Perguntar para a garota o que ela acha sobre uma hipotética separação dos pais antes que ela existisse é como perguntar a ela a cor do cabelo deles. Levamos em consideração, também, o fato que antes a filha contou que os pais fizeram terapia de casal por alguns anos. É extremamente importante escutar a voz dos filhos, pequenos ou grandes, sobre qualquer tema evolutivo. A separação é um evento imprevisível e, mesmo quando não acontece, um filho pode ter a sua própria opinião sobre isso.

O terapeuta entrou na "barriga na mãe", entrou no tema sobre a adoção, nas perdas dos pais com autêntica ingenuidade, sem conhecer as respostas e, principalmente, sem desconsiderar nada. Como afirma Whitaker, a ingenuidade ao colocar as perguntas no primeiro encontro é muito mais útil porque, quando se sabe muito pouco, se pode dar maior liberdade de exploração, sem pensar duas vezes sobre o que é oportuno perguntar. Além disso, nos encontros que se seguem, essa liberdade diminui porque a ingenuidade pode ser substituída por uma espécie de *double thinking* ("Então, pergunto isso ou aquilo?...") e os familiares também podem responder de maneira dúbia.

O primeiro encontro de terapia é um pouco como iniciar a montar um quebra-cabeça: é necessário procurar as peças que permitem dar um significado relacional aos sintomas que chegam para a sessão. Em teoria, se sabe que tudo o que diz respeito a um membro faz parte, também, da vida de relações dos outros, todavia é necessário tentar encontrar um significado para os sintomas naquela situação específica. É uma pesquisa de campo: quanto mais o terapeuta amplia o olhar, mais a pesquisa se enriquece de novos elementos de compreensão.

O terapeuta perguntou para a garota informações sobre o seu peso, partiu dali, entretanto, não ficou nesse assunto por muito tempo, voltará a falar sobre isso mais tarde, quando o quebra-cabeça estiver mais completo, mais peças que o ajudarão a compreender. E essas peças reveladoras são constituídas pela vida de relações dos pais antes da chegada da filha, os três abortos, em prática, os aspectos principais das dinâmicas do relacionamento do casal.

Essa garota é muito extrovertida e disposta: conta com prazer a história das duas respectivas famílias de origem, demonstrando ser competente, sensível e reflexiva.

Não é a primeira vez, na nossa experiência com garotas com transtornos alimentares, que percebemos nelas uma grande capacidade de serem testemunhas privilegiadas da história de evolução dos seus pais, como se pudessem desenvolver o papel de "avós competentes da família".

Mas de quem é a gordurinha?

Terapeuta: Nunca pensou que se poderia dividir o peso em tantas partes e redistribui-lo? Poderia encontrar um "peso gordo" que pertence a você e um que pertença aos outros?

Luisa: Acredito que sim.

Terapeuta: E, na sua opinião, quantos quilos são seus e quantos são dos outros, na sua opinião?

Luisa: Vamos fazer as contas: agora peso 102 quilos.

Terapeuta: Vestida ou despida?

Luisa: Não, despida aproximadamente 101 quilos, mas eu acredito que 50 são meus, 50 com certeza, os outros eu diria que são dos parentes...

Terapeuta: Os parentes seriam os avós?

Luisa: Sejam os parentes de um lado, sejam os de outro, todos os parentes.

Terapeuta: No total, quantos quilos damos a eles?

Luisa: Eu daria 5 quilos por parte, para chegar a 10 com as duas famílias.

Terapeuta: 10.

Luisa: E chegamos a 60!

Terapeuta: Chegamos a 60.

Luisa: Depois eu daria uns 10 quilos para cada um deles dois (se referindo aos pais) e chegamos a 60... 80!

Terapeuta: 80.

Luisa: E 2 quilos para o meu irmão, antes talvez eu desse mais quilos para o meu irmão, agora não tenho mais nenhum tipo de problema com ele, pelo menos aparentemente, ao menos, 2 ou 3 quilos, máximo 5, mas não mais do que isso, muito menos dos meus parentes, porém daria mais para os parentes de Roma que para os de Messina.

Terapeuta: Então vamos fazer uma coisa, vá até o quadro, divida o espaço em dois, de um lado escreva "família materna", e de outro "família paterna", assim fazemos uma coisa mais precisa.

Luisa: Sim, porque senão me esqueço.

(Luisa vai até o quadro, pensa por um longo tempo e começa a escrever, enquanto Andolfi e familiares estão sentados em semicírculo em frente ao quadro, como se estivessem assistindo uma tarefa de matemática)

Luisa: 50 quilos para mim, dá para entender, né?

Terapeuta: Claro!

Luisa: 2 quilos para o meu irmão
10 quilos para os parentes de Messina
18 quilos para os parentes do papai
6 quilos para o papai
11 quilos para a mamãe!

Terapeuta: Então, parece que as contas estão fechando; quem sabe no final você não se torne uma modelo?! Basta devolver os pesos a quem pertencem! Esse poderia ser o objetivo dessa terapia... e depois verá que a depressão também desaparecerá.

Utilizando uma boa dose de humor e traduzindo em metáforas concretas (os pesos a serem restituídos) as disfunções afetivas dessa família, é possível delinear um primeiro caminho do processo terapêutico direcionado a percorrer a história de desenvolvimento dos pais, para voltar ao presente com novas perspectivas de mudança...

Terapeuta: O seu pai, quando era jovem como você, sentia o peso dos pais dele?

Luisa: Na minha opinião sentia e muito!

... e proceder com a pesquisa sobre a história de perdas e vazios trigeracionais, presentes em ambas as famílias, para conectar o passado com o presente em termos de valência e de significados da gordurinha.

A inversão dos papéis: quem foi mãe de quem?

Terapeuta: A sua mãe nunca se preocupou com esse seu modo tão adulto de pensar?

Luisa: Ela é pior do que eu, ela também pensa sempre, procura aprofundar as coisas.

Terapeuta: Quanto pesava a mamãe com 20 anos?

Luisa: Não sei quanto ela poderia pesar, 80, 85 quilos? Ela também era bem cheinha como eu, ela também fez um monte de dietas.

Terapeuta: Ela disse isso para você?

Luisa: Sim.

Terapeuta: Ainda hoje?

Luisa: Agora, porém, está mais atenta, porque depois que fizemos dieta juntas, com acupuntura eu fiquei em jejum por um mês, ela por três semanas, eu depois continuei e tive esgotamento nervoso, porque eu não me reconhecia mais fisicamente... depois de um mês eu estava completamente diferente de como estava um mês antes e, portanto, me sentia como se o vento mi fizesse voar e me levava embora, me sentia completamente indefesa, em relação ao que era antes.

Terapeuta: Então está me dizendo outra coisa, que esta gordura é como se fosse uma coberta, um blusão, um blusão norueguês!

Luisa: Sim, realmente. Muito frequentemente fiz dietas e voltei a engordar porque eu tinha muito medo de estar tão exposta, fora que quando estou magra sou mais bonitinha e, talvez, também por isso sou mais visível. Ao contrário, quando estou gorda, sou visível, porém quando alguém me olha, diz: "Olha aquela gorducha!" e depois se vira e olha para outro lado.

É estarrecedor essa garota na sua sabedoria. Sabe que a sua gordura tem uma função de proteção e oferece de bom grado ao terapeuta a possibilidade de entrar na família, porque não é isso que lhe causa medo, visto que é o território onde ela se sente mais segura.

Terapeuta: Você foi mais mãe do seu pai ou da sua mãe quando se sentiam sozinhos?

Luisa: Papai é mais difícil que peça ajuda.

Terapeuta: Bem! Pode-se pedir ajuda também de maneira menos explícita...

Luisa: Sim, sim, mas minha mãe demonstra mais quando precisa.

Terapeuta: Mas a avó materna, como era? Foi mais uma mãe ou mais uma filha com os filhos?

Luisa: O problema é que a vó tinha relações completamente diferente com cada pessoa.

Terapeuta: Com ela? (*indica a mãe*)

Luisa: Com ela talvez tenha sido mais filha, não sei, não me lembro bem.

Terapeuta: Pergunte isso para ela (*para a mãe*).

Luisa: O que tenho que perguntar?

Terapeuta: Com as suas palavras.

Luisa (dirigindo-se à mãe): Que relação você tinha com a sua mãe? Você se sentia mais mãe ou mais filha?

Mãe: Não, não me sentia nem mãe, nem filha... me senti filha com ela talvez até os 10 anos.

Terapeuta: Entendeu? Portanto a mamãe ficou órfã com 10 anos, imagina? Sabia disso?

Luisa: Talvez seja por isso que ela sempre quis resolver os problemas dos outros: porque os dela ela nunca conseguiu resolver!

Terapeuta: É muito estranho, porque acontece também com os filhos, os filhos da barriga, aqueles biológicos, que se espera desse filho o que não se teve de um pai, sabia?

Luisa: Sim, eu sei disso.

Terapeuta: Claro, não consigo imaginar com o que você trabalha, mas quando você se aposenta?

Luisa: Em agosto.

Terapeuta: Como assim?

Luisa: Porque eu trabalho em um supermercado, é como se tivéssemos um tipo de aposentadoria... e depois podemos retomar.

Terapeuta: Sim, mas eu falo de outra aposentadoria... entendeu qual aposentadoria?

Luisa: Me aposentar por que não tenho mais o papel de mãe?

Terapeuta: Muito bem! Não acredita que a mamãe consiga se virar sozinha...

Luisa: Mas, eu acho que já me aposentei.

Terapeuta: Sabe quando as pessoas se aposentam? Quando começam a eliminar aqueles 30-40 quilos extras que carregam consigo...

Luisa: Das famílias?

Terapeuta: Famílias, avós, mãe para quem você deu 11 quilos, a mamãe pesa mais que o papai, quase o dobro. (*Dirigindo-se à mãe*) A senhora sabia disso?

Mãe: Sim, sim.

Terapeuta: Mas tem certeza que eles, através da sua gordura, agora, não querem continuar a fazer terapia de casal? Mas quem eu devo tratar?

Luisa: Mas eu espero que seja útil para eles também!

Terapeuta: Mas esse é o problema! Porque você me parece uma voluntária, uma integrante do Exército da Salvação... como se chama...

Luisa: Mas por quê? Se resolvemos os problemas de todos é melhor, não?

Terapeuta: Sim, basta que não se faça confusão!

Luisa: Desculpe, mas por quê? Se resolvemos o meu problema, resolvemos também os problemas deles! E se depois o meu problema não tem nada a ver com o problema deles, se não conseguirmos demonstrar isso... que não existem problemas entre nós! Porque eles dizem que os problemas que eles têm são comigo e, pelo contrário, isso não é verdade, porque são problemas normais, que todos têm!! Podem ser resolvidos, obviamente, mas não que sejam coisas estratosféricas...

Terapeuta: Sabe o que me surpreende?

Luisa: O quê?

Terapeuta: Que você é segura demais com eles e tem medo demais lá fora!

Luisa: Hum...

Terapeuta: Entende?

Luisa: Mas sou segura com as pessoas que me conhecem!

Terapeuta: Mas o mundo lá fora não é feito, por acaso, só por pessoas que te conhecem!

Luisa: E realmente, com as pessoas que não me conhecem, se eu não as conheço, me sinto insegura...

Conforme a sessão vai prosseguindo, é interessante notar como se confirma, cada vez mais, a importância da abordagem trigeracional para os problemas de Luisa e, ao mesmo tempo, a necessidade de trabalhar sobre o que está fora, sobre os lugares onde se encaixam os seus pares e sobre o mundo do trabalho que parecem ser ameaçadores para uma garota tão esperta em família, e tão insegura fora de casa. A gordura é sempre útil para se cobrir, mas Luisa terá que confrontar-se progressivamente com toda a sua bagagem de inseguranças e de baixa estima pessoal, a fim de emancipar-se.

A terapia vai percorrer ambos os territórios, o familiar e o social, e Luisa emagrecerá até o peso estável de 60 quilos, devolvendo pesos para ambos os lados (seja para o lado materno quanto o lado paterno), mas principalmente conseguirá forjar uma identidade mais sólida.

Depois de mais de um ano do final da terapia, Luisa ligará para Andolfi expressando o desejo de rever o vídeo da "sessão dos pesos a serem devolvidos", afirmando que não conseguia mais "acreditar ter chegado a pesar mais de 100 quilos". No encontro, também serão convidados os atores principais da terapia: o pai, a mãe e Emilio e, uma espécie de *playback*, todos poderão se rever antes e lembrar as dificuldades superadas juntos, consolidando posteriormente as mudanças obtidas.

Capítulo 4

A DEPRESSÃO E AS TENTATIVAS DE SUICÍDIO NA ADOLESCÊNCIA

DEPRESSÃO OU TRISTEZA EXISTENCIAL?

É um dado real que a depressão, nos últimos decênios, esteja crescendo demais, seja como transtorno psiquiátrico no âmbito das psicopatologias, seja no imaginário coletivo, até o ponto de ser comumente definida como doença do século. O termo depressão é usado de modo tão exagerado que qualquer forma de problema psicológico ligado a eventos de adversidade na vida corre o risco de ser rotulado como *depressão* e todos nós podemos dizer que estamos, de alguma forma, deprimidos. A tristeza desapareceu e parece não existir mais nem ao menos como palavra, cancelada do uso corriqueiro, junto a outros termos, como inquietação ou desespero. Todos os transtornos psicológicos são facilmente classificados sob o termo depressão e, o termo depressão se junta, necessariamente, ao termo *antidepressivo*.

Trata-se de uma confusão mais do que casual, alimentada pela proliferação, no comércio, de antidepressivos, cada vez mais sofisticados e que precisam de novos pacientes. O Prozac e os outros inibidores da serotonina foram apresentados ao grande público como remédios miraculosos. De fato, os últimos 10 anos do milênio passado foram definidos como "o decênio do cérebro", com grandes financiamentos americanos que recaíram sobre a genética e a psicofarmacologia.

Como afirma Blazer (2005), de maneira bastante crítica, "(...) a psiquiatria contemporânea encontrou o cérebro, mas perdeu a pessoa, juntamente com a sua família e a sua comunidade" e as consequências dessa campanha de marketing em transformar uma simples tristeza em psicopatologia. Tudo é *anxiety and depression*: tudo é antidepressivo e ansiolítico. A vida dos sentimentos empobreceu e, a essa altura, para ter certeza de não estar recebendo uma prescrição de psicofármacos, é necessário não sentir mais nada, ser sentimentalmente vazio. Assim, assistimos a um verdadeiro alarme social: mesmo que não se saiba de onde vem, a depressão é vista pelas pessoas comuns como um mal obscuro do qual fugir, uma doença contagiosa a ser evitada (pelas mulheres, seria mais temida do que um tumor no seio, de acordo com recentes resultados do Observatório Nacional da Saúde da Mulher). Uma doença pela qual, depois de adquirida, se nutre sentimentos de vergonha, capaz de chegar a reais sentimentos de culpa. A depressão é tão temida que o indivíduo da sociedade atual está disposto a tudo para evitar o contato, mesmo que, concretamente, não a conhece de fato; se e quando tiver que sofrer disso, encontrará logo no comércio "a pílula para a cura".

Sentirem-se tristes ou abatidos não é suficiente para afirmar que se sofre de depressão. O que tem de errado em se sentir para baixo se a vida não está bem? A tristeza é um sentimento intrínseco à natureza humana, verificada até nos animais, que não tem nada a ver com o fenômeno patológico da depressão. Ela constitui um recurso psicofisiológico importante da nossa vida, a partir do momento que com o seu peso é capaz de contrabalancear que frequentemente nos aproxima do perigo (Horwitz; Wakefield, 2007). A tristeza é um sentimento por si só nobre e não somente negativo: dá-nos a possibilidade de parar para refletir sobre os nossos limites, sobre os nossos erros, nos levando a corrigi-los; dá-nos o tempo necessário para ficar com a dor a fim de superá-la, nos ajuda a aprender a dimensionar a grandiosidade e o egoísmo que nos distanciam do nosso mundo interior e dos relacionamentos verdadeiros e autênticos com os outros. Essa capacidade de nos fazer entrar com contato direto com a nossa essência pode explicar, talvez, porque expressões criativas de importância artística ou musical nasçam justamente quando se atravessam períodos de profunda tristeza.

A depressão é bem diferente. É uma condição afetiva perturbada que pode se apresentar em formas variadas, extremamente diferentes entre elas por gravidade ou persistência: pode ser representada por um sintoma, por um estado emotivo alterado, por uma doença significativa, por traumas sofridos, ou pode se manifestar sob a forma de uma verdadeira doença endógena, como o *transtorno depressivo maior* ou como o transtorno afetivo bipolar.

A forma de depressão mais comum e mais difundida é aquela definida como *depressão reativa*. Essa pode acontecer em qualquer momento da nossa existência, para preencher a sensação de vazio deixado por uma perda, por uma derrota ou por uma grave ferida infligida pela vida. É aquele tipo de depressão que conduz a um fator externo bem definido, identificado como um evento traumático: por exemplo, a morte de uma pessoa querida, o término de uma relação sentimental, uma circunstância adversa ou uma série de circunstâncias que produzem mudanças negativas na vida de uma pessoa.

Se é verdade, entretanto, que se sentir triste depois de eventos desagradáveis é normal e até mesmo útil, o que nos faz distinguir a tristeza normal de uma depressão reativa?

A psiquiatria indica três modalidades diferentes com a qual uma pessoa pode reagir afetivamente a um acontecimento adverso e doloroso: pode fazê-lo com uma resposta afetiva normal, com uma resposta afetiva desproporcional ou caindo em um estado depressivo (Cervera-Enguix, 2004).

No primeiro caso nos deparamos com sentimentos transitórios de tristeza e frustração comuns na vida cotidiana, aos quais nos referimos antes. Trata-se de uma tristeza temporária, adequada ao estímulo que a originou e que não atinge uma esfera de somatização, como o rendimento profissional ou escolar, ou as relações familiares ou as amizades.

A resposta afetiva desproporcional apresenta, por sua vez, manifestações emotivas exageradas, intensas ou persistentes, que interferem na capacidade do sujeito em controlar o estresse que está na origem. Trata-se, do mesmo modo, de uma reação transitória, da qual a pessoa se reerguerá em tempo relativamente breve.

A depressão reativa é o tipo de depressão que responde melhor à psicoterapia, porque essa leva em consideração e inclui elementos contextuais sobre o mal-estar do indivíduo, que pode ser então ajudado a elaborar eventuais perdas ou conflitos ainda abertos e que o estão sustentando. E é justamente a natureza relacional desse transtorno que nos leva a preferir a terapia familiar como meio de tratamento desse evento.

Existem formas de depressão, enfim, que o DSM-IV indica como síndromes depressivas endógenas: o *transtorno depressivo maior*, o *transtorno bipolar* ou a *psicose maníaco-depressiva*. Trata-se de patologias nas quais a sintomatologia típica da depressão se organiza em quadros clínicos bem estruturados, frequentemente graves e que tendem à cronicidade. Ela se apresenta de maneira mais obscura e engloba a perda total do prazer da vida; os transtornos de humor, quase sempre acompanhados por uma grave desvalorização do seu valor como pessoa; a angústia sem limites; as autoacusações fortemente exageradas; a perda da capacidade de tomar decisões; a alternância dos estados depressivos com estados eufóricos. Em todas as suas formas estão presentes graves dificuldades de relacionamento em nível familiar e, frequentemente, também no meio profissional e nas amizades. Trata-se de condições bastante debilitadoras, comparáveis a formas de doenças orgânicas, caracterizadas por elementos biológicos e por uma clara familiaridade. São síndromes endógenas que requerem intervenções tempestivas e prolongadas por um tempo, seja em nível psicoterapêutico, seja em nível farmacológico, além de reabilitativos no âmbito das competências sociais.

Embora nas últimas décadas tenham sido dados grandes passos em pesquisas sobre a origem da depressão, a maior parte dos mecanismos etiopatogênicos ainda é desconhecida. A depressão é, sem dúvida, o resultado de um diálogo contínuo e interativo entre elementos biológicos, de fatores pessoais e psicológicos e do seu meio. Cada forma na qual ela se apresenta tem uma fisionomia clínica própria, uma evolução própria, e necessita de estratégias psicoterapêutica e farmacológica próprias.

Nesse texto não trataremos dessas formas de psicopatologias. Falaremos, em vez disso, dos estados depressivos de tipo reativo que se manifestam na adolescência.

CARACTERÍSTICAS DA DEPRESSÃO NA ADOLESCÊNCIA

A adolescência é uma fase do ciclo de vida em que cada indivíduo, com tempo e modo diferentes, atravessa momentos de tristeza, de tédio, de timidez, medo e de angústias. Além de ser a idade dos primeiros amores, da amizade e dos ideais, a adolescência é também portadora de estados depressivos recorrentes. No quotidiano, o adolescente pode passar por longas horas de inatividade alternada com repentinos momentos de paixão e de interesse por algo que o estimule fortemente, mantendo, entretanto, como plano de fundo uma expressão de tédio ou de apatia difíceis de eliminar.

As mudanças de humor que caracterizam a adolescência são bem frequentes e são muitos os garotos que apresentam sinais depressivos claramente estáveis, ligados também à metamorfose física e psicológica que falamos no primeiro capítulo. Por outro lado, a adolescência é uma tarefa evolutiva dolorosa: entrar progressivamente na idade adulta comporta um forte sentimento de perdas e de renúncias com relação à infância, a fase de desenvolvimento que é mágica, onde se cresce aos cuidados dos pais e, se dar conta disso, é que de agora em diante se estará exposto em primeira pessoa na vida.

Se esse estado depressivo parece ser uma passagem fisiológica nos processos de crescimento de um garoto, infelizmente é verdade o que os estudos epidemiológicos mais recentes nos confirmam com relação às formas cada vez mais estruturadas de depressão e de tentativas de suicídio na adolescência.

Os jovens também seriam vítimas de estados depressivos patológicos, que podem se manifestar nas mais variadas formas. A tristeza e a melancolia, junto com a irritabilidade são sintomas comuns. O adolescente pode perder o interesse justamente por aquelas atividades que eram as preferidas, e sair, progressivamente, para o seu pequeno espaço privativo. A baixa autoestima é comum, assim como os pensamentos negativos sobre si mesmo e sobre o seu futuro. Ele pode se sentir confuso, indeciso, sem energia para cumprir compromissos do dia a dia, e as tarefas escolares e profissionais podem sofrer uma queda repentina. Cada vez mais, se desenvolvem fobias, medos associados a situações específicas como ir à escola ou ao trabalho, por exemplo. Pouco a pouco, quando a depressão mostra-se mais aguda através de sentimentos de desvalorização ou desespero, recorrem sempre mais a pensamentos autodestrutivos: fazer-se mal e suicidar-se.

Como nos adultos, nos adolescentes os sintomas da doença também podem estar escondidos ou mascarados por outras condições que parecem não ter nada a ver com estar se sentindo para baixo. O abuso do álcool e das drogas, frequentemente, acompanha e piora a depressão juvenil. Podem apresentar problemas de concentração, como estar irrequietos e hiperativos, acompanhados de outros transtornos como a anorexia, a bulimia, a insônia e a ansiedade. Os adolescentes depressivos podem manifestar comportamentos antissociais como a hostilidade, a agressividade e, também, comportamentos imprudentes e que desafiam as regras e a autoridade. Tudo isso pode deixar mais difícil de reconhecer a depressão por parte dos pais, dos professores e, às vezes, aos colegas de trabalho.

É necessário diferenciar cuidadosamente a depressão quando ela aparece como um fenômeno normal que está presente no desenvolvimento do adolescente e, quando ela é verdadeiramente uma doença, antes de dar início a eventuais intervenções clínicas. Mesmo que não seja fácil fazer essa distinção, principalmente em uma idade plástica como é a adolescência. De todo modo, o resultado de um episódio depressivo na adolescência é, geralmente, menos grave e mais previsível que na idade adulta, justamente porque a todo o momento pode se apresentar um salto evolutivo em direção a outras metas e a outros cenários existenciais capazes de favorecer o aparecimento de energias psíquicas e de recursos novos e imprevistos.

A DEPRESSÃO SE VESTE COM ROUPAS NOVAS

Se procurarmos na literatura e, hoje cada vez mais, na Internet, notícias sobre o binômio adolescência e depressão aparecem uma série de trabalhos produzidos por estudiosos e/ou centros de estudos e de pesquisas, diferentes entre eles pela experiência e, sobretudo, por tipologia. Falam sobre isso médicos, psiquiatras, psicólogos, neurobiólogos, professores. Em especial, a Associazione per la Ricerca sulla Depressione, de Turim, indica para quem quiser aprofundar os próprios conhecimentos sobre o tema da depressão em jovens alguns sites específicos sobre depressão-ansiedade ou algumas publicações relacionadas a "transtornos de ataque de pânico e problemas na juventude" e assim por diante. Mas, poderíamos nos questionar, qual a relação entre os ataques de pânico e a depressão? A depressão não é uma doença que está relacionada com a oscilação do humor, com a tristeza e com a vontade de morrer? De qual depressão estamos falando, então?

Alain Ehrenberg, um sociólogo francês, em um lindo livro de alguns anos atrás (Ehrenberg, 1998) considera a condição depressiva dos nossos tempos como a *patologia da ação.* Isso significa que na nossa sociedade globalizada, consumista, de ritmos acelerados, onde o tempo é dinheiro e onde está maximizado o valor do desempenho, a depressão representa o túmulo, a falência em perseguir os nossos objetivos. Quando estamos depressivos? Quando nos sentimos bloqueados para realizar os nossos objetivos, ou os nossos projetos, ou em alcançar as metas que havíamos prefixado, por algum motivo estranho ou incompreensível.

Segundo Ehrenberg (1998), o quadro sintomatológico da depressão dos nossos dias se desloca, cada vez mais, da *tristeza* para a *inibição*, para a perda da iniciativa em um contexto onde "realizar iniciativas" é visto como um critério único e decisivo para atribuir valor a uma pessoa. O núcleo da depressão passa de culpa e dor moral para a inadequação e ao sentimento de impotência. O tratamento escolhido, também deve se adequar aos padrões culturais dominantes, seja um tratamento verdadeiro ou de uma autocura: deve ser eficaz e rápido. Traduz-se, então, no uso de psicofármacos, assim como as drogas que melhoram o desempenho, como a cocaína ou as drogas leves. Nos Estados Unidos as prescrições de antidepressivos para crianças e adolescentes, na última década, aumentaram mais de 60%, uma tendência visível na Europa também. Trata-se de fármacos normalmente utilizados para o tratamento da depressão maior no adulto, mas ainda é necessário verificar adequadamente a sua eficácia em crianças e adolescentes. Na Itália, uma estimativa feita pelo Projeto Nacional ARNO (Osservatorio sulla Prescrizione Farmaceutica) documentou que em 2002 os jovens com menos de 18 anos em tratamento com medicamentos antidepressivos ISRS foram de aproximadamente 22 mil. O uso mais frequente recaiu sobre meninas com idade entre 14 e 17 anos (relação entre meninas/meninos é de 8,4/4,8). Mas a depressão não é só um problema feminino. Os dados fornecidos pelo Terceiro Relatório sobre a Condição da Infância e da Adolescência da Eurispes e do Número Azul (SOS depressão) indicam que, em 2002, 7% da população italiana entre 6 e 19 anos tem problemas depressivos (um percentual que nos EUA chega a 8%); 5,3% dos jovens entre 11 e 14 anos e, 13,8% entre os jovens de 15 e 19 anos demonstram estado depressivo.

Na nossa experiência clínica quotidiana vemos, nos últimos anos, um aumento constante no transtorno de ataque de pânico (DAP) nos adolescentes e nos jovens adultos. E o que seria o ataque de pânico senão a apoteose da inibição e do bloqueio? Juntamente com o que afirma Ehrenberg, poderíamos definir o ataque de pânico também como uma síndrome cultural? Por outro lado, o mundo no qual vivemos se torna cada vez mais complexo e muitos jovens se sentem despreparados para encarar os desafios cotidianos, estando em primeiro lugar as relações com os seus coetâneos e com o sexo oposto, vividos em termos de desempenho, isto é, em etapas para alcançar o sucesso.

Como, porém, alguns adolescentes se tornam depressivos, enquanto outros parecem administrar a transição para a vida adulta sem problemas?

Evidentemente, a cultura do pertencimento, por si só, não é capaz de provocar patologias nas pessoas se não encontra ali um terreno fértil. No mais, os modelos culturais podem constituir uma racionalização das manifestações patológicas da psique humana conforme a cultura dominante para nos mostrar, através de uma forma facilmente reconhecível, os próprios aspectos mais escondidos e paradoxais.

A DEPRESSÃO, O ADOLESCENTE E A SUA FAMÍLIA

De acordo com Bowlby (1980), se as causas mais prováveis do aparecimento de um estado depressivo patológico na adolescência são as experiências tidas como perdas inaceitáveis e, portanto negadas, a prova decisiva da capacidade de um jovem de crescer e enfrentar positivamente os desafios da vida adulta parece ser determinada pelo seu nível de tolerância à frustração e à perda de segurança. Conhecer qual é o filtro com o qual um garoto geralmente reage a eventos negativos, pode ajudar os pais a dar o peso correto para as reações que, caso contrário, podem ser supervalorizadas no que tange o risco de depressão. Não esqueçamos que o adolescente não só não fala, para dar voz aos seus desconfortos, mas, assim como a criança, pode somatizá-los, ou, de acordo com a ambivalência típica da sua idade, mascará-los por trás de comportamentos contraditórios ou diametralmente opostos aos seus reais sentimentos.

Temos afirmado por diversas vezes que com os adolescentes é extremamente importante distinguir a depressão transitória, ligada aos processos de crescimento, e situações mais graves e potencialmente arriscadas. Mas essa é uma tarefa não sempre fácil para os pais de hoje, os pais de "famílias filhocêntricas", mais dispostos a favorecer a dependência e a proteção, em vez de escutar a voz ou o grito desesperado do adolescente.

O que frequentemente é difícil de admitir é que, às vezes, pode-se permitir aos filhos de não serem felizes (Zattoni, 2009). Não é tarefa dos pais fazê-los felizes, mesmo que, como dito no primeiro capítulo, nos dias de hoje, a "certificação de qualidade" dos pais dependa de como eles cumprem também essa tarefa. O filho deve ser o autor da própria felicidade, da própria alegria, do próprio sucesso, todas essas coisas poderão ser constatadas dependendo de quanto mais ele será capaz de sofrer e de conquistar a sua autonomia. Dizer a um filho, criança ou adolescente: "Eu estou feliz somente se você estiver feliz" significa colocar sobre as costas dele o peso excessivo e injusto de uma responsabilidade que não lhe diz respeito e negar-lhe a possibilidade de eliminar a própria dor com autonomia. E dores a serem eliminadas, como vimos antes, o adolescente sempre tem um pouco. Além disso, não representa nem um bom exemplo por parte dos pais, em se agarrar ao futuro feliz de um filho para não olhar dentro das próprias lacunas de desenvolvimento.

Pais e filhos, frequentemente, correm o risco de se tornarem cúmplices em negar a tristeza do filho, simplesmente porque são os primeiros a não conseguirem tolerá-la. Enredam-se, entram em jogos de relação insanos, dos quais é difícil sair. Os filhos não sentirão outra coisa além de profundamente inúteis e sozinhos a partir do momento que não são reconhecidos por aquilo que se tornaram, mas continuam a ser considerados e tratados pelos próprios pais como quando eram crianças. Que foram colocados no mundo exclusivamente para receber e para pensar unicamente a si mesmos na qualidade de usuário, sem ter que dar nada em troca (Zattoni, 2009).

Ao que parece, a família tem uma função importantíssima no que se refere à aceitação da dor e da frustração que o adolescente precisa tolerar. Além do mais, as ocasiões nas quais a própria família gera o medo da perda podem ser as mais diversas, seja ela real ou fantasiosa.

A partir da experiência clínica de muitos anos passados em contato com adolescentes problemáticos e com as suas famílias, emerge claramente que diversas formas depressivas de tipo reativo podem se manifestar quando, na vida do adolescente e da sua família, está presente uma ou mais entre as seguintes condições: perda de um membro significativo da família; situação de divórcio e de grave conflito conjugal (frequentemente agravada pelo conflito intergeracional); problemas escolares e forte desvalorização entre os seus coetâneos; abusos e condições de privação físicas e psicológicas, frequentemente ligadas a situações de marginalização social.

A perda de um membro da família na adolescência

É bastante frequente que um adolescente entre em contato direto com a morte através da perda de um avô. Diversos autores, e em especial Vegetti Finzi (2008), descrevem o valor e a centralidade dos avós nas famílias atuais. Esses são, frequentemente, determinantes como sustentáculos econômicos de jovens casais, como suporte organizacional que supre carências institucionais e, especialmente para os adolescentes e para as famílias separadas de hoje, são referências afetivas fundamentais, são a garantia de continuidade e segurança, além de constituírem a memória histórica da família. Posto isto, se pode compreender muito bem o sentimento de perda dos adolescentes frente a uma doença/morte de avós particularmente importantes. Trata-se de feridas difíceis de serem curadas, mas são também aprendizados feitos na própria pele sobre a fugacidade da condição humana. Não raro, os avós deixam uma herança afetiva para as gerações seguintes e o testemunho disso, algumas vezes, pode ser um neto em vez de um filho, principalmente em casos nos quais o adulto não conseguiu se emancipar e assumir a posição do EU descrita por Bowen. Mas se o adolescente não consegue dar esse salto de gerações, é possível que a perda de segurança e de direção ligadas à morte de um avô com o qual tenha crescido, acrescida desses fatores que são próprios da sua idade, possa fazê-lo cair em um estado depressivo. Os resultados disso estão fortemente ligados à sua maior/menor fragilidade individual e ao *coping system* da família, ou seja, a capacidade do grupo-família de ser um time para juntos superarem perdas e eventos adversos da vida.

Bem mais dramática é a situação da morte prematura e traumática de um dos pais ou de um irmão ou uma irmã. Em muitos casos clínicos em que o pedido de terapia acontece por um transtorno depressivo de um adolescente, mais ou menos mascarado, reconstruindo a história familiar deparamo-nos frequentemente com ter que lidar com um evento dramático pré-existente, ligado à morte de um dos pais ou de um irmão. Evento que termina por congelar, quase sempre, o tempo evolutivo da família e quebra o seu equilíbrio emotivo. Bowen descreve muito bem esse fenômeno quando fala de *onda de choque emocional* (Bowen, 1979), dizendo com isso, um grande entrelaçamento de contragolpes subterrâneos que podem ser produzidos em qualquer lugar no sistema familiar, durante os meses ou anos que seguem depois de um luto importante.

Já nos capítulos anteriores, trouxemos alguns exemplos clínicos ilustrativos de quanto afirmado por ora com relação à morte prematura de um irmão. O caso de Ciro, jovem adolescente, descrito falando dos mitos familiares, nos faz entender o peso da escolha do nome e os significados que o nome assume frente a eventos traumáticos da vida. O nome passa, nesse caso, de um irmão mais velho morto afogado aos 8 anos, para o nosso Ciro, que sofre há alguns anos de depressão reativa e que encontramos na terapia juntamente com a sua família. Sem subestimar o fato que primeiro um e depois o outro irmão "herdou" o nome de um avô herói, morto ao se sacrificar por toda uma comunidade! Os nomes que se repetem, mas principalmente os significados mais profundos relacionados a eles e as expectativas que os abrigam, se tornam entrelaçamentos invisíveis de contragolpes emotivos que escorrem de maneira subterrânea de uma geração para outra, dando aos pais a ilusão de poder preencher o terrível vazio ligado à perda de um filho pequeno com a chegada de outra vida. Se essa vida inicia fortemente programada, o risco que correrá esse segundo filho é o de carregar um peso insustentável por muitos anos, senão por toda a vida, entrando em uma espiral depressiva.

Situação parecida com essa é a do Andrea, relatada no segundo capítulo, até a sua sintomatologia é profundamente diferente daquela de Ciro que é claramente depressiva. Andrea que é o segundo filho, não chega a conhecer o irmãozinho que nascera dois anos antes e morrera poucos dias depois do nascimento. E mesmo esse evento condicionará a sua vida desde sempre e por muitos anos que se seguem. Andrea é o filho bonito, saudável, especial; é o filho do milagre, diferentemente do primogênito, inseguro e feiozinho, desde sempre desvalorizado por ambos os pais. Andrea enche a casa com o seu sorriso e a sua vitalidade, mas o recém-nascido morto "nunca fora sepultado", se é verdade que no início da terapia, quando Andrea está com dezoito anos, nos será informado que a mãe vai todos os dias ao cemitério a chorar essa sua perda.

Andrea, lindo e bom por todos os anos da sua infância, se transforma em um monstro na adolescência, pois engorda quase a se parecer com um gigante, se nutre de violência e a pratica, sobretudo em casa, principalmente contra a mãe e contra o irmão mais velho. Se Ciro demonstra o seu profundo mal-estar existencial com a recusa total e uma tristeza infinita, Andrea, ao contrário, nega a tristeza e a depressão agindo a sua dor de maneira raivosa e agressiva, personificando o monstro, depois de ter usado a máscara do filho do milagre por muitos anos.

Ambos precisarão reencontrar, com a ajuda da família e da terapia, a verdadeira identidade, não sem passar por dificuldade e sofrimento, livrando-se finalmente de papéis e funções não adequadas ao próprio crescimento. Mas isso requer, principalmente, que os adultos consigam enfrentar "os seus monstros" e encarar os próprios lutos.

A morte prematura de um pai pode ser uma experiência devastadora para um adolescente e pode minar na raiz o seu senso de segurança e de confiança na vida e em sua própria família. Frequentemente o sofrimento do jovem não é suficientemente compreendido e aceito pelo pai sobrevivente e pela família em geral. Porque o adulto está muito fechado na sua dor e não sabe como se aproximar e como compreender a profunda depressão que envolve o comportamento de um garoto que sofreu uma perda tão grave.

A dor de um adolescente se expressa raramente de maneira explícita e direta; é comunicado mais facilmente no grupo de coetâneos, mais do que em casa, por causa daquele senso de pudor e de separação com o qual os jovens manifestam os próprios sentimentos dentro da família. Os canais através dos quais se expressa a própria depressão reativa de um garoto são frequentemente indiretos e dizem respeito a esfera dos comportamentos (ora de recusa, ora de raiva, às vezes de agressividade verbal ou física), a dimensão corporal com o aparecimento de diversos transtornos psicossomáticos (transtornos alimentares, problemas dermatológicos, insônia etc.) e o insucesso ou o bloqueio em nível escolar. Por isso, é necessário que os familiares sejam capazes de interpretar as mais diversas linguagens com as quais o adolescente expressa a dor, ou que sejam capazes de respeitar o tempo deles e modo como eles elaboram o luto.

Giovanna e a morte do pai

Giovanna, uma garota de 15 anos, é trazida para a terapia pela mãe por causa dos crescentes conflitos entre ela e a filha, mas ainda mais por causa do comportamento agressivo com relação ao novo namorado da mãe. Giovanna não o suporta e não aceita nenhuma regra ou reprimenda por parte dele. Volta para a casa sempre tarde e está muito mal na escola. A mãe não entende o que está acontecendo com a filha e a repreende asperamente, dizendo que ela é totalmente insensível a sua dor pela morte do seu marido, que ocorreu há pouco mais de dois anos, enquanto ela, enfermeira, se mata trabalhando para melhorar. Nunca se falou sobre essa perda: "Teria sido doloroso demais para ambas", diz a mãe em uma das primeiras sessões, e menos ainda depois da chegada do novo companheiro da mãe dentro de casa que, com a sua presença masculina, deveria preencher o vazio deixado pelo pai de Giovanna. Não houve tempo para parar e ficar com a dor de uma perda tão dura, tanto por parte da mãe quanto por parte da filha. O trabalho, o novo companheiro (para dar uma figura paterna a Giovanna), todas as respostas externas e negativas por parte da filha (chegar tarde, ir mal na escola, além de recusar agressivamente o pai substituto) são respostas emotivas compreensíveis e humanas, mas todas prontas a continuarem por mais tempo, em vez de terminarem e entrarem em um vazio deixado por essa perda. E será justamente essa a tarefa da terapia, de entrar no vazio e expressá-lo abertamente, com diferentes linguagens, mãe e filha, fazendo circular o sofrimento de uma perda em comum, a ponto de reencontrar um contato mais profundo entre a Giovanna e a sua mãe, que dê sentido as coisas e as novas relações.

Em outros casos, depois de uma morte traumática de um pai (causado por acidente automobilístico ou por infarto), temos conhecido, na terapia, jovens adolescentes que acabam por se tornarem "protetores do pai perdido", renunciando à própria vida de relacionamentos, negando a escola e passando dias inteiros no próprio quarto, como se quisessem proteger a memória do pai em um ato extremo de amor, pago, frequentemente, com uma condição de grave e persistente depressão.

Se o luto diz respeito à morte de uma mãe, observamos em diversas adolescentes uma inversão total de papéis, tanto de se transformarem em verdadeiras *caregiver* dos próprios pais, acudindo e dando assistência afetiva em tudo e para todos. Mas quem cuidará da profunda tristeza delas por uma perda afetiva tão grave? Desempenhar uma função paternal na adolescência, em situações graves de estresse, pode ser muito útil para ambos (pai e filha), desde que se trate de uma condição transitória e reversível. Caso contrário, a longo prazo, pode levar uma adolescente a construir um falso *Self*, a custa da própria integridade psicofísica e a depressão se tornará um tipo de máscara defensiva com a qual se proteger dos perigos existenciais, e isso também nas sucessivas etapas evolutivas. Infelizmente, acontece frequentemente, mesmo depois de um luto grave, a continuação do mesmo roteiro familiar: se na história de desenvolvimento de uma família específica a figura masculina (o marido) não era capaz de apoiar emocionalmente o outro cônjuge e se colocava como o elemento frágil, é bem provável que os mesmos mecanismos se repitam, dessa vez com a filha no papel materno com relação ao pai.

Um luto sempre tem a força de desencadear uma crise dentro da família e, representa um elemento de descontinuidade e de reorganização afetiva. Entretanto, será justamente esse o momento mais propício para introduzir variações no sistema familiar e, para mexer com os quadros anteriores. Nesse sentido, a depressão reativa de um adolescente e o pedido de terapia familiar são uma oportunidade extraordinária de mudança.

No geral, podemos afirmar que a perda de uma pessoa amada na família permite ao adulto de ver o adolescente sob uma luz diferente, para além do senso comum que o descreve como desinteressado, insensível e egoísta no que se refere ao âmbito familiar. Pelo contrário, é justamente nas situações de luto ou de grave doença de um dos pais ou de outro familiar que os adolescentes mostram a forte conexão afetiva e o sentimento de pertencimento e isso os marcam concretamente com tristeza profunda e, também através de estados depressivos.

Por quem os sinos dobram?

Como já vimos, a tristeza é um sentimento profundo na adolescência, frequentemente inconsciente e, na maioria das vezes, coberto por sentimentos que demonstram o oposto: atividades arriscadas ou incompreensíveis exibições. Mas não podemos esquecer que os sintomas depressivos, enquanto tais, são potencialmente capazes de se modificar, girando cada vez mais em direção para baixo: a agressividade ligada à raiva narcisista típica da adolescência, se inicialmente pode ser calada por uma sintomatologia de clausura, pode sucessivamente explodir e direcionar para os outros, mas pode também virar para si mesmo e abrir espaço para comportamentos de automutilação, mais ou menos graves, até chegar a pensar na intenção de morrer. Isso se torna ainda mais grave quando se encontra em uma guerra infinita entre os pais e as respectivas famílias de origem, porque até um sinal extremo poderia não ser percebido por adultos imaturos, ocupados demais nas suas reinvindicações e incapazes de respeitar a vida dos próprios filhos, como podemos ver no caso de Federica.

Corto os meus pulsos..., mas só um pouquinho!

Federica, uma garota de 15anos, chega à terapia com a mãe, o pai e o irmãozinho Matteo, de 7 anos. A família vem até nós por causa do comportamento da Federica, definido pelos pais como insuportável: a garota mata aula e o seu rendimento escolar caiu muito no último ano, fuma, bebe em demasia com os amigos, não responde o celular quando está fora de casa, várias vezes saiu às três da tarde sem dar notícias sobre o seu paradeiro até a sua volta tarde da noite. Em algumas ocasiões, depois de chamada pelo pai, a polícia encontrou-a cedo pela manhã, com roupas reveladoras e no meio da rua junto de grupos de mulheres não muito respeitáveis. Além disso, sob as longas mangas do seu blusão se veem algumas cicatrizes nos pulsos. "Me corto nos pulsos..., mas só um pouquinho!", responde Federica à terapeuta sobre o que seriam aquelas cicatrizes.

Os pais estão se separando legalmente depois de uma crise iniciada logo em seguida do nascimento do segundo filho e totalmente escondida até agora.

O que chama atenção sobre essa família, na primeira sessão, são duas coisas: o silêncio extremamente denso e pesado que cai repentinamente depois de cada resposta curta dos participantes e, a diferença enorme que existe entre o nível de preocupação do pai (que é muito acentuado) e o da mãe (que é praticamente inexistente), por essa filha que parece intencionada a chamar a atenção deles com todos os meios possíveis.

Com 17 anos a mãe fugiu de casa, como reação aos terríveis abusos físicos e psicológicos sofridos por ela e pela mãe por parte do seu pai. Por causa das ameaças paternas aos integrantes da família ninguém a procurou e, por muito tempo, a família não soubera nada sobre ela. A senhora, arranjando trabalhos provisórios, conseguira terminar os estudos e encontrar um emprego seguro, apostando tudo nas suas próprias capacidades, não confiando em mais ninguém e aprendendo a nunca olhar para a própria fragilidade para não desabar. Somente depois, através de um parente, os contatos com a sua família foram retomados, mas não com o pai, que morrera pouco tempo depois.

O pai de Federica, um famoso empresário, ao contrário da esposa, é excessivamente preocupado com o comportamento da filha, porque isso não lhe dá trégua, ficando na sua cabeça dia e noite, desviando-o do seu trabalho, que além de desafiador tem, também, grande visibilidade, colocando em risco a sua imagem.

O pai está indo embora de casa sem dizer muita coisa: o ódio e o desprezo pela esposa, que nas suas palavras nunca aceitara as suas escolhas de vida, deixando-o sozinho com ele mesmo por muitos anos, o fizeram cortar qualquer explicação, até mesmo para os filhos. Parece dizer: "Acabou e eu estou indo embora!" mesmo que não esteja tão claro de quais membros da família ele está se separando.

O silêncio pesado e a diferença de preocupação por essa filha, que logo nos atingem em cheio durante a sessão, parecem desenhar claramente a distância abissal existente entre os pais, cristalizada em lados opostos de uma montanha de ódio e desprezo que fora crescendo entre eles durante todos esses anos. É uma guerra contínua entre eles: se falam somente por escrito, através de e-mail ou *sms*. Ela não atende ao telefone de casa durante a noite, impedindo o pai de falar com os filhos. O pai fala com eles diretamente através do celular, mas conta também sobre uma nova namorada, e faz a eles promessas e projetos sedutores, escondido da mãe.

Nessa situação, a filha se coloca ao centro de um conflito de lealdade dilacerante e, isso sim, é insuportável. A raiva que sente pelos pais, que não veem nada além de si mesmos e as vinganças entre eles, faz com que ela puna o pai "traidor" através de escapadas de casa e da escola colocando em risco a sua imagem pública com comportamentos completamente escandalosos; a mãe "vítima" fica mortificada pelo baixo rendimento escolar e pela forte desvalorização da imagem feminina. Nesse meio tempo, quando está sozinha e ninguém a vê, Federica corta os pulsos... mas só um pouquinho!

TENTATIVAS DE SUICÍDIO NA ADOLESCÊNCIA

A trágica verdade é que o suicídio se tornou a segunda causa de morte entre jovens dos 15 aos 19 anos, depois dos acidentes automobilísticos. O percentual de suicídio entre os jovens triplicou nos últimos 30 anos, sem contar as mortes causadas por comportamentos de risco com tendência suicida. O entorpecimento e os acidentes de moto, de fato, poderiam ser considerados como tentativas de suicídio mascaradas.

Algumas pesquisas mostram que aproximadamente 20% dos estudantes de escola média chegaram a pensar em suicídio em algum momento, mais ou menos seriamente. Mas por sorte, não o colocaram em prática ou não conseguiram, como fazem os adultos.

As garotas ameaçam mais e fazem tentativas mais demonstrativas do que autolesivas. Os garotos, ao contrário, falam pouco sobre isso, mas se entram em uma depressão mais profunda, o colocam em prática de maneira mais definitiva, com uma relação de 1 para 7 entre meninas e meninos.

O país europeu com a taxa de tentativa de suicídio mais alta e de suicídio juvenil é a Finlândia e, especialmente durante o mês de novembro quando, por falta do sol e por ausência da neve (que ao menos refletem as luzes artificiais), a escuridão paira sobre tudo e sobre todos. É uma condição de vida que poderia nos fazer refletir: se realmente a escuridão persistente fosse o precursor da morte, quais são as áreas tenebrosas da nossa bela e iluminada sociedade, tão atenta aos direitos da infância, e na qual muitos dos nossos jovens se perdem?

PSICODINÂMICA DA TENTATIVA DE SUICÍDIO NA ADOLESCÊNCIA

As pesquisas de viés psicanalítico sobre a psicodinâmica da tentativa de suicídio na adolescência se depararam com dificuldades insólitas ao reconstruir os núcleos psicopatológicos que fazem surgir as motivações na tentativa de suicídio. Os pesquisadores não chegaram a um consenso sobre a natureza dos principais fatores de risco. A discussão sobre aquelas que podem ser consideradas as modalidades mais eficazes de prevenção e de intervenção resta, ainda hoje, em aberto.

O que mais surpreende em uma tentativa de suicídio feito por um jovem adolescente é que, na maioria dos casos, esse gesto era completamente impensável por parte de todos aqueles que fazem parte de seu meio, tanto a família quanto os amigos.

Pietropolli Charmet destaca como, mesmo fazendo uma atenta análise do processo de crescimento do adolescente suicida, seja difícil identificar a existência de um mal mental tão grave capaz de configurar um quadro de psicopatologia conhecido. Ao passo que não é complicado reconstruir o conjunto de fatos relacionais que possam constituir uma rede de possíveis eventos micro traumáticos que se referem à real fragilidade narcisista do adolescente morto (Maggiolini; Pietropolli Charmet, 1994).

É de comum acordo crer que a tentativa de suicídio seria colocada em prática por um adolescente que não consegue se separar e se desvincular da própria mãe. A mãe parece ter uma importância sem igual nos processos de separação e identificação, em especial no que se refere aos filhos homens. Não podemos esquecer que esse é um dilema que surge a partir do nascimento e que pode se estender até a idade adulta: se pensarmos em quantos adultos ainda estão em uma posição fortemente de dependência, de "filhos crônicos" para citar Andolfi (2003), evidentemente quer dizer que esse cordão umbilical imaginário tem um valor extremamente importante.

Diversos dados clínicos afirmam que o adolescente tenta se suicidar quando não consegue colocar os próprios desejos e afetos em novos objetos de amor. É interessante notar como, junto à relação de fusão entre o filho e a mãe, se coloque frequentemente a dificuldade em instaurar uma relação com o outro sexo. A capacidade de se separar e se individualizar dos próprios laços afetivos familiares é diretamente proporcional à capacidade de construir laços com o externo. Por outro lado, se pensarmos na relação entre pai e filha, podemos facilmente afirmar que, geralmente, o primeiro namorado da filha é sempre o pai, e que este é o melhor dentre todos os homens para ela. Sabe-se sobre os ciúmes dos pais pelas filhas e a cautela que eles têm em confiá-las a outro homem. Essa confiança se dá através do "rito de entrega" que acontece quando o pai do outro sexo acompanha o filho ou a filha até ao altar. Mas se é assim, deveríamos nos questionar onde foi parar a individualidade de uma pessoa quando ela se torna um objeto passado de uma mão para a outra?!

Em resumo, o suicídio constituiria para o adolescente o meio de regressão até aquela segurança típica de um estado simbiótico primário (a fusão total com a mãe) e de resolução da fase de separação-individualização das figuras dos pais. Nesse sentido, o suicídio representaria a ilusão de sacrifício por parte do adolescente. A fantasia do próprio funeral está, também, na necessidade de ver, como em um filme, o pós-morte no que se refere a quanto se sente amado pelos próprios pais, pelos irmãos etc.

Um dos casos dos quais traremos, mais adiante, algumas partes da terapia é sobre Elena, uma garota de dezoito anos que foi parar em coma no hospital por ter ingerido uma quantidade exagerada de psicofármacos. Em uma das sessões, a garota conta de como ela gostou do fato de as pessoas saberem que ela estava no hospital. Mesmo naquele momento, apesar da sua batalha entre a vida e a morte, Elena estava muito tocada pela presença e ausência dos familiares, em especial, do pai "que a havia abandonado quando ela era pequena".

De um ponto de vista das relações, tentar o suicídio é a tentativa desesperada de defender a própria identidade e de restabelecer os limites e as fronteiras, por parte de um adolescente no qual o narcisismo é frágil e vulnerável. É uma violência contra si, mas através do corpo, são os pais a ser o alvo, enquanto o corpo simboliza o laço que existe entre ele e os pais. Se deslocarmos o olhar para os transtornos alimentares, o corpo de uma menina anoréxica, que frequentemente é uma tentativa lenta de suicídio, é um exemplo perfeito do que foi afirmado antes. Não se sabe se o corpo que está morrendo é o da menina ou o dos pais.

Uma última observação, apesar de bastante inquietante, é que os adolescentes que tentam o suicídio não parecem ser conscientes da realidade de morte, mas parecem estar ancorados naquele sentimento de imortalidade típico da ingenuidade infantil. Durante a terapia com adolescentes que tentaram se suicidar, frequentemente vimos histórias de experiências por parte dos interessados em uma modalidade que deixava claro certo nível de ignorância do que estava acontecendo com eles. Parece quase que, às vezes, se corre o risco de morrer não porque é isso que eles querem, mas por não se ter a percepção do que signifique a passagem da vida para a morte.

Para os adolescentes, de fato, o suicídio é, quase sempre, uma maneira de se colocar ao centro das atenções mesmo depois da morte, é como se eles se matassem para nunca morrerem na memória de quem fica. Muitos jovens, hoje em dia, falam do tema do suicídio no Facebook com extrema naturalidade; desabafam todo o desespero da adolescência na *social network*, anunciando atitudes extremas com a leveza com a qual se fala de coisas banais. Não existem dúvidas que a Internet pode aumentar de maneira exponencial a ressonância desses gestos. Infelizmente, às vezes, descobrimos que entre os adolescentes existem alguns com intenções reais. Emblemática é a trágica história de Carlo, recentemente falada na mídia que, três dias antes de se enforcar no seu quarto, havia escrito no Facebook: "Está chegando a hora!" e na sua página virtual havia começado uma contagem regressiva, menos três, menos dois, menos um. Os seus cento e sete amigos acreditavam que ele estivesse esperando um dia especial, talvez o seu aniversário. Nada de aniversário. Carlo estava somente esperando para dar fim a tudo.

ASPECTOS RELACIONAIS DA TENTATIVA DE SUICÍDIO

Não existem dúvidas que a tentativa de suicídio seja uma forma de comunicação não verbal de extrema complexidade. É uma mensagem relacionada a algo de essencial que não pode ser dito, quase como um grito de ajuda para religar os fios de uma relação despedaçada com um ou com ambos os pais. É uma forma trágica de expressar o desejo de se fazer compreender sobre coisas muito sérias porque se sente incapaz de encontrar palavras para comunicá-las (Andolfi; D'Elia, 2007).

Mayday, mayday!

Paros, um garoto grego de 14 anos, é levado para a terapia familiar por uma série de tentativas de suicídio, todas muito explícitas e quase infantis. O roteiro é sempre o mesmo, mesmo quando muda a tipologia: uma vez se joga do telhado do sobrado de dois andares onde vive com a família nas redondezas de Roma, em frente aos olhos do pai que está saindo de casa com o carro; outra hora se enforca de maneira barulhenta no banheiro para ser salvo pelo pai que está no escritório ao lado, ou sofre uma queda de bicicleta que desce a toda velocidade da lomba da garagem, sempre com o pai por perto. O pai, que trabalha como diplomata em tempo integral, sem ter um minuto de tempo para esse filho, afirma que o filho é louco, que necessita de internação e de remédios. Mas não lhe passa pela cabeça que as atitudes do filho são todas sinais dramáticos de pedido da sua atenção.

Parecido com o caso de Paros, enquanto um pedido de atenção por parte dos pais que estão constantemente em guerra, é o comportamento suicida de um filho único, adolescente, que se chama Giovanni, que fez com que o encontrassem deitado sobre os trilhos de uma ferrovia que não era mais usada, na espera de um improvável trem, em uma pequena localidade da Sicília central.

Falaremos no próximo capítulo de Bianca, a propósito de intervenções em rede, uma garota anoréxica que chega à terapia em graves condições. Todos os dias essa garota pedia para a mãe ir até o seu quarto ver se ela ainda estava respirando enquanto ela dormia. E a mãe fazia esse ritual todas as noites. Sabemos todos, muito bem, que a maior preocupação de todos os pais que têm um recém-nascido é a respiração e, o controle contínuo se tudo está bem e, também que o lactante não se vire durante a noite no berço. O que se pode querer dizer ao pedir à mãe, quando se tem 18 anos, que venha ao seu quarto para controlar se está respirando? Evidentemente, o aspecto relacional de tal pedido é muito forte, mas é muito forte, também, a dificuldade de expressar os laços afetivos com as palavras, de maneira explícita e mais adulta e, então, se recorre a formas infantis muito regressivas.

É fundamental que a família consiga decifrar a linguagem, geralmente complexa e criptografada, de um adolescente, mesmo nas tentativas de suicídio do tipo demonstrativo, como os descritos anteriormente. Infelizmente, acontece frequentemente que pais e parentes envolvidos na primeira fase de assistência ao adolescente que sobreviveu a morte, uma vez passado o perigo, acabam por banalizar a intenção suicida, definindo como "coisa de adolescente", expressando assim a sua fraqueza e a imaturidade. Os pais não conseguem expressar a um filho o sentimento de gravidade e de perigo desse comportamento e nem a consternação que sentem. Ou porque acreditam, ingenuamente, que dando uma conotação séria ou grave para o fato, isso possa aumentar o risco de uma nova tentativa de suicídio ou de piorar a situação. Na realidade, quando isso ocorre, a situação pode se tornar mais dramática porque é como se estivesse constituído um complô familiar onde a negação dos adultos se encaixa com o pensamento conspiratório mágico infantil (Andolfi et al, 2007), multiplicando assim os fatores de risco.

FATORES DE RISCO

Já descrevemos as situações familiares nas quais se constata o risco de aparecimento de estados depressivos nos filhos adolescentes. Tais estados depressivos podem não ser reconhecidos e piorarem com o tempo, entrando cada vez mais em espirais autodestrutivas. Lutos repentinos, separações conjugais hostis com forte triangulação dos filhos, violência doméstica e abusos infantis, confusões e distorções intergeracionais, descuido, marginalização social, constituem todas as eventualidades que podem levar, em casos extremos, a comportamentos suicidas.

Repensando ao aspecto de se sacrificar, típico do adolescente, não podemos subestimar as situações nas quais estão presentes graves patologias psiquiátricas (psicoses, alcoolismos, transtorno afetivo bipolar, toxicodependências) em um ou ambos os pais: frente a comportamentos tão ameaçadores por parte dos pais, o adolescente pode sentir que a sua tentativa de suicídio pode desencadear uma função salvadora.

Lucia e a vida impossível

Lucia, uma garota de 16 anos, é conduzida para a terapia familiar por causa de uma grave tentativa de suicídio. Passemos à história: o pai, desde sempre, nega a gravidade do alcoolismo crônico da esposa, a qual, ao passar dos anos, apresentou uma sequência de condutas suicidas; alcoolismo e depressão materna são as condições afetivas com as quais a garota cresceu. A mãe, que fora abandonada desde a tenra idade, se sente incapaz de viver e, de fato, é "como se estivesse morta por dentro" desde sempre. O pai, como lhe é de praxe fazer para todos os problemas, minimizou a grave atitude de Lucia de se jogar pela janela. Lucia, desde o nascimento, sendo o único elemento de vitalidade na família, cresceu absorvendo a dor da mãe. À sua maneira, tentou de tudo para ajudá-la, de modo bastante responsável, até entrar na adolescência quando começou a ter comportamentos autodestrutivos. As intervenções terapêuticas anteriores, se concentraram primeiro, no "salvamento" da garota que se jogou da janela depois, no diagnóstico individual e por fim, no tratamento com remédios da adolescente, sem se interessar pelos integrantes da família e seus comportamentos. Mas pode-se devolver a vida para uma adolescente, se não se muda o contexto afetivo que está a sua volta e que direciona as suas atitudes?

Outro fator de risco realmente importante é constituído por uma situação de fúria contra o próprio corpo. Frequentemente, os jovens que tentam suicídio manifestaram no decorrer dos anos ou dos meses anteriores, um conflito com o próprio corpo através de transtornos alimentares, transtorno dismórfico corporal, transtornos hipocondríacos.

As desilusões amorosas, a desvalorização ou a rotulação escancarada ou escondida no meio familiar, escolar ou no grupo de amigos, podem ter efeitos destrutivos no adolescente e anteceder os objetivos suicidas. A fragilidade narcisista do adolescente são as premissas para expô-lo à dor uma vez que causam uma reação impressionante de vergonha. "Mata mais a vergonha do que a culpa" diz o bom senso popular. A vergonha é um tema crucial nas histórias de tentativas de suicídio e, muitas vezes, os adolescentes tentam se suicidar porque estão com vergonha. Muitas vezes os pais, perante as desilusões amorosas, têm a tendência a racionalizar, a minimizar ou, oposto a isso, preocupar-se em demasia. A dificuldade se dá pela incapacidade de estar em um relacionamento com o próprio filho que sofre por estar perdendo algo de significativo, dificuldade em ouvi-lo do que em procurar improváveis soluções.

No que diz respeito aos problemas escolares ou aos sentimentos de exclusão ou não aceitação por parte de um grupo de jovens, no geral, os pais têm maior dificuldade em decifrar as reais idiossincrasias e fragilidades dos seus filhos nas realidades sociais fora da família. Sobretudo porque, frequentemente, desconhecem a linguagem, as regras de comunicação e a complexidade dos fenômenos das amizades nas gerações adolescentes atuais. Basta pensar no modo pelo qual se relacionam na internet, nas mensagens de celular, no que significa o Facebook para os adolescentes, para compreender que se trata de um outro mundo.

Outra situação perigosa para o risco de reincidência é a de ver o adolescente que sai do Pronto Socorro, ou da Unidade de Terapia Intensiva ou do Departamento de Venenos, que não sabe explicar por que a vida do próprio corpo tenha sida salva mesmo tendo decidido se matar. Se, por um lado estão contentes por não estarem mortos, por outro lado estão contrariados ou, de todo modo, surpresos que este corpo ainda tenha vida. Isso faz parte do jogo infantil do qual falávamos antes, no qual não se tem uma percepção muito clara do valor da vida com relação ao dato que não se pode ressuscitar e, portanto, não se pode ganhar uma outra vida.

Enfim, sobre os casos de tentativas ocultas de suicídio, diferentemente do abuso de substâncias e de comportamentos parecidos, contra os acidentes com motos é difícil fazer uma prevenção. E existe um número enorme. Esse caso, também, está relacionado com o mito da imortalidade. Podemos pensar como é frequente que, nas grandes cidades, os jovens desafiem constantemente a morte com as suas motos, fazendo slalom absurdos como se estivessem em uma pista e, quantos deles, principalmente no sul da Itália, se negam a usar capacete! É preocupante observar quanto seja pouco claro para eles os limites entre a vida e o perigo da morte. Acreditamos que esses comportamentos, potencialmente autodestrutivos, tenham o seu sustentáculo em um tipo de *depressão mascarada.*

Sem dúvida o fator de risco mais forte está onde se constata uma tentativa de suicídio é o fato de ter já tentado anteriormente. Isso deveria nos fazer refletir sobre a necessidade de intervir eficazmente e de modo resolutivo frente a um primeiro episódio. Sobre isso falaremos no próximo parágrafo.

AS INTERVENÇÕES TERAPÊUTICAS DE EMERGÊNCIA

A internação de emergência como espaço mágico de espera

Na emergência, não existe a presença de família, de psicólogos e de psicoterapia. Em primeiro lugar, quando acontece uma tentativa de suicídio, existe o Hospital. E o Hospital se torna o espaço mágico de espera, o lugar especializado para manter a vida de um adolescente que tentou tirar a sua própria. Entretanto, pensar que nesse espaço de espera aconteça a magia é cometer um erro, mesmo não podendo negar que o Pronto Socorro, a Unidade Intensiva e o Centro Antivenenos sejam uma passagem fundamental e inevitável para esses jovens. Mas o segundo problema é: depois de ter salvado uma vida, como fazer para devolvê-la ao seu ambiente natural.

As instituições de tratamento, sejam elas Hospitais, Pronto Socorro ou Unidades Intensivas, têm como praxe isolar o adolescente que tentou o suicídio, a fim de evitar qualquer tipo de estresse. Mais precisamente, tende-se a criar no seu entorno um tipo de redoma de vidro que o proteja, separando-o de todos os elementos que possam criar tensões ou alarmes particulares. A ansiedade, a preocupação, as distorções nas famílias, incluindo os sentimentos de culpa ou de impotência dos pais, não entram nas ações médicas, que são direcionadas exclusivamente para salvar uma vida.

Esse pensamento, a nosso ver, é muito médico e pouco relacional. O nosso ponto de vista é totalmente diferente: o quanto antes e o quanto melhor forem reestabelecidos os laços afetivos ativos e positivos ao redor do adolescente, mais fácil será para conter o problema e para promover uma evolução favorável da situação. Quando um adolescente que tentou o suicídio chega ao Pronto Socorro, seria necessário construir e ativar uma rede não somente com os pais. Eles, sozinhos, podem representar o ponto mais fraco, porque estão muito envolvidos, direta ou indiretamente, no acontecimento. Whitaker afirmava sempre que "mais se expande o sistema, mais vida existirá, mais se restringe, menos vida existirá". Portanto, estamos falando da família alargada, dos irmãos aos avós, para assim chegar até as amizades. Naturalmente, nesse trabalho em rede, estaria incluído também o sistema hospitalar com os seus diferentes participantes.

O modelo de internação no hospital Clos Bernard, de Paris

A experiência conduzida em Paris por alguns dos nossos colegas psiquiatras e terapeutas familiares, é uma luz no fim do túnel, uma vez que colocou em prática um modelo bastante inovador de intervenção realmente sistêmica, direcionada a favorecer a participação ativa da família, a partir do momento da internação do adolescente que tentou o suicídio.

Depois de uma breve internação no Hospital Geral para tratamentos desse tipo em casos de emergência, a admissão na unidade clínica do Clos Bernard de Paris tem que responder a três condições fundamentais: o adolescente tem que estar de acordo com a hospitalização, que tem uma duração média de 10 a 15 dias; a família tem que se empenhar a participar de encontros familiares uma a duas vezes por semana, inicialmente durante a internação e depois em nível ambulatorial; enfim, o adolescente tem que voltar para a escola o mais breve possível.

Com relação ao primeiro ponto, o mais delicado, destacamos que, desde a chegada ao hospital do adolescente e dos familiares que o acompanham, se mobiliza toda uma equipe de admissão composta pelo responsável do departamento, por um psiquiatra, por um educador e por um enfermeiro. O primeiro objetivo está em compreender as razões dessa internação e, para isso, é requisitada desde o início a presença de toda a família (pais, avós etc.), a fim de pedir a colaboração de todo o grupo familiar. Inicialmente, é bem frequente o adolescente se recusar a ser internado o que, ao contrário, é um pedido muito forte por parte dos pais. Trabalha-se, então, por uma, duas ou três horas com toda a família para chegar a um acordo e, se não se consegue, se propõe um segundo encontro para o dia seguinte. Às vezes se recorre, se necessário, a uma visita domiciliar com a presença das três gerações. Realmente, nesses primeiros encontros não se fala sobre a tentativa de suicídio, mas aproveitando a situação de urgência e o objetivo em se chegar a um acordo, se começa a conhecer a família, a sua história, as suas dinâmicas relacionais, com a finalidade de que o contexto e as motivações de todos, inclusive do adolescente, comecem a mudar positivamente.

De acordo com o que foi afirmado anteriormente, o grupo de trabalho parisiense também acredita que são nos momentos de crise (quando a família está assustada e perdida por causa do ato de tentativa de suicídio de um filho) que existem as melhores possibilidades para se obter uma colaboração completa e extraordinária de todo o sistema familiar, o que é muito difícil em um contexto de normalidade.

No caso de pais divorciados, pode-se trabalhar em paralelo, engajando ora a família de um pai, ora a família do outro, de modo a sempre obter um acordo conjunto. No caso de ter que lidar com famílias de imigrantes, o que é bastante comum em Paris, é necessário o auxílio de um mediador linguístico-cultural.

No Clos Bernard, o procedimento é que o adolescente e seus familiares sejam conduzidos para uma visita ao departamento e ao quarto onde o jovem ficará; quando é possível, pode escolher aquela que mais lhe agrada, como se estivesse, de algum modo, hospedado em um hotel. Os horários das visitas familiares são muito flexíveis: a família pode ficar de manhã até a noite, pode fazer as refeições junto ao adolescente, no hospital ou ir a um restaurante. Essas alternativas, obviamente, deverão ser discutidas e decididas com a equipe de tratamento.

A filosofia que faz nascer esse tipo de intervenção é aquela de fazer com que a família se sinta competente e, também, protagonista do ambiente hospitalar e isso é um elemento fortemente motivante para obter a aceitação do adolescente. Cria-se assim, uma forte sinergia entre a família e a equipe de tratamento, elementos de base para a obtenção de resultados de excelência.

Uma vez que o adolescente entra em tratamento no departamento, terão início os encontros familiares, o que carrega com si uma importância fundamental para afastar o medo do suicídio e servirá de base para a descoberta de novas certezas familiares. Isso tudo permitirá ao jovem de superar a sua vivência de incapacidade e impotência e, assim, dar início a novos projetos de vida.

Os encontros continuarão com a mesma equipe depois da alta, com o objetivo de fazer com que o adolescente volte o quanto antes para a escola e para a sua vida normal. Como de praxe, junto à terapia familiar se combina também um apoio individual e uma terapia com medicamento, quando necessário.

Pós-internação ou, na verdade, como utilizar uma crise para propiciar uma mudança

Mesmo depois da fase de internação hospitalar, geralmente as intervenções psiquiátricas e psicoterapêuticas tendem a evitar o estresse e o envolvimento familiar do adolescente, reduzindo os recursos disponíveis por causa do temor em criar ou acentuar as tensões entre as relações. A intervenção, por isso, é exclusivamente individual e, frequentemente acompanhada por medicamentos. Muitas outras situações não chegam ao nosso conhecimento, por causa de uma cultura familiar e social que tende a normalizar o gesto feito pelo adolescente e a negar as consequências futuras desse ato, como se nada tivesse acontecido. Nesses casos nos falta a oportunidade de seguir a evolução temporal, salvo quando acontece uma segunda tentativa de suicídio com a devida internação hospitalar.

Em geral, vemos que muitos pais, realmente perturbados pelo acontecimento, uma vez que o perigo foi afastado, tendem a envolver em uma esfera de proteção o evento suicida. Tal comportamento se deve, por um lado pelas dinâmicas defensivas (úteis para não se pensar nas razões relacionais do ato e no grande sentimento de culpa que estão associados a isso) e, por outro lado, pela necessidade de esconder para quem está de fora, seja a família estendida, seja o contexto social alargado, esses comportamentos vistos como reprováveis na opinião dos outros. Nesse sentido, é oportuno lembrar que há poucas décadas a Igreja impedia os funerais para os suicidas e a sepultura em terrenos consagrados.

Ao contrário, gostaríamos de destacar nessas páginas a utilidade da família e do meio social para se entrar nas razões mais profundas que levam um jovem a colocar em grave risco a sua vida e, de olhar a inevitável crise familiar que tem um olhar positivo sobre isso, que alargue o campo de visão e não reduza tudo a uma besteira de adolescente ou, ao contrário, a um transtorno mental de um jovem. A tentativa de suicídio de um jovem tem um valor certamente pessoal, a vida em risco é a sua e de nenhum outro, e é, sem dúvida, a resposta para condições existenciais que ele considera insuportáveis. Todavia, são inegáveis a natureza interpessoal e o significado relacional de tal gesto. E é justamente o valor profundo que se assume na dinâmica familiar das relações afetivas que nos convence sobre a utilidade de trabalhar com todo o grupo familiar à procura de novos recursos e de novos percursos de crescimento para todos. A tentativa de suicídio de um adolescente é um golpe certeiro que atinge o sentimento de segurança de uma família e os padrões habituais de funcionamento entre aquelas pessoas. Ao mesmo tempo concede ao terapeuta a possibilidade de acompanhar a família até o encontro com o sofrimento, sofrimento esse que está sempre por trás de um gesto tão dramático ou também, de estar em contato com a dor de cada um. Isso tudo para um terapeuta que não tenha medo e que esteja animado pela curiosidade e que tenha um respeito profundo pela vida e os sentimentos humanos.

Morrer antes ou depois da formatura?

Carla tem 20 anos, estuda psicologia em Roma, seus pais têm aproximadamente 50 anos e é filha única.[9] A família mora em uma pequena cidade do centro da Itália e a garota faz o vai e vem típico dos estudantes que moram fora de Roma. Carla sofre há alguns anos de ansiedade e de síndrome depressiva com crises periódicas que culminam em atos autolesivos e ameaças de suicídio. Está em tratamento junto a um DSM da sua cidade natal e tem acompanhamento farmacológico pelo psiquiatra da família.

Filha única, Carla sempre representou a filha do milagre, mas também, a causa da piora da saúde da mãe. A mãe, Angela, sofre do coração

[9] A descrição desse caso, apresentado no volume *Le perdite e le risorse della famiglia* (ANDOLFI; D'ELIA, 2007), foi aqui retomada, modificada e ampliada.

desde os 11 anos e, por causa dessa cardiopatia, os médicos a haviam desaconselhado ter filhos. De fato, pouco depois do casamento, Angela engravida e, com muito sentimento de culpa, recorre a uma interrupção da gravidez. No ano sucessivo as condições de Angela parecem melhorar um pouco e, como muitas precauções e muito medo, leva adiante essa segunda gravidez que se concluirá com o nascimento dessa criança. Apesar da felicidade dos pais pela chegada dessa filha tão desejada, o crescimento de Carla não é fácil. A mãe está constantemente doente e impossibilitada de acudir a pequena, e o pai, Luigi, substitui a mãe em tudo. Quando Carla está com 11 anos, a mãe sofre duas intervenções no coração que a levam a substituir duas válvulas cardíacas. Nesse período a garota assume um forte comportamento de proteção com relação à mãe e se torna, cada vez mais, o braço direito do pai no auxílio com a mãe doente. Com 16 anos, desenvolve um forte ressentimento com relação a ela, que vai crescendo aos poucos até os dias de hoje e, contemporaneamente, começam as suas crises depressivas.

Carla é uma garota bonita. Porém começa a mostrar dificuldades psicológicas evidentes relacionadas à acne. Na realidade, quando chega à sessão, o problema dermatológico está resolvido, mas passa horas na frente do espelho, sente-se feia e aparecem os comportamentos dismorfofóbicos, os fortes sentimentos de vazio e de tédio; vive uma relação com o filho do cardiologista da mãe, de onde termina muito desiludida. Foge dos problemas recorrendo ao abuso do álcool durante os finais de semana.

Carla dá muita importância aos seus escritos e as suas poesias; na terapia trouxe cerca de 80 delas. Escolhemos uma, a menor, que dá sentido ao estado de ânimo de Carla quando chegou à sessão:

No silêncio da noite
Gostaria de sentir o vento leve dos sonhos
E das pálidas fantasias,
Ao contrário, sinto só o choro de um coração
Cansado de bater
E de fazer passar assim um tempo absurdo para mim
E para quem vive ao meu lado.
Na noite, gostaria de encontrar paz e
Descanso sereno
E não violentos despertares

De angústias e tumultuosos medos do amanhã.
No encanto da noite
Gostaria de encontrar a paz eterna,
Gostaria de encontrar a mim mesma
Na dimensão do sonho,
Do outro lado da vida.

Em seguida, reportamos alguns excertos da segunda sessão de terapia. Entre a primeira e a segunda sessão Carla tentou, mais uma vez, o suicídio. Estão presentes a mãe, Carla, seu pai e a terapeuta. Andolfi é o supervisor que está atrás do espelho unidirecional.

Terapeuta: Então, vamos ouvir os fatos novos. Quem conta esses fatos novos?

Carla: Eu, hoje, não estou com muita vontade de falar porque estou de péssimo humor!

(*a mãe acena para a terapeuta que tem que ser a filha a falar*)

Terapeuta: A filha conta os fatos novos?

Mãe: Um fato novo bastante importante.

Terapeuta: Mas como a mãe prefere que você conte?

Carla (*se dirigindo para a mãe*): Eu?

Mãe: É! Amor, aconteceu contigo!

Com essa terceira tentativa de suicídio, no intervalo entre a primeira e a segunda sessão, Carla parece estar mostrando o seu cartão de visita para causar pânico e angústia, seja no sistema familiar, seja no terapêutico. A família responde com distância e negação. Parece quase uma conversa no salão de beleza sobre um fato que aconteceu com qualquer um. É para se ter presente, além disso, que essa não é uma família que não sabe reconhecer a gravidade de um problema: pois a senhora conviveu com o tema de vida e morte por toda a vida! Parece, realmente, que se trate de uma escolha de ambiente da família. Carla, lúcida e provocativa, assim descreve as suas tentativas de suicídio.

Carla: Bem, nada, sexta de noite eu fiz um coquetel de remédios mortal. Eles não estavam, na minha casa tem muitos remédios, psicofármacos, ansiolíticos, calmantes. Peguei uma quantidade enorme não com a intenção de me acalmar, mas porque queria morrer, os misturei com álcool e fui dormir. Ele que me descobriu por acaso (*aponta para o pai*) porque eu caí da cama quando tentava ir ao banheiro porque precisava fazer xixi. Me levou para o hospital, fui para a reanimação onde me fizeram a lavagem estomacal, fiquei três dias no hospital.

Terapeuta: E isso aconteceu quando?

Carla: Dia 26.

Terapeuta (*dirigindo-se aos pais*): Não parece ter o aspecto de quem tentou suicídio!

Mãe: Não!

Pai: Realmente, não. Era segunda, né?

Carla: Sim, ok, aconteceu um dia depois da prova.

Mãe: Aconteceu na nossa casa. Ela estava aqui em Roma de manhã com o pai e devia fazer umas provas. Não fez. A noite voltou para casa e fez isso.

Terapeuta (dirigindo-se à mãe): Você estava em casa?

Mãe: Eu não estava, tinha que voltar, como combinado, no dia seguinte.

Terapeuta: (dirigindo-se à Carla e ao pai): Portanto, estavam só vocês dois e a família (*os avós maternos de Carla*)

Pai: Sim, mas meus sogros não acordaram, embora eu gritasse para acordar Carla e...

Terapeuta: Foi por acaso ou você ouviu?

Pai: Não, eu havia voltado um pouco mais tarde e naquele momento eu estava na cozinha, escutei uns movimentos estranhos no quarto dela, fui lá, tentei falar com ela, entendi que não era uma situação normal de sono e tentei entender o que ela tinha tomado. Murmurou algo incompreensível e, aquela altura, a deitei no tapete da cozinha, era um peso morto difícil de movimentar, e chamei a ambulância.

Terapeuta: Mas é a primeira vez que acontece?

Pai: Tão grave assim, sim. No passado, ocorreu, pelo menos que eu saiba...

Carla: Aconteceu três vezes: na primeira tomei uma quantidade excessiva de remédio, mas que, de qualquer forma, não era mortal, então...

Pai: Comprimidos.

Carla: Não, comprimidos e gotas. Fui para o Pronto Socorro fiquei no soro, mas ali eu não tinha a intenção...

O teste de psicopatologia

(*O supervisor fala no interfone da sala de observação da terapia de espelho unidirecional com a terapeuta*)

Supervisor: Pode dizer para Carla que o Doutor Andolfi gostaria de lhe fazer um pré-exame.

Teria que escrever no quadro os diferentes tipos de suicídio, como se estivesse numa prova oral de psicopatologia do adolescente e a pergunta fosse: elenca os diferentes tipos de suicídio na adolescência.

Terapeuta (*dirigindo-se a Carla*): O doutor Andolfi pergunta se você, como futura psicóloga... quanto falta para a formatura?

(*Carla e os pais riem*)

Terapeuta: Ele está perguntando se você pode fazer uma prova de psicopatologia da adolescência. Poderia escrever quantos tipos de tentativas de suicídio podem se apresentar em um adolescente? Escreva no quadro.

(*Carla, com interesse, se levanta e começa a escrever no quadro*)

Carla: Na minha opinião, para as mulheres, pelo que leio em artigos de jornal, por conhecimento pessoal, enfim, para uma mulher, na minha opinião, é mais fácil o medicamento.

Terapeuta: E como aconteceria esse tipo de tentativa?

Carla: Bem, sei lá, o modo mais fácil é se já se está em terapia com um psiquiatra, porque tem a possibilidade de ter todos os medicamentos que quiser. Pega a receita, vai lá e compra, basta ter disponível dinheiro. Mesmo quando não se tem os medicamentos controlados diretamente, porque faz de conta que toma e na realidade acumula. Eu fiz isso, não porque estava tentando me suicidar, mas porque não queria tomar os remédios, meu pai sabe bem disso, eu fazia de conta que tomava, acumulei uma quantidade incrível, depois ele (*o pai*) descobriu...

Terapeuta: E o que acontece depois desse coquetel?

Carla: Acontece assim, se a pessoa conhece bem os remédios, leu um pouco a posologia, sabe bem qual é a dose que pode dar um *tilt*, ou de início toma casualmente uma dose assim, depois toma cada vez mais, porque se espera o efeito de aturdimento, de dormir. Isso não acontece logo, e é isso que leva a tomar mais. Eu, por exemplo, tomava o Control mas não era suficiente, quatro não eram suficiente, e depois mais quatro, e mais quatro e nunca vinha o sono, então eu sempre aumentava as doses.

Terapeuta: E onde geralmente acontece essa tentativa?

Carla: No privado. Geralmente se espera que tenha muito silêncio, que ninguém circule pela casa, geralmente no próprio quarto.

Terapeuta: No próprio quarto de madrugada, de dia?

Carla: De madrugada.

Terapeuta: E qual a probabilidade de dar resultado uma tentativa como essa?

Carla: Uma tentativa como essa, na minha opinião, tem alta probabilidade de dar resultado, eu sou azarada e comigo não deu certo!

Terapeuta: Pode escrever isso no quadro?

Carla: O percentual de dar resultado? Na minha opinião depende, também, do tipo de controle na qual uma pessoa é submetida. De qualquer maneira, na minha opinião, 60% de risco de resultado existe. Eu porque sou muito supercontrolada, mas acontece muito que uma pessoa seja supercontrolada pela família!

Essa garota estuda psicologia, tem uma dialética notável e parece ser ativada de imediato quando é provocada a fim de descobrir o seu problema através da falsa aula de Psicologia: o que pode ter de melhor do que entrar na sua área de competência para construir uma cumplicidade terapêutica? Carla responde de modo abrangente, como se desse uma aula, trazendo habilmente vários exemplos para o quadro sobre os vários tipos de suicídio, sobre as diferentes formas de acordo com o gênero sexual, sobre os percentuais de sucesso, demonstrando, além disso, uma boa capacidade de passar da teoria para a prática. Tem capacidade cognitiva e reflexiva bem elevada e uma lucidez preocupante ao falar com distanciamento da temática da morte: apesar disso, como os psiquiatras que a acompanham na medicação, nós também excluímos que sofra de uma síndrome psicótica.

(*O supervisor fala através do interfone da sala de terapia do espelho unidirecional com a terapeuta*): Você se incomoda se eu falar com ela?

(*Carla vai até o interfone*)

Supervisor: Alô? Bom dia! Desculpa, tá, essa é uma sessão de terapia, porém eu gostaria que por um instante você estivesse na universidade.

Carla: Eu já estou fui mal nas provas!

Supervisor: Quantas provas você fez?

Carla: Uma, uma e basta!

Supervisor: Qual prova você fez?

Carla: A mais simples, a de pedagogia.

Supervisor: Pedagogia! Porém me parece que na vida você tenha ido mais adiante do que nas provas!

Carla: É o que eu penso, também!

Supervisor: Eu gostaria que você me respondesse sobre a Psicopatologia, que é uma prova que se faz no terceiro ano.

Carla: Ou seja? Não entendi, o que o senhor quer?

Supervisor: Desculpa, mas a prova de Psicopatologia se faz mais tarde, não?

Carla: Sim, no terceiro ano.

Supervisor: No terceiro ano. E então eu estou te pedindo um esforço pelo terceiro ano, sabe por quê? Porque muitos estudantes de Psicologia confundem a psicologia com a terapia, escolhem fazer Psicologia, mas queriam fazer terapia, entendeu?

Carla: Não sei se eu...

Supervisor: Você, na realidade já vai na terapia, então provavelmente está melhor do que eles. Soube distinguir onde ir para a terapia e onde ir para a profissão, o que acha? Portanto, sobre isso você tem ideias mais claras que os outros, é um bom começo. Agora, porém, tem um problema, porque pode ser que você não consiga o diploma, e se você morrer antes...?!

(*Carla ri*)

Supervisor: São cinco anos, né? Bem, sabe que cinco anos são demorados, além do mais, é necessário ver se estará no ritmo, e se passar para seis? Então tem que pensar se é melhor morrer antes da formatura ou esperar depois da formatura. Isso é já uma questão. Nunca pensou sobre isso?

Carla: Sim, já pensei. Mas nunca encontrei uma forma de dizer, mas...

Supervisor: Isso! Porque tudo isso que estou lhe falando, eu gostaria que você transmitisse aos seus pais e à doutora também, ok? Me ajuda?

Carla: Sim, mas só aquelas coisas lá, ou...?

Supervisor: Espera um pouco, acompanha todo o discurso. Eu te chamei porque sendo um professor do quinto ano...

Carla: Sim, eu sei! Na verdade, eu vou cair na sua turma, porque o meu sobrenome começa com M!

Supervisor: Porque está dentro das letras M-Z? Então, sim. Pode ser que isso nos ajude. Se você chegar ao quinto ano! Pode ser que essa terapia seja uma pré-prova, entende? Então, o primeiro ponto a ser decidido, mas não pode decidi-lo agora, é se você prevê que quer estar viva até o quinto ano. Porque se fizermos uma prova de Psicopatologia que é do terceiro, tem que dar um pouco de tempo para chegar com os estudos também.

Carla: Tudo bem.

Supervisor: Além do mais, isso daria, por um instante, segurança também para os seus pais. Pelo menos, dê a eles uns anos a mais, senão ficamos o dia todo pensando... Sabia que antes se usava uma margarida para jogar: "Bem me quer, mal me quer..." Entendeu? Eles, ao contrário, com a margarida, têm que pensar: "Se mata, ou não se mata..." É difícil para os dois, sabia? Além disso, me parece que você é a segunda, pelo menos das duas gerações que conhecemos. Pois a pessoa que mais teve fantasia com a morte foi a sua mãe, não? Com o coração dela! Então, eu tenho a sensação que, às vezes, as filhas jovens procuram encontrar o caminho delas, e procuram se diferenciar dos pais e de sinalizar as suas necessidades de maneira meio estranha, entendeu? Às vezes fazem isso com as roupas, com o namorado e, às vezes, fazem isso com a vida. Como se dissessem: a mamãe sempre foi o centro da vida do papai e da tua por tantos anos, porque era ela que corria perigo, sempre no centro das atenções de todos com a sua doença, agora você quer deslocar para cima de você essa atenção. Eu gostaria que você explicasse para os seus pais, nas suas palavras, essas coisas que eu falei. Depois, no quadro, apaga a maneira como uma pessoa pode se suicidar, porque sobre isso você tirou uma ótima nota, mas é simples descrever o como. É mais difícil ilustrar os motivos que levam uma jovem mulher a tirar a própria vida, não como se faz isso. No primeiro quesito você passou brilhantemente, agora temos que nos mover e falar sobre quais são as motivações profundas. Uma pessoa nunca quer se suicidar porque quer tirar a sua vida e basta. Pois é sempre um fato interpessoal, entende? Então, você poderia explicar as suas motivações!

Carla: As minhas?

Supervisor: Claro! Bom trabalho!

Carla: Obrigada.

(*Carla volta para o quadro*)

Carla: Ele diz que aqui eu tirei uma boa nota. Porém agora quer saber os motivos... isso para mim é mais difícil, porque eu não li absolutamente nada sobre isso na psicologia, que não sejam coisas minhas. Uma garota adolescente... eu acredito que muito... com a rejeição da própria imagem de uma garota, mas não pelo fato que ela se ache feia, mas pelo fato que se sinta rejeitada em todos os sentidos, também pelos pais, que de um modo ou de outro te dizem: " Você é muito assim, assado...". Para um garoto, acredito que seja mais fácil se rebelar, ser mais independente. Para uma garota eu acho que é muito importante a aprovação dos pais com relação aquilo que faz. Se também não encontra apoio nem nos amigos, pelos quais se sente atacada, julgada! No mais, se sabe por exemplo, se uma pessoa é atacada por vários lados, é julgada e se encontra sozinha, não pode se expressar, não tem nem as bases culturais para enfrentar uma coisa desse tipo, porque talvez seja jovem, talvez não tenha com quem falar, nem com o psicólogo, portanto, se encontra isolada. No que diz respeito a mim, acredito que seja um pouco diferente, é mais uma questão do meu caráter, esse meu pessimismo de base que os meus pais, mesmo tentando, nunca conseguiram atenuar. Nunca conseguir, também porque, é necessário que se diga, eu sou muito extremista, eu passo de momentos de exaltação pela vida, pelas coisas, de alegria, a momentos de tragédia que também, às vezes, não têm sentido. Para mim a vida ou é uma tragédia ou uma comédia!

Terapeuta: Mas, de todo modo, o que mudou depois dessa tentativa que você fez? Essa é a terceira, certo? O que mudou com relação às outras?

Carla: Essa eu não consigo entender: por exemplo, acredito que nas outras duas, na realidade, eu não queria morrer. Mesmo na segunda, que talvez tenha sido mais dramático porque aconteceu em Roma, quando eu estava sozinha, mas eu sabia que com aquela quantidade de remédios, eu sabia muito bem que teriam me causado somente uma grande dor de barriga, náusea, vômito, que definitivamente eu não morreria, eu sabia muito bem. Era um querer estar mal, um querer estar mal justificado pelo fato que eu devo ficar mal até o extremo para depois melhorar. Parece uma coisa absurda, mas acontece. Essa (*terceira tentativa*) foi mais dramática porque eu, na realidade, com muita lucidez, eu não havia bebido antes e bebi para misturar os remédios e álcool. Com muita lucidez, eu comecei a tomar doses de remédio que eu já conhecia muito bem, que eu já sabia que poderiam ter sido mortais na dose que tomei. Existia essa intenção, que, porém, eu não percebia enquanto fazia. O que foi diferente é que, enquanto eu tomava todas aquelas gotas da primeira vez e, os comprimidos da segunda vez em Roma, eu pensava: "A morte, a morte. Isso, agora eu morro e acabo com tudo!". Dessa vez, ao contrário, foi uma coisa que eu, mesmo depois, não consegui entender muito bem. Nem agora eu consigo absorver muito a gravidade, porque eu não pensava no suicídio. Ou seja, não pensava no suicídio, porém fazia tudo da maneira correta para me suicidar, como se eu tivesse premeditado isso por muito tempo, tantos remédios na quantidade certa para chegar à morte! O professor (*Andolfi*) me perguntou se eu pensei que para me tornar psicóloga são necessários ainda cinco ou seis anos, e se não me incomodava o fato... ou seja, se eu me mato, nunca vou me tornar psicóloga, nunca vou estudar as coisas que poderiam me agradar! E tem mais, era uma coisa em que eu não pensava enquanto me emboletava, (*Andolfi*) me perguntou: "Mas você não pensava nos seus pais, nas pessoas queridas?". Eu pensei que eu era egoísta porque eu não pensei nessas coisas. Me dei conta de ter pensado em coisas diferentes, meus livros, meus cd's, uma loucura!

Mãe: Nas fotografias também.

Carla: Sim, as minhas fotos, as minhas coisas, as minhas poesias, as minhas roupas. Eu pensava em toda a minha vida material, que eu sei, é material, mas é a minha vida. Agora, especificamente sobre a universidade eu não pensei, porém a uma série de coisas minhas...

Não podia existir uma descrição melhor do que passa pela cabeça de uma garota que corre o risco de morrer em uma tentativa de suicídio. Trata-se de situações que nos deparamos frequentemente na nossa experiência. Carla fala de uma intencionalidade de base que se torna cada vez mais perigosa enquanto é menos percebida em nível consciente. Relendo as suas palavras parece, realmente, que o seu ato suicida adquira o valor de um gesto de grande presença de palco, de urgente protagonismo que, se for lido como uma necessidade de afirmação do *Self*, diz muita coisa sobre o sentimento de "invisibilidade" que nas suas relações significativas chegou a níveis intoleráveis para ela.

São coisas concretas como os livros, os CDs, as roupas, as lembranças e os pensamentos através das fotos e das poesias que passam pela cabeça da Carla naqueles momentos. A sua família não está nos seus pensamentos conscientes. Aquilo que a garota chama de egoísmo é aquele sentimento que nasce da dificuldade de saber responder à pergunta: "Quem sou eu?". Essa pergunta pungente, a qual frequentemente não se consegue dar uma resposta, tem muito a ver com a profunda metamorfose do adolescente, mas também, com a dimensão familiar, especialmente com o que descreve Bowen (1979) como *family Ego mass*, ou seja, um tipo de magma afetivo familiar onde o limite entre um e outro é muito confuso e todos se encontram a desempenhar papéis complementares, como um jogo de encaixar as peças. A mãe de Carla assume, desde sempre, o papel da doente, o pai é só um cuidador, primeiro de Angela e depois dos pais idosos dela, que estão na porta ao lado (o apartamento é, na realidade, anexo) e sempre estão doentes e necessitam de cuidados. Carla, nessa dimensão de encaixe afetivo, existe como pessoa só "se não existir mais"; ficar viva, para ela, significa continuar a fazer parte dessa massa indiferenciada de afetos, de emoções e de funções complementares.

Vamos imaginar que você tivesse morrido...

(O supervisor entra na sala e se apresenta a todos)

Supervisor (dirigindo-se a Carla): A nota na matéria está boa, a nota na vida não!

Então, estamos diante de um desequilíbrio entre a sua capacidade de aprofundar a Psicologia e uma grande apresentação teatral familiar tragicômica! Vamos imaginar que você tivesse morrido, o que acontece aqui? (*indicando os dois pais*)

Carla: Tenho que me colocar no lugar dos meus pais?

Supervisor: Certo, vamos começar por sua mãe. (*Dirigindo-se à mãe*): Senhora, como está o seu coração? Se a sua filha morrer você pode ter um ataque do coração?

Mãe: Eu achava, e falava sobre isso com a minha filha, eu acreditava que com a minha doença e ao me deparar com um evento como esse, que é a pior coisa para os pais, eu não teria suportado. Em vez disso, eu suportei, reagi como todos.

Supervisor: Senhora, estou falando do fato de sua filha morrer, não de sua filha brincar com a morte! Como a senhora reagiria, se você voltasse para a casa e encontrasse a sua filha morta? Desculpe-me se falo assim, mas infelizmente temos que partir do depois para poder parar o antes...

Mãe: Sentiria uma grande culpa. Mas não consigo falar sobre essas coisas, infelizmente!

Supervisor: Senhora, essas coisas, infelizmente, são aquelas sobre as quais temos que falar. Quero entender. (*Dirigindo-se à Carla*). Você tentou se matar em casa, e estavam somente vocês dois! (*Carla e o pai*)

Carla: Não, o papai já havia saído.

Pai: Sim, saí porque tinha um encontro com uns amigos e voltei quinze para a uma.

Supervisor: E quando ela tentou o suicídio?

Carla: Às dez e meia da noite.

Supervisor: Ok. Vamos imaginar que você tivesse morrido. O senhor volta do carteado e a encontra morta. O que acontece dentro do senhor?

Pai: Não sei, talvez eu me recuse a pensar sobre isso.

Supervisor: O senhor se recusa a pensar, mas na realidade a sua filha tentou três vezes se matar!

Pai: Eu não consigo, sei lá, na minha vida eu geralmente estou preparado para qualquer acontecimento, mas esse é um acontecimento que, no meu inconsciente, evito levar em consideração.

Descrevemos amplamente como pode ser frequente o comportamento de negação familiar depois de uma tentativa de suicídio do próprio filho. É fundamental que o terapeuta não conspire com aquilo que chamamos de complô familiar de negação e que possa se sentir livre para entrar no jogo de encaixe. Enquanto isso é possível que Carla aumente a aposta e, cedo ou tarde, perca a vida, e nenhum dos três pode pensar nas consequências de tal evento por se muito doloroso e perturbador. "Não se pode nem levar em consideração" uma eventualidade dessas, diz o pai, e mesmo assim é como se fosse uma roleta russa na qual todos os três participam e que nenhum deles pode se permitir mudar o próprio papel no roteiro desse jogo. No passado, escrevemos um trabalho, com o título "Il terapeuta come regista del dramma familiare" (ANDOLFI; ANGELO, 1980), e, de fato, esse tipo de definição cabe bem nessa situação. O terapeuta fica responsável em entrar no drama familiar e permitir a cada um, durante a sessão (atualmente de acordo com Stern), de encontrar um novo papel para poder reescrever a história da própria vida. Esse trabalho requer um retorno às fases principais do desenvolvimento da família e, assim, transformar os significados, para conseguir arrancar afetos ainda dolorosos e que ainda não foram tratados.

A terapia pode, então, partir na busca de recursos que foram bloqueados no tempo pela história trigeracional dessa família.

Nessa casa reina, desde sempre, uma atmosfera pesada, um sentimento de doença que envolve tudo; a mãe, frequentemente está internada no hospital. Também é de se considerar que os pais de Angela, ela também filha única, vivem sempre na mesma casa. Pode ser verdade que, quando Carla era criança, principalmente a avó tivera um papel importante para ela. Agora com o passar dos anos, as condições de saúde de ambos os avós pioraram a ponto de necessitarem de uma cuidadora; e então, nem Angela e nem Luigi ficam longe de casa por alguns dias.

Desde sempre existe uma forte competição entre mãe e filha que, não podendo desenvolver áreas conexas à feminilidade e, no geral, à vida, se expressam em temáticas de doença e morte. Mãe e filha competem pela a atenção de Luigi, que desempenha constantemente a função de mediador entre as duas mulheres da casa, sem falar na sua propensão em cuidar também dos sogros doentes. Assim, Carla cresceu sabendo que o reconhecimento das necessidades primárias passa através da doença e, naturalmente, quem vence é quem for a mais dramática.

A metáfora do "se equilibrar sobre um fio, em que quem cair morre e quem ficar em cima vence" atinge um nó bem profundo que diz respeito à Carla, mas, também, à mãe, que fica muito tocada pelo clima criado em torno da "aula acadêmica": pela primeira vez, começa a ver a filha sob uma luz diferente e aceita participar e se empenhar na terapia com a sua família.

Então, durante as sessões, a família consegue, aos poucos, expressar o sofrimento por tantos eventos dolorosos e consegue fazê-lo passar circular sem que seja camuflado ou usado como uma arma (ora para defender-se, ora para atacar o outro). Luigi se questiona sobre a sua vida de fachada e se libera, finalmente, do papel de cuidador crônico, para se experimentar como pessoa com suas próprias necessidades e desejos. Angela aprende a não utilizar mais as suas doenças e, ao mesmo tempo, consegue retomar gradualmente o papel de esposa e de mãe, conseguindo permitir que a filha renasça: durante os dois anos de terapia, Carla não precisará mais de gestos extremos para se afirmar e para expressar o que quer. Vive estavelmente em Roma, onde estuda, com bons resultados, Psicologia; uma vez que foram definidos melhor os papeis e os limites entre as gerações, parece ser capaz de enfrentar os seus verdadeiros problemas de jovem adulta de maneira positiva, dentro da própria família e no mundo exterior. Substituiu as instituições psiquiátricas, onde havia desempenhado o papel de paciente deprimida por muitos anos, por um grupo de jovens.

É assim que contam Carla e seus familiares durante uma sessão de *follow-up* que aconteceu dois anos depois do último encontro de terapia. Andolfi pede para Carla comentar sobre a vida dos pais no momento presente e a eles sobre a vida da filha.

Carla: Eu não vivo muito a vida deles de casal desde quando me mudei para Roma, porém vejo que estão muito mais soltos, saem juntos...

Andolfi: Tem um espaço maior para o casal, então...

Carla: Sim, acho que sim, mais espaço para o casal; em minha opinião, tem mais cumplicidade. Nos sábados saem juntos, e depois que os meus avós faleceram, eles saem e fazem as compras juntos, nunca haviam feito isso!

Andolfi (dirigindo-se aos pais): E Carla, como vocês a veem?

Pai: Ela ficou com uma fragilidade extrema, basta qualquer coisa para ela explodir, se fala de uma situação psicológica, então não tem mais aquela conduta que tinha naqueles momentos, mas é...

Mãe: Menos agressiva, está mais serena, enfrenta as coisas com mais tranquilidade. Até no que diz respeito às provas, não faz mais a gente se desesperar, vive a sua vida com mais serenidade.

Cento e cinquenta comprimidos de Tegretol

Na época do primeiro encontro com Andolfi, cerca de dez anos atrás, Elena está com 18 anos e quem a encaminhou foi o psiquiatra de um hospital geral onde a garota foi internada de urgência por ter tentado o suicídio ingerindo 150 comprimidos de Tegretol, um remédio antiepilético que ela usa por causa de um pequeno problema que lhe fora diagnosticado, erroneamente, a cerca de quatro anos. Elena foi salva por pouco e fica por muito tempo em uma unidade de reanimação entre a vida e a morte.

Os pais, Luciano e Tiziana, se casaram muito jovens, com aproximadamente 23 anos, porque a mulher estava esperando essa filha. Logo se separaram e Elena fica sob a guarda da mãe, enquanto o pai se desinteressa por ela por muitos anos. Tiziana tem uma personalidade dependente e imatura, e não é capaz de cuidar da filha, a qual aprende desde cedo a ter que ser a mãe de uma mãe incapaz de dar afeto e de assumir as responsabilidades mais básicas. Tiziana vive em um ambiente sociocultural mais interessado à produção e à imagem do que a relacionamentos afetivos reais e se perde: torna-se uma toxicodependente e entra em uma comunidade terapêutica onde fica por aproximadamente três anos. Elena, quando lhe tiram a mãe com a explicação oficial que "fora se tratar bem longe por causa de uma doença", está com cinco ou seis anos. É nesse período que volta para o jogo o pai, mesmo se quem irá cuidar dela será, principalmente, a avó paterna.

Tão logo Tiziana deixa a comunidade, o sistema de acolhimento muda novamente, com muita tristeza para a avó e para o pai de Elena, o qual, mesmo que somente às vezes e de modo descontínuo, havia sentido poder exercitar alguma função paterna. A criança é como uma bagagem que vai de uma casa para outra continuamente. Agora Tiziana e Elena se tornam uma dupla, que é literalmente englobada dentro do hotel que é da família de Tiziana, por mais de dez anos, até o momento que começa a terapia. Mãe e filha vivem como duas hóspedes em uma suíte. Tiziana, apesar de dotada de grande criatividade (pinta com paixão e talento), é considerada por toda a sua família uma pessoa improdutiva no âmbito de trabalho e incapaz de ser mãe. Além disso, ela coleciona improváveis namorados, que a filha tolera com muita má vontade, mas, para a sua alegria, duram pouco.

Elena cresce como muitos filhos que sofreram abuso afetivo (Angelo, 1994), querendo tudo para si, na medida em que se sente totalmente abandonada e manipulada pelos adultos responsáveis pelo seu crescimento. Consegue escravizar familiares e empregados do hotel, fazendo com que a leve de carro para a escola o camareiro do plantão, exigindo vários tipos de privilégios, escandalizando até mesmo o seu tio pelas roupas provocantes que veste nos sábados à noite nas festas do hotel e pelos amigos que ela deixa entrar irregularmente na danceteria do hotel. Se ela não pode ter um afeto verdadeiro, pode receber vantagens secundárias dessa ausência através de coisas e de pedidos cada vez mais caros. Além disso, as seguidas lipotimias (por muito tempo diagnosticadas como sendo de origem epilética) criam um clima de apreensão e de superproteção, que faz aumentar ainda mais a dependência de todo o sistema de acolhimento. Embora muito inteligente e sensível, Elena vai à escola ocasionalmente, e se esforça muito pouco.

O pai se distancia cada vez mais da filha, seja pelas suas funções profissionais que aumentaram, seja (sucessivamente) porque constituiu uma nova família com uma companheira que lhe dá duas meninas. Apesar do relacionamento com Tiziana ser baseado em certa frieza, Luciano considera o ambiente do hotel insano para a filha, mas não mexe um dedo para modificar o estado das coisas e nunca vai vê-la, nem a procura através de telefonemas para não ter que se deparar com um ou outro parente da ex-mulher.

As sessões com a Elena e seu pai são, sem dúvida, as sessões mais duras, porque a garota é constantemente polêmica e reivindica de Luciano coisas que ele não parece ser capaz de perceber e ir além do nível da defesa fria e racional para essas acusações que a filha faz. Se com a mãe, que ela considera frágil e imatura, Elena desempenha um papel de proteção, com o pai ela não está disposta a aceitar nada: sempre sentiu que não era bem vinda desde o nascimento, depois foi abandonada por muitos anos e, enfim, foi substituída afetivamente pelas outras duas filhas, mesmo afirmando estar ligada a elas através de um sentimento de grande afeto. Nessas sessões, entre uma acusação e outra, Elena deixa transparecer um nível de desespero impressionante e um desejo implícito de reencontrar uma figura paterna, principalmente agora que é adolescente, mas o pai não sabe como ir além das palavras e dos sermões, é incapaz de chegar aos sentimentos, por demais endurecidos no seu sistema de certezas. Apesar do clima dos encontros não serem gratificantes para o pai, ele nunca falta a nenhuma sessão, embora esteja extremamente atarefado no trabalho e aceita de levar a sua família de origem.

O muro entre Elena e o pai

O trecho da terapia que vem a seguir foi tirado de uma dentre várias sessões feitas com a Elena e seu pai, sozinhos, na tentativa de conseguir derrubar o muro que os mantém distantes e divididos desde sempre.

Elena: Eu com ele tenho uma relação tão difícil que... têm tantas coisas que eu não consigo dizer a ele!

Terapeuta: Desculpa, mas posso fazer uma pergunta? Olhar nos olhos dele também é difícil quando você fala com ele?

Elena: Sim.

Terapeuta: Porque você, falando dele, olha para mim, é como a caçapa na mesa de bilhar!

Pai: Mas ela pode brincar com o espelho se quiser, podemos cruzar os olhares através daquele espelho.

Terapeuta: Isso é pior! O senhor também não pode olhar a sua filha nos olhos. Faz quantos anos que vocês se evitam?

Elena: Não, não, eu não olho nunca ele na cara! Ainda mais nesse momento que está voltando a depressão, choro frequentemente, não durmo de noite, às vezes não consigo comer, portanto... é um período terrível.

Terapeuta: Me parece que entre vocês falta intimidade e confiança também. Isso são coisas que não estão relacionadas à idade ou ao sexo, a intimidade e a confiança estão relacionadas a algumas histórias difíceis pelas quais vocês passaram. É necessário entender o que aconteceu no que diz respeito à intimidade e à confiança. Talvez se falarmos sobre isso possamos avançar. Porque eu acredito que a confiança parou há muito tempo e não sei quem de vocês dois a parou.

Pai: O senhor acha?

Terapeuta: Não acho que a Elena confie.

Pai: Posso dizer que está absolutamente correta a afirmação de que não temos intimidade, porque isso é uma coisa que se constrói, evidentemente, na possibilidade de manter por um tempo um relacionamento seguramente mais próximo com relação ao que temos, sobre a confiança, não sinto sinceramente que... eu tenho grande confiança na Elena.

Terapeuta: Você acha que o papai tem confiança em você?

Elena: Sim, confiança, sim, acredito que ele confie em mim, eu, ao contrário, não confio nele. Sinto como ele brincasse comigo.

Terapeuta: Não confia mesmo nele! Por que você espera dele traições, abandono?

Elena: Sim, eu acho que ele brinca comigo, porque me liga pouco, tem pouco interesse em mim, isto é, nos falamos só por causa de coisas materiais, é feio dizer materiais, mas quando precisa comprar alguma coisa, sim.

Terapeuta: Ou seja, você se sente órfã de pai?

Elena: Sim.

Terapeuta: Como se ele estivesse, de alguma maneira, morto para você?

Elena: Sim, eu não sinto um pai presente, sim!

Terapeuta: Ele sabe disso? Sente ou nega isso?

Elena: Não, eu acho que um pouco ele entendeu. Isto é, às vezes eu ligo para ele, mas porque me esforço para isso, ou porque me pedem. Outras vezes, se fosse por mim que não ligaria mesmo, porque toda vez que eu ligo eu não sei o que dizer, ou sinto que ele está distante, fala comigo sobre coisas da escola, que para ele, por exemplo, é algo fundamental, enquanto para mim é muito menos. Para ele a escola é tudo, é como se ele me julgasse somente com base no meu desempenho escolar.

Terapeuta: O único assunto que interessa a ele é a escola?

Elena: E o futebol!

Terapeuta: Por que você joga futebol?

Elena: Não, pelo meu time.

Terapeuta: Qual o teu time:

Elena: O Lazio, porque ele sabe que eu sou uma grande torcedora e, então, o assunto que mais falamos é escola e o futebol, caso contrário, não temos assunto para falar!

O problema do telefone

Terapeuta: Você nunca pensou que ele lhe traiu por outra pessoa? Que deixou uma filha para ter uma companheira?

Elena: Não, nunca fui dessa opinião, que um pai possa trair um filho por um companheiro, isso vale para ambos, seja para o pai ou para a mãe, mesmo que as relações sejam diferentes. Porém me parece que desde quando ele está com essa mulher as coisas estão diferentes, como se ela o freasse um pouco, posso dizer assim.

Terapeuta: E ele o que faz para não ser freado?

Elena: Mas ele, por exemplo, liga pouco de casa, ele não faz nada.

Terapeuta: Mas no sentido que ele fica desconcertado ao ligar de casa porque a companheira poderia pensar que ele liga demais para a sua filha?

Elena: Sim. Ele me liga sempre do carro, senão quando entra em casa está uma confusão, tem as meninas, e tem ela. Então, ele me liga do carro. Eu também ligo para ele quando ele está voltando para casa.

Terapeuta: Ou seja, você nunca liga para a casa dele?

Elena: Ah, poucas vezes.

Terapeuta: E quem liga mais?

Elena: Eu!

Terapeuta: Por quê?

Elena: Porque senão ele não liga!

Terapeuta (dirigindo-se ao pai): Você concorda com essas coisas?

Pai: Pessoalmente sobre muitas coisas não!

Terapeuta: Me diga sobre o que?

Pai: Em ordem, começo pelas coisas bobas que são as ligações, posso falar claramente, né? Me enche o saco, porque eu passo a minha vida ao telefone por causa do trabalho, obviamente. Então, não existe a possibilidade de eu ligar para um Hotel Residence onde tem um filho da p... de porteiro que me deixa dez minutos esperando, eu, dez minutos de tempo, eu não tenho, professor!

Terapeuta: Ah, mas porque passa pela recepção para poder falar com ela?

Pai: Claro! Se passa pela recepção e aí se começa a contar, um, dois, três, quatro, mil! Onde será que a Elena está? Na vó, na mãe, na tia? E dez minutos: Estimado professor, isso não é para mim, não é para mim!

Terapeuta: Nunca deu de presente um celular para ela?

Elena: Mas eu tenho e está sempre ligado!

Pai: Está certo, certo. Quando eu ligo para ela, eu ligo sempre para o celular.

Terapeuta: Então, na realidade, não precisa passar pela recepção?!

Pai: Quando eu preciso e posso ligo para o celular. Quando não estou com o celular ou não posso, tenho que passar por lá porque eu não me lembro de nada, os números de cabeça eu não me lembro e ligo para o número do hotel porque é o único número fácil que eu lembro, e assim, então, fico dez minutos, quinze minutos, cai a ligação e eu tenho que ligar de novo!...

Terapeuta: Você poderia ter o número de telefone da sua filha na carteira?

Pai: Eu tenho o número da Elena na agenda e no celular e ligo para ela quando eu posso. Quando eu não posso porque tenho que ligar de um telefone fixo e o número eu não lembro...

Terapeuta: Ah, viu?!

Elena: Está bem, mas não é muito difícil gravar um número de telefone na memória, hein! O teu eu sei de cabeça, o que quer dizer que se eu não tenho o celular ou a agenda eu não ligo?

Terapeuta: Qual é o número de celular da sua filha?

Pai: Não sei, não me lembro!

A tentativa de suicídio

Elena, assim como a Carla da terapia anterior, também é escritora. Escreve isso depois de um tempo que tentou o suicídio:

> Aquela noite eu não sentia medo,
> Tudo me parecia estranho,
> Estava tudo diferente,
> Via as coisas como nunca havia visto antes
> E depois de cento e cinquenta comprimidos para dentro,
> Sem nem lembrar de ter deitado
> A minha cabeça pesada e cheia de pensamentos,
> Mesmo os mais absurdos,
> Sobre o travesseiro.

O que se segue é, ao contrário, o que ela conta para Andolfi sobre o seu despertar no hospital depois da tentativa de suicídio:

Elena: Quando me acordei do coma, não me lembro que dia era, porém vi o papai entrar no quarto. Podia entrar só uma pessoa. Depois ele me perguntou se no dia seguinte deveria entrar a mamãe ou ele, e eu lhe disse: a mamãe. Desde aquele dia eu vi sempre a mamãe, porque é como se eu acreditasse que a mamãe, por ter passado momentos difíceis assim, em níveis extremos...

Terapeuta: Pudesse estar em contato contigo.

Elena: Sim.

A terapia

É difícil resumir em poucas páginas o trabalho terapêutico de três anos. Os objetivos mais importantes, todavia, foram sobre redefinir, ou melhor, sobre construir um *ex novo*, os limites intergeracionais e o reforço das funções dos pais, principalmente a função materna, para poder permitir a Elena a aprender a ser uma adolescente de maneira saudável, sem oscilar entre o papel de princesa da casa ou de socorrista da mamãe.

Em três anos, Elena encontrou durante as sessões todo o seu mundo de relações que, em diversas configurações, aceitou a proposta de terapia: primeiramente a família do hotel, depois o pai dividido entre Elena e a sua nova família, a mãe que pode se reabilitar pela segunda vez (nesse caso como mãe, conseguindo lentamente retomar o seu lugar de mãe) e, encontrar um lar verdadeiro onde crescer junto com a filha e, não menos importante, os amigos de Elena, apoio frequentemente ignorado pelos psicoterapeutas. Enfim, os outros profissionais com os quais fora necessário criar uma sinergia; entre eles, o neurologista que, durante a terapia, desmentiu, com razão, o diagnóstico de epilepsia, modificando o tratamento anterior antiepilético e favorecendo assim uma reabilitação social da garota. Nos últimos tempos, também foi importante a contribuição de uma terapeuta individual que permitiu à garota de se projetar no futuro, uma vez que estava pacificado o passado.

O *follow-up* dez anos depois

Há alguns meses, cerca de 10 anos depois da terapia com essa família, Andolfi revê em um encontro de *follow-up* Elena e a sua mãe. Na realidade, o encontro surge a partir do pedido de conselho por parte de Elena com relação ao relacionamento entre o seu primeiro filho e o pai, que se separou deles e que vive numa cidade do norte da Itália. A criança vê muito pouco o pai, que fez outra família e, Elena teme que com o seu primeiro filho esteja se repetindo a sua história de péssimo relacionamento com o pai, em resumo, que exista um novo muro entre um pai e um filho.

Elena, depois dessa primeira união da qual teve esse filho, que hoje está com 6 anos, se casou com um homem do qual teve dois filhos gêmeos que têm aproximadamente 2 anos de idade. Trabalha em funções de responsabilidade no hotel da família, mas mora com o marido e os filhos no seu apartamento.

Depois de afetuosos cumprimentos, o grupo se senta para lembrar juntos da terapia e falar sobre o tempo que passou até os dias de hoje.

Elena conta que com o pai, agora, as coisas estão melhores, ele está mudado, veem-se com mais frequência do que antes e, principalmente, o pai tem grande consideração por ela, seja como mãe, seja como trabalhadora. Os ressentimentos parecem estar superados, até porque Luciano e Tiziana alcançaram novos equilíbrios na relação entre eles.

O que chama especialmente a atenção nesse encontro, entretanto, é o reconhecimento por parte das duas mulheres do quanto tenha sido fundamental a mudança da mãe para possibilitar o crescimento da Elena. A ligação profunda entre elas, feita não só de amor, mas de grande cumplicidade e compreensão de uma para com a outra, as manteve próximas nos destinos em comum de invisibilidade, mas também souberam transformar em recursos para ambas, permitindo que elas entrassem em papéis diferentes e finalmente, adequados. Vejamos como é contado para o terapeuta:

Terapeuta (dirigindo-se à mãe): Uma coisa que a Elena disse por telefone é de como a senhora está mudada!

Mãe: Sim?

Terapeuta: Que eu me lembre, realmente nós trabalhamos tanto naqueles encontros não só sobre a Elena, mas também sobre a senhora, não?

Mãe: Sim, sim.

Terapeuta: E quando nos deixamos, para a senhora era uma vida completamente diferente com relação à época em que nos conhecemos, no início da terapia.

Mãe: A síndrome da cama vazia, o homem de verdade, os medos...

Terapeuta: Os medos... E, também um pouco mais, não se sentir reconhecida por tanto tempo por ninguém na família, e visto que era criativa, era tida como uma que não produzia, não é mesmo? Lembra-se?

Mãe: Sim.

Terapeuta: A senhora já tinha dado um salto, mas quero dizer, hoje como está? Em âmbito profissional, em âmbito sentimental?

Mãe: Então, a Síndrome da cama vazia desapareceu, porque estou muito bem até mesmo sozinha. Ou seja, se eu durmo sozinha, durmo bem. Portanto, isso já...

Terapeuta: É uma mudança enorme!

Mãe: E, eu encontrei um homem de verdade!

Elena: Faz três anos que estão juntos!

Terapeuta: Que recorde!

Mãe: Não, principalmente são três anos que eu não traio. Porque eu tinha uma tendência à traição! E resolvi isso. Portanto, dentro de mim...

Terapeuta: Resolveu isso como?

Mãe: Não traindo! Em ser fiel comigo mesma, em me respeitar como mulher, isto é, se eu decido e sou um casal, eu vivo o casal. No momento que preciso trair, coloco em discussão o casal e então, deixo.

Terapeuta: A sua autoestima aumentou?

Mãe: Sim, sim, porque não tenho mais necessidade afetiva contínua dos outros, então...

(*A senhora conta que do ponto de vista profissional está tendo muito sucesso expondo as suas obras em várias exposições. Até o seu ex-marido comprou um quadro seu e o colocou na sala da sua casa*)

Terapeuta (dirigindo-se à Elena): Viu que mãe, hein? E pensar que os seus tios diziam: "Essa faz esses quadrinhos em vez de trabalhar!".

Mãe: Ah, sim. E, também a vitória para com a minha família: meu pai quer colocar os meus quadros e as minhas fotos nos quartos do hotel. Então, finalmente, voltam para o lugar deles, porque na realidade, eu os fiz para colocar lá, eles que haviam retirado todos e levados para o sítio.

Terapeuta: Ah, é mesmo?

Mãe: E eu como estava um pouco abatida... porque o meu esforço foi pouco levado em consideração...

Terapeuta: Então, isso deu um novo valor para tudo. O seu ex-marido lhe deu um novo valor e comprou um quadro, o seu pai lhe deu um novo valor...

Mãe: A minha arte!

Terapeuta: E o que pode querer mais?

Elena: Bem! E uma avó fantástica, as crianças a adoram, como avó nos ajuda!

Terapeuta: Excepcional! (*dirigindo-se à mãe*) Lembra-se os anos difíceis da vida?

Mãe: Nossa senhora! Eu me lembro que chegou um ponto que eu sentia estar me perdendo... eu vivia dentro desse sentimento de profunda tristeza... essa essência do vazio feminino, no caso de não sermos correspondidas. Nós falamos e o outro não nos responde. Mas depois eu encontrei o meu equilíbrio!

Terapeuta: E foi muito bem! Me parece que ela (Elena) também esteja seguindo por esse caminho agora.

Mãe: Sim, sim.

Elena: Sim, eu também me sinto libertada, eu vou lá para trabalhar. Ou seja, agora o hotel é visto por mim como um local de trabalho, isto é, eu o vejo como um apoio, porque eu sabia que não existiria perspectiva de vida para mim vivendo lá. Não gosto, nem para mim, nem para os meus filhos.

Terapeuta: Mas você nunca, claro que essas perguntas não são legais, mas você nunca refletiu sobre o que estava fazendo aos 18 anos?

Elena: Eu era outra pessoa, ou seja, eu não consigo me reconhecer naquela pessoa hoje. É como se eu tivesse visto um filme ou como se tivessem me contato!

Terapeuta (*dirigindo-se à mãe*): E a senhora, consegue se lembrar como a senhora era quando era outra pessoa? Como a senhora se vê? Porque a senhora também... mesmo não tendo tentado o suicídio, porém chegou perto de destruir completamente a sua vida!

Mãe: Sim, de fato, eu brincava com a morte todos os dias, com as drogas, né?

Terapeuta: Exato. Portanto a senhora nunca chegou a compreender o risco que poderia realmente morrer.

Mãe: É, mas eu estava pior porque eu tentava me destruir lentamente, né?

Terapeuta: E a senhora lembra daquele período da sua vida? Faz parte da senhora ou a senhora também tende a não lembrar mais?

Mãe: Não, eu identifiquei isso como a minha necessidade de fugir da realidade. Do medo de enfrentar todas as pessoas que estavam a minha volta, porque eu não conseguia, emocionalmente me causavam medo. Então, as drogas eram como um manto. Infelizmente eu não reconhecia que aquele manto era o manto de um demônio, isto é, que era um veneno, eu via como uma coisa que me protegia (...). Depois, disse a mim mesma: "Mas se eu tive coragem de usar aquelas drogas que me levariam à morte, posso ter a mesma coragem para ir em direção à vida!". Portanto, quando estou passando por momentos que me sinto mais frágil, que tenho medo...

Terapeuta: Encontra novamente essa força.

Mãe: Eu digo: "Mas como? Eu tenho que vencer porque já venci tantas outras batalhas!".

Terapeuta: Mas, então, quem a salvou? Foi a sua filha, ou na verdade, o pensamento que tinha uma filha? O que aconteceu que a senhora...

Mãe: Eu pensei que eu deveria me salvar justamente por essa criança!

Terapeuta: Então, na realidade, foi mesmo ela (indicando Elena). Porque você sempre procurava entender por que havia nascido, não é mesmo? Não era assim?

Elena: Sim.

Terapeuta: No fundo, viu a importância que você teve? Além de você. Então se você não existisse, quem sabe onde estaria a sua mãe hoje?

Mãe: Entre o céu e as estrelas!

Terapeuta: Porque você foi realmente uma âncora para ela. E não foi por acaso que a ajudou tanto.

Mãe: Sim, muito!

Terapeuta (dirigindo-se à mãe): A protegia. Nós adultos dizemos sempre que protegemos os nossos filhos, mas frequentemente acontecesse o oposto, não? E mais, nos momentos difíceis que ninguém lhe reconhecia em casa, porque eu me lembro das sessões como se fosse ontem, a senhora era tratada muito mal. A única que a apoiava era a sua filha. Não era assim?

Mãe: Sim, sim, mas eu vejo isso!

Terapeuta: Vocês se ajudaram muito juntas.

Elena: Sim, muito.

Capítulo 5

O RECURSO DOS IRMÃOS E AS INTERVENÇÕES EM REDE

OS IRMÃOS NA ADOLESCÊNCIA E NA TERAPIA

Os irmãos crescem amadurecendo e envelhecendo juntos. A ligação fraterna apresenta uma peculiaridade de compreender todas as fases da existência, da infância até a velhice; é o laço mais duradouro e, justamente por isso, possui uma intensidade flutuante de acordo com as circunstâncias. Salvador Minuchin define a relação fraterna como o "guardião das fronteiras familiares".

Já descrevemos nos capítulos anteriores como os irmãos e as irmãs não assumem sempre o mesmo valor dentro da família. Podem existir *cavaleiros brancos* e *cavaleiros negros* (Whitaker, 1989), considerados pela família detentores, respectivamente, de competências saudáveis ou de competências patológicas, podem existir os inteligentes e os frágeis e, assim por diante. Se existe uma grande diferença entre um filho e outro, que os coloque sob uma luz hipotética de classificação entre filho de série A e de série B, significa que estamos diante de distorções que devem ser avaliadas para rastrear eventuais triangulações negativas, mesmo com relação ao gênero sexual, à ordem de nascimento e a eventos imprevisíveis acontecidos na família. São justamente essas variáveis que traçam rumos diferentes e, às vezes, profundamente distantes no crescimento dos filhos, que de algum modo são programados desde cedo (às vezes antes da concepção) pelos pais e pela família extensa. Basta pensar na própria escolha do nome, que frequentemente reflete regras, tradições, mitos familiares que parecem já antecipar destinos de vida diferentes e, às vezes, contrastantes. Se depois desviarmos o olhar bem mais adiante, para o crescimento dos irmãos, elementos de bastante conflito e de competições podem surgir ou serem reativados, no fatídico momento da herança, verdadeiro termômetro para avaliar a qualidade das relações familiares: é justamente na distribuição dos bens, com a morte dos pais (fato tanto concreto quanto afetivo), que repropõe a maneira com a qual a família programou o destino dos filhos e come é a natureza das suas relações. Frequentemente, frente a injustiças afetivas tão óbvias, o resultado pode ser a construção de uma barreira e o distanciamento total entre os irmãos ou, em alguns casos, o aparecimento de brigas infinitas entre as novas famílias. Sair dessas interferências pesadas, que vão da geração adulta para a próxima, é possível, mas quase sempre com um alto preço pessoal e relacional. Porque pode acontecer que, para se chegar a um acordo entre irmãos, seja necessário "trair os pais" e se aproximar menos das poderosas lealdades invisíveis feitas de crédito e débito familiar, como descrito por Boszormenyi-Nagy e Spark (1973).

Outro elemento importante para compreender a qualidade das relações fraternas é o que Bank e Kahn definem como *nível de acesso*: o pertencimento ao mesmo gênero e a proximidade de idade determinariam um alto acesso (Bank; Kahn, 1982); nesses casos, a relação entre irmãos seria caracterizada pela reciprocidade, simetria e empatia (Dunn; Plomin, 1990) além do compartilhamento das experiências emotivas, e isso leva a uma relação estreita, íntima e qualificada por um alto grau de lealdade. Irmãos com baixo acesso, pelo contrário, geralmente são do sexo oposto e agem como se viessem de duas gerações diferentes: têm uma diferença de idade de pelo menos oito-dez anos e, portanto, não tem uma história compartilhada, o que os caracteriza é uma "parcial identificação", como dizem Bank e Kahn, que pode levar a um sentimento de estranheza. Hoje, com o aumento das famílias reconstituídas, o número de irmãos com baixo acesso aumentou, considerando a grande diferença de idade que pode existir entre os filhos do primeiro casamento e os filhos do novo casal.

Todavia, temos que admitir que na nossa experiência terapêutica temos tido muitas confirmações do que foi dito antes. Também ocorreram situações de características opostas; com jovens muito próximos em idade, mas totalmente incapazes de colaborar e compartilhar experiências de vida tão próximas. Como também irmãos com grande diferença de idade, onde o maior se tornava uma espécie de mito para o menor, uma guia a ser seguido nos momentos de dificuldade, das adversidades da vida. Enfim, a relação horizontal entre irmãos, de idades próximas ou distantes, e para além do gênero sexual, é fortemente condicionada pelo quanto os pais conseguem permitir aos filhos serem irmãos ou, na verdade, pelo quanto são capazes de não fazerem triangulações negativas entre eles e não envolvê-los nas dinâmicas do casal e nos *mandatos familiares*, que às vezes minam a base natural de aliança geracional entre os irmãos.

A presença do subsistema entre irmãos em sessão familiar conjunta, com o seu tipo de funcionamento, é uma ótima oportunidade para avaliar a permeabilidade dos limites familiares (Minuchin, 1974) e para detectar a possível presença de filhos parentalizados (Framo, 1992) ou aqueles considerados mais essenciais para o equilíbrio familiar; representa, além disso, um importante recurso terapêutico em momentos críticos e conflituais dentro da família, como veremos em breve.

Ser irmão de crianças com problemas, físicos ou psicológicos, representa em si um grande desafio na construção de uma aliança geracional, também porque uma criança com uma doença grave ou crônica tenderá a ser superprotegida pelos pais e, no geral, pela família, enquanto as crianças saudáveis, pelo contrário, inevitavelmente serão mais negligenciadas em nível afetivo, ou fortemente "adultizados" desde a infância.

Na terapia, verificamos que irmãos de meninos que apresentam transtornos psiquiátricos ou físicos graves e que necessitam de cuidados constantes na família podem se dividir, grosso modo, em três categorias: há aqueles que são totalmente envolvidos no caso do irmão doente, que renunciam à sua própria liberdade para cuidar do irmão. Esses acabam por absorver a atmosfera emocional que se respira dentro da família e que, na adolescência, poderão viver estados de profunda tristeza que, infelizmente, muitas vezes é negligenciada, enquanto toda a atenção se concentra na doença do outro. No segundo grupo há aqueles jovens que, ao longo do tempo, se retiram e desviam todos os seus interesses para fora da família problemática, frequentemente acusados de egoísmo e, muitas vezes, estão cheios de culpa por "terem fugido de casa" e por terem privilegiado as próprias necessidades em vez das sérias dificuldades de um irmão. No terceiro grupo há, por fim, irmãos saudáveis em constante mediação entre as necessidades do irmão doente e as maneiras, por vezes julgadoras ou negativas, utilizados pelos pais na resolução do problema.

No volume *La terapia narrata dalla famiglia* (Andolfi; Angelo; D'Atena, 2001) se realiza um grande trabalho catamnésico sobre os resultados depois de muita terapia familiar. Entrevistando os irmãos entendemos muitas coisas: em primeiro lugar, compreendemos como é difícil construir uma motivação familiar conjunta em que cada um, por um lado, se comprometa a estar disponível para o trabalho terapêutico para um projeto comum, e por outro lado, se questione sobre as expectativas pessoais, ou seja, sobre os benefícios que podem ter para si mesmos na terapia. O que nos foi dito, no encontro à distância, por muitos adolescentes convocados cada um a seu tempo para a terapia por causa dos problemas psicológicos de um irmão, é que entenderam o sentido de presença deles em tantas sessões, todas focados nos problemas do irmão doente, e admitiram que concordaram em participar pela pressão insistente dos pais pelo bem do conjunto problemático. Em alguns casos, percebia-se a decepção e o desapontamento por não terem encontrado um espaço adequado na terapia para falar sobre seus problemas ou necessidades, que foram desconsiderados pela família.

Uma garota anoréxica, que havia iniciado uma terapia em condições físicas e psicológicas dramáticas, nos contava, em uma sessão de reavaliação, três anos após o fim da terapia, ter pensado por muito tempo em não ter uma irmã, na realidade, apenas como um incômodo. Apenas quando fora curada a sua doença, ela fora capaz de redescobrir com prazer, com dezessete anos, ter uma irmã. Esta última, dois anos mais nova, tinha finalmente sido capaz de admitir, na frente da irmã e dos pais, de tê-la odiado por todos esses anos por ela ter tirado seus pais que, por causa dela, eles não a tinham acompanhado nos estudos por todos os cuidados e atenções que foram ser reservados a ela.

Tudo isso confirma, mais uma vez, o quanto as doenças acabam afetando profundamente a organização afetiva das famílias, muitas vezes dividindo os irmãos e causando fortes sentimentos de exclusão na pessoa que desempenha o papel de saudável: a terapia deveria ajudar não só a curar aqueles que carregam consigo um sério problema, mas também deveria ajudar a recompor as fronteiras entre as gerações e reforçar o senso de cumplicidade e compreensão entre irmãos.

Em nossa experiência terapêutica, muitas vezes favorecemos essa redescoberta de uma compreensão afetiva na fratria, convocando, no momento oportuno, somente o subsistema dos irmãos para a sessão. O simples fato de não incluir os pais nesses encontros representava um movimento claro e forte de distinção entre os dois planos geracionais e uma rara oportunidade de fazer os adolescentes interagirem sem a mediação ou interferência dos adultos.

O julgamento dos filhos e as suas sugestões sobre como transformar os tipos de relacionamentos altamente disfuncionais na família sempre foram muito úteis. Por um lado, nosso interesse se voltava para o passado: a história da família e de seu crescimento desde a infância em diante, os eventos mais significativos no ciclo de vida da família bem antes da doença/transtorno de um filho (o que nos levou a iniciar a terapia), a relação entre os pais, tanto em termos de cuidado e orientação para os filhos, quanto na dinâmica do casal. Muitas vezes, equivocadamente, pensa-se que o território conjugal seja privado, esquecendo que os filhos são testemunhas privilegiadas e observadores interessados em como os pais são como casal, especialmente na adolescência, quando eles mesmos começam a se analisar com base nos relacionamentos amorosos. Se se quer criar um forte entendimento entre irmãos, estes são meios fundamentais para ativá-los, e a maturidade e o equilíbrio com os quais eles conseguem falar sobre temas que são frequentemente tabus em casa são surpreendentes.

Posteriormente, é necessário abordar assuntos do presente, aqueles em que o transtorno/doença de um filho parece dominar todo o campo: procuramos explorar como o território da doença e da saúde estava bem separado na família, com uma clara divisão de funções (aquelas do filho sadio e aquelas do filho doente) e se passa a uma tentativa de recriar uma competência única, a dos irmãos, usando as diferentes experiências de vida de ambos.

Vimos, neste volume, como é possível redefinir um comportamento disfuncional e qual o valor cognitivo e experiencial que muitas manifestações psicopatológicas possuem; por isso, gostamos de redefinir e ampliar os limites das crianças normais, muitas vezes profundamente privadas de um interesse genuíno pelas suas fragilidades e pelas suas patologias ocultas. É surpreendente notar como tudo isso é libertador para os irmãos, como se as palavras pudessem finalmente ser atribuídas a sentimentos e a estado de ânimo, muitas vezes, vividos e sentidos na solidão.

Depois de nos colocarmos dentro da família e de criar um laço de forte compreensão entre os filhos, podemos explorar a vida de relacionamento dos filhos no mundo exterior, na escola e entre o grupo de amigos. Ao deixar a família, muitas vezes é possível observar a extrema fragilidade daqueles que intimidaram seus pais por causa de sua doença (basta pensar nas pacientes anoréxicas ou nos jovens psicóticos!) ao encarar o mundo exterior: os verdadeiros medos estão fora das paredes de casa, mesmo que as batalhas afetivas sejam jogadas em casa. Os encontros com os irmãos podem ser uma área privilegiada para melhor entender a abertura, maior ou menor, para o meio social de cada um e um recurso adicional a ser utilizado posteriormente, em encontros conjuntos com toda a família.

INTERVENÇÕES EM REDE

Com o conceito de rede queremos nos referir a todos aqueles sistemas, sejam eles primários ou secundários, que constituem, no ambiente de vida de cada indivíduo, recursos naturais que podem servir como suporte nas intervenções de ajuda.

A terapia de rede foi desenvolvida na década de 1970 por Ross Speck e Caroline Attneave (1975). Trata-se de um modelo de intervenção clínica que se caracteriza como uma *terapia familiar extensa* (entre amigos, parentes, vizinhos etc.), através da qual se ativam as forças terapêuticas que se encontram no tecido social das pessoas que sofrem de patologias psiquiátricas. Os dois psiquiatras identificaram, também, algumas redes de redes que chamam de "tribos", capazes de oferecer às pessoas uma cadeia de relacionamentos, dando identidade e um senso de pertencimento a um grupo social mais amplo.

Trinta anos atrás, o meio social representava a moldura, a marca contextual dentro da qual se observava o desenvolvimento normal ou patológico da família. Não se podia descrever uma família sem ilustrar os elementos básicos que faziam entender a qualidade e a natureza problemática das relações sociais de seus integrantes.

O meio social era o recurso a ser ativado quando uma família estava em dificuldade devido a problemas do casal ou a transtornos psicológicos pessoais de um adulto ou de uma criança. A visita domiciliar era uma prática muito frequente e eficaz na maioria dos Serviços Institucionais de Tratamento e, mais ainda, em situações de crise. Havia igual valor social a reunião da equipe, que via sentados à mesma mesa todos aqueles que, com diferentes tarefas e profissões, intervinham no tratamento de um paciente, fosse de uma única pessoa, fosse de um casal ou de uma família.

As primeiras conferências internacionais de importância histórica organizadas por Andolfi e pelo Instituto de Terapia Familiar, realizadas primeiramente na Itália, em Roma em 1975 e depois em Florença em 1978, tinham o título "Terapia familiar na comunidade", para dar validade de que a comunidade era o lugar eletivo para observar e ajudar famílias em dificuldade.

O que devemos nos perguntar hoje é o que fizemos com o quadro social na terapia. Por um lado, em consonância com o crescente individualismo de nossos tempos, estamos testemunhando um retorno de intervenções centradas no indivíduo: basta pensar sobre a quantidade de trabalhos publicados sobre terapias sistêmico-relacionais individuais ou sobre a ideia "pós-moderna" que mesmo em intervenções com um indivíduo são formas de terapia familiar; por outro lado, o aumento da marginalidade e desintegração social de muitas famílias italianas e os novos fenômenos migratórios, com a presença maciça de diferentes culturas em nosso país, exigem que voltemos àquele trabalho em rede cujo caminho foi traçado pelos pioneiros da terapia familiar já nos anos 70. Basta pensar, além das de Ross Speck, nas experiências extraordinárias de Salvador Minuchin, Albert Scheflen e Dick Auerswald, Israel Zwerling, para citar apenas algumas.

Em março de 2005, Andolfi intitulou sua contribuição para uma edição especial da revista *Terapia Familiare*: "Il ritorno al sociale: utopia o necessità per gli psicoterapeuti della famiglia?". Entre as muitas reflexões sobre essa questão, ele se expressou da seguinte forma:

> Algumas vezes me perguntei por onde andava a criatividade, a vitalidade de um movimento que, durante anos, encontrou recursos dentro das famílias em dificuldade que vinham pedir ajuda e no mundo de suas relações sociais, bem como a discussão dos pacientes por uma equipe multidisciplinar aberta e apaixonada, em vez dos paradigmas novos e separados dos teóricos dos sistemas, muitas vezes construídos *sobre* os usuários e não *com* a sua contribuição ativa. (Andolfi, 2005)

Nesta linha de pensamento, voltada para a vida social, apenas um ano depois, foi organizada pela Academia de Psicoterapia da Família na cidade de Oaxaca, no sul do México, uma Conferência Internacional sobre "O trabalhando com comunidades e famílias marginalizadas". O objetivo da conferência era de colher as experiências mais significativas de muitos profissionais que trabalham nas trincheiras, nas partes mais diversas e remotas do planeta. Não era somente pelo contexto emocional que havia sido criado, ouvindo experiências de trabalho em ambientes violentos, degradados, pobres e marginalizados na Colômbia, no México, no Brasil até chegar ao Egito e à Palestina, só para citar alguns. Mas o que mais impressionavam eram as ideias e a criatividade expressas por aqueles que apresentaram e representaram, através da ajuda de vídeos e fotomontagens (todos de excelente qualidade), realidades sociais e familiares tão carentes quanto ricas em recursos inesperados. Em essência, o quadro foi o da terapia comunitária e intervenções psicossociais, onde os problemas são abordados em conjunto. No trabalho proposto por Barreto e pelo seu grupo de Fortaleza (Barreto, 2008) foram apresentadas intervenções de rede que remetem às experiências pioneiras de Ross Speck, onde as pessoas dançam, comem, conversam e sentem a força de serem solidárias em um plano concreto e em uma realidade com necessidades sociais básicas. Cada dia de trabalho foi animado pela Orquestra Sinfônica de Medellín, composta por adolescentes (33 deles chegaram a ir à conferência) que durante anos foram recolhidos da rua e começaram a se tornar grandes artistas de concerto. Trata-se de um programa de trabalho psicossocial, de acordo com o lema: "Uma criança que aprende a usar um instrumento musical nunca segurará uma arma". Assim, da banda armada, se passa para a banda musical!

Para mais detalhes, é indicado ao leitor ao volume intitulado *The Oaxaca Book* (Andolfi; Calderón, 2008).

O trabalho em rede, na realidade, ainda é especialmente útil hoje em situações de crise, de perigo pessoal, familiar ou no seu meio, em situações de emergência, justamente para responder a um problema grave de maneira forte, usando o máximo de recursos disponíveis. Trata-se de um trabalho que visa principalmente potencializar as redes primárias, constituídas pelas relações estabelecidas pelo sujeito, durante sua existência, não apenas na esfera familiar, mas também de vizinhos, amigos, colegas de trabalho.

O ADOLESCENTE E OS SEUS AMIGOS DURANTE A SESSÃO

Os amigos têm um valor emocional muito importante para todas as idades, apesar de terem funções diferentes ao longo de nossas vidas. Os amigos representam nossos companheiros nos vários estágios evolutivos, começando com os amigos da escola e do pátio, e são os pontos de referência fora da família, graças aos quais nós nos avaliamos e nos medimos no contexto social. Além disso, representam um suporte emocional nas passagens da vida que exigem a avaliação dos processos de separação-individuação, desempenhando uma função positiva de conter a dor diante das adversidades existentes. Eles são aqueles que frequentemente nos ajudam a curar as feridas emocionais que a vida nos inflige e que compensam as deficiências em nossos outros relacionamentos, por exemplo, em situações de doença, luto, separação conjugal hostil, solidão.

Vamos pensar, por exemplo, em que tipo de recurso especial o grupo de amigos pode incorporar para adolescentes com pais separados: através de rituais e contextos típicos da idade, os garotos podem se ajudar e podem compartilhar os estados de espírito e as dificuldades relacionadas aos problemas afetivos resultantes de muitas rupturas familiares. O contexto de amizade se oferece, também, como um lugar encorajador para desenvolver partes de nós mesmos que são inacessíveis ou inexploradas dentro da família.

O enorme valor emocional dos amigos está no fato de eles representarem a memória de nossos processos de desenvolvimento familiar e social, pois viveram conosco uma parte da nossa existência e, com eles, construímos uma relação de intimidade e de compreensão profunda ao longo dos anos.

Em algumas situações, os amigos podem até mesmo incorporar a família: para pessoas solitárias ou problemáticas, constantemente acompanhadas de sentimentos de marginalização e solidão, alguém que pode ou quer se chamar de amigo e que mostra um interesse real por elas pode ser de fundamental importância em certas circunstâncias.

Russel Haber fora o primeiro a utilizar o sistema de amigos na terapia (Andolfi; Haber, 1994) e a teorizar sobre a função dos amigos como verdadeiros consultores a serviço da terapia familiar. Na realidade, para Haber, esse tipo de convocação aconteceu de maneira absolutamente aleatória, durante uma terapia familiar com um adolescente agressivo. A terapia havia ajudado com vários problemas familiares, mas não conseguiu mudar substancialmente os problemas comportamentais do menino na escola. A convocação dos amigos do menino na sessão se mostrou um recurso inesperadamente válido para superar o *impasse* e, desde então, Haber a incluiu de maneira significativa em seus métodos terapêuticos.

Seguindo seu exemplo, por muitos anos nós também introduzimos amplas sessões com amigos em nosso repertório terapêutico: assim, convidamos os amigos de adolescentes, amigos do casal e, em todo caso, adultos em geral, amigos dos idosos e amigos dos imigrantes, verdadeiras testemunhas privilegiadas, destes últimos no que diz respeito ao desenraizamento da família e à distância do seu mundo familiar e social de origem. O objetivo é sempre o mesmo, explorar áreas do meio social que aumentam a lente com a qual observamos a dimensão da família e dos problemas do indivíduo e que nos permitem encontrar recursos reais e concretos no mundo afetivo daqueles que nos pedem ajuda. Pedir ajuda a um amigo, mesmo na terapia, é uma maneira de ativar esses canais de solidariedade e compreensão, tão importante para as pessoas que estão passando por condições particularmente frágeis e que precisam reconquistar a confiança em si mesmas e em seu mundo relacional.

Os amigos representam um grupo de testemunhas privilegiadas de desenvolvimento fora da família do adolescente e são aqueles que podem nos oferecer insights diferentes e muito úteis sobre a sua vida.

O irmão e os amigos de Luisa na sessão

No caso de Luisa, a garota obesa da qual falamos no terceiro capítulo, podemos ver a utilidade de colocar junto o subsistema dos irmãos, amigos e namorado, todos, de qualquer maneira, pertencentes ao mesmo nível de geração.

O trecho a seguir é retirado da sessão realizada com Luisa em uma fase bastante avançada da terapia, quando a menina já havia perdido muitos quilos, com seu irmão Emilio, dois anos mais novo, o namorado da menina, Gianluca, e a sua amiga Emanuela.

Terapeuta (*de frente para o grupo*): Vocês notaram alguma mudança em Luisa nos últimos tempos?

Emanuela: Eu notei uma coisa, e não consigo entender isso que, eu não digo sofrer, mas que me desagrada: quando Luisa é mais gorda ela tem uma alegria única, ela sempre quer brincar. Nós temos uma sólida amizade ... ela é realmente uma pessoa com quem eu realmente estou muito bem e dou risada, de coração. Quando, por outro lado, emagrece, não sei por que, talvez o esforço que faz a segura, parece mais séria, mais pacata, menos alegre ...

Terapeuta: Mais adulta?

Emanuela: Sim.

Emilio: Mais adulta!

Emanuela: Me desculpe, porque eu queria que ela estivesse sempre alegre!

Emilio: É verdade, ela tem razão!

Terapeuta (dirigindo-se à Luisa): Você viu como a sua amiga te vê?

Emilio: Eu também tinha pensado isso, mas imaginei que só eu pensava assim.

Terapeuta: Então, nestes meses de terapia, nós realmente fizemos um desastre... fizemos você perder peso!

Emanuela: Não, porque eu quero que ela emagreça, mas eu também quero que ela continue alegre!

Emilio: Às vezes, ela vai muito fundo, exagera um pouco, mas depois, em outros momentos, se coloca no máximo e então... enfim! Eu não sei o que acontece com ela!

Terapeuta (dirigindo-se a Luisa): Hoje, se você tivesse que dizer a eles em palavras simples, o que você entendeu sobre si mesma através desses encontros com sua família?

Luisa: Sim, bem... Primeiro de tudo, nas várias sessões que fizemos eu percebi que todas as ansiedades que eu tinha não dependiam apenas de mim, que eu era nojenta, esse tipo de coisa. Eu entendi que as coisas dependem de vários fatores, não apenas de uma pessoa.

Terapeuta: Então, a "síndrome do lixo" nós a superamos!

(todos riem)

Luisa: Mais ou menos! Então eu pensei muito sobre o que ela disse, sobre o "coringa", porque há coisas que eu consigo encontrar, mas encontrá-las não é suficiente.

Terapeuta: Eles sabem sobre o coringa?

Luisa: Não, eles não sabem.

Terapeuta: Você quer contar a eles? (*Dirigindo-se aos amigos*) Vocês jogam cartas?

Luisa: A adoção é o coringa, o fato de eu usar a adoção tanto para me esconder quanto para me justificar, enfim, eu a uso como achar melhor.

Gianluca: Como um coringa!

Luisa: Sim.

Emilio: Estou errado, ou isso valia para a gordura também?

Luisa: É verdade; é uma situação difícil, porque no momento em que perco peso é como se tivesse que ficar com um novo papel que não é meu, como se quando estou magra, tenho que ser boa, tenho que fazer algumas coisas que, de certa forma, quando estou gorda (*risos*) o que acontece, acontece!

Emanuela: Você se deixa levar em todos os sentidos!

Gianluca: De qualquer forma, a última vez que ela perdeu peso, quando ficou um palito...

Terapeuta: Quando?

Emilio: Quando ela fez a super dieta!

Luisa: No verão passado eu emagreci vinte quilos!

Gianluca: Isso, quando no final ela perdeu peso, me pareceu que tinha pensado: agora resolvi esse problema, mas têm tantas outras coisas para lidar ... (*para Luisa*) Como se você tivesse sido descoberta, não?

(*Luisa assente*)

Emilio: Na minha opinião, ela pensou que talvez o único problema fosse este e então ela o via como o principal objetivo de vida. Uma vez que eu fiz isso, ela pensava, eu resolvi tudo, mas talvez ela tenha percebido que sendo magra poderia haver outros problemas, talvez mais difíceis. Então ela disse para si mesma: melhor voltar a ser gorda, então eu tenho o objetivo de me tornar magra e não preciso pensar em outras coisas!

Este breve trecho da sessão permite observar em primeiro lugar a simplicidade, a franqueza e a rapidez com que, dentro de um grupo de amigos, todos sensíveis às vivências de Luisa, ainda que com papéis muito diferentes (irmão, amiga, namorado), podemos falar sobre questões fundamentais como a identidade de um adolescente; a adoção, a obesidade, embora tão presentes na vida de Luisa, podem tornar-se curingas para esconder-se e não crescer, evitando assim assumir as responsabilidades inerentes à normalidade. Você pode ser alegre com a gordura, mas você tem que ser capaz de fazê-lo mesmo quando você está magro, se você deixar cargas e pesos que pertencem a outros fora de si mesmo. Esta é a mensagem e o reforço positivo que vem do grupo de amigos para a Luisa, que certamente pode ser de muito valor.

Doze amigos... podem bastar!

Bem diferente e fortemente libertador foi chamar amigos para Claudia e Roberto, dois irmãos adolescentes que cresceram com dois pais fortemente abusivos do ponto de vista emocional.

A esposa solicitou a terapia do casal por causa da impotência sexual de seu marido, que é arrastado para a sessão com a mesma atitude com a qual se vai a um tribunal: ela está fortemente insatisfeita e o agride verbalmente sem nenhum respeito humano. A descrição que a esposa faz das disfunções sexuais de seu marido é muito colorida e vulgar e ele parece totalmente impotente, mesmo diante das ofensas da senhora que, além do mais, é fisicamente muito desagradável e decididamente obesa.

Começar uma terapia de casal com essas premissas parece muito difícil, mas o que imediatamente parece chocante é que os filhos adolescentes sempre estiveram envolvidos na dinâmica do casal, incluindo seus problemas sexuais. A mãe constantemente reclama com eles sobre as incapacidades sexuais do marido e este causa piedade nos filhos pela sua passividade e submissão total com relação à esposa. Não há limite geracional e os filhos são jogados de ambos os lados, sem o menor respeito e cautela em relação a eles.

De fato, propomos um plano terapêutico com o objetivo prioritário de "retirar os filhos do quarto dos pais", o que, felizmente, é aceito por todos. Trata-se de um plano muito concreto e meticuloso, baseado no princípio essencial de que os filhos devem ser mantidos fora dos problemas do casal ao longo do dia, de modo a construir uma barreira protetora entre as duas gerações. Nas sessões seguintes, o que aconteceu durante a semana é regularmente verificado e ajustado a fim de, mais tarde, decidir em dividir os encontros, uma vez com os pais, e outra com o subsistema dos filhos.

Este acordo em manter os filhos fora do quarto dos pais tem o mérito de libertá-los de uma condição de extremo mal-estar e vergonha e permite que os pais façam algo construtivo pela primeira vez em prol de seus filhos, o que, em si, já representa um grande sucesso. Uma vez que a triangulação perversa em que os meninos estão presos é desfeita, a colaboração direta delas nos encontros sem os pais é fundamental para reconstruir uma forte compreensão geracional. Neste ponto, oferecemos a eles um encontro com amigos, e os dois irmãos aceitam com grande entusiasmo.

Na sessão seguinte, eles chegam com 12 amigos (!), como se quisessem nos mostrar que a rede social de amizades deles é muito sólida; na realidade, percebemos o quanto é vital para Claudia e Roberto ter um grupo de amigos onde se apoiar ao lado de fora da casa. No encontro, falamos de tudo: escola, música, viagens e coisas de adolescente, com piadas e risadas sem fim, como que por mágica naquela sala, onde tanta vulgaridade e imaturidade passou, materializou-se outra energia vital, uma que pode ser liberada na adolescência. O encontro dos jovens continuará então na pizzaria.

Uma sessão extraordinária: 23 convidados... antes do funeral da Bianca

Emblemático é o caso de Bianca[10] na necessidade de aumentar rapidamente os recursos à disposição. Ela chegou à terapia com Andolfi diversos anos com avançado estágio de anorexia: Fraca e esquelética, pesa apenas 30 quilos, com uma altura de 1,63m.

Os pais, ambos profissionais bem-sucedidos, estão desesperados e impotentes diante da obstinada recusa da menina em aceitar alguma forma de ajuda. A única coisa com a qual a garota finalmente concorda é em frequentar a terapia familiar. Além dos pais, a irmã mais nova também participa das sessões.

O clima que caracteriza as duas primeiras sessões é marcado por uma sensação de desesperança. Paradoxalmente, na sessão a pessoa mais viva é justamente a Bianca, que responde às perguntas do terapeuta sobre

[10] A descrição desse caso, apresentado no volume *Le perdite e le risorse della famiglia* (ANDOLFI; D'ELIA, 2007), foi aqui retomada, modificada e ampliada.

o contexto familiar quando era uma criança muito pequena e responde animadamente, afirmando que na família havia sempre uma aura de tristeza e que nunca vira a mãe sorrir, que sempre estava em volta com familiares doentes ou moribundos, tanto seus como os de seu marido. O segundo, nas suas palavras, era tão amado pelas mulheres da casa que era uma pessoa ausente por causa do trabalho e, assim, distante dos problemas de suas filhas.

Entre a primeira e a segunda sessão, a mãe relata que Bianca piorou ainda mais e que, com muita tristeza, pediu que ela fosse ao seu quarto todas as noites para ver se ela ainda estava respirando ou morta.

Dado o drama objetivo da situação e as imagens tão eloquentes dessa linha cada vez mais tênue entre a vida e a morte, o terapeuta propõe a Bianca uma sessão extraordinária, na qual ela pode convidar familiares, amigos e colegas de seus pais, enfim, todas as pessoas que ela acredita que realmente amam a ela e a sua família, e que estariam presentes em seu funeral, no caso bastante provável, de ela morrer. E, com essas palavras, Andolfi conclui seu pedido incomum: "Então, talvez, com a ajuda deles, poderíamos evitar esse funeral!".

Esta proposta decorre da simples, embora crua, constatação de que estamos diante de uma espécie de suicídio anunciado e que a família parece totalmente impotente e compreensivelmente desesperada em face ao jogo ascendente de Bianca. Também decorre da profunda convicção de que, quando a família nuclear está em um grave *impasse*, é preciso buscar recursos no sistema familiar alargado e nas relações de amizade.

Com grande surpresa do terapeuta, alguns dias depois, a mãe de Bianca telefonou para lhe dizer que a sessão extraordinária seria com vinte e três pessoas. São muitas as pessoas que são chamadas por Bianca.

Em várias ocasiões, durante sua experiência clínica, Andolfi se deparou com grupos familiares numerosos, mas nunca havia recebido vinte e três pessoas juntas.

Deve-se concordar, no entanto, que ser capaz de mobilizar um número tão grande de pessoas para Bianca já constitui um sinal de esperança e grande solidariedade humana.

O encontro é uma espécie de representação viva de um genograma familiar. Bianca apresenta ao terapeuta todos os convidados que ela escolheu cuidadosamente, limitando-se àqueles que ela sente serem realmente próximos e sinceros. Ele reuniu em torno de seus avós, pais, tios, primos, amigos e conhecidos, atores de um ritual de união destinado a ressuscitar uma garota que parece querer levá-la embora. A atmosfera é quase festiva, como se todos estivessem lá para celebrar algum evento, talvez até o desejo coletivo de contribuir para o renascimento de Bianca e de seus pais.

Como acontece em situações de perigo iminente, todos tentam oferecer propostas concretas, ou dar conselhos ou sugestões, seja para Bianca sobre o valor da vida, seja para a mãe que está muito angustiada, seja para o pai ausente demais, ou para o próprio terapeuta. No entanto, estamos convencidos de que a força desse encontro extraordinário está simplesmente na presença de todas essas pessoas, e não nos conteúdos verbais trocados durante a sessão. Estar presente hoje para ajudar Bianca demonstra o interesse real pela garota e pelos seus pais e representa um recurso terapêutico incrível.

O primeiro resultado importante deste encontro é que, na sessão seguinte, Bianca anuncia que quer ser internada. Assim começa uma longa e complexa jornada terapêutica familiar, que irá durar dois anos; muitas vezes, durante as sessões, acontecerá que o pai, ou a mãe, ou a própria Bianca informarão que se encontraram com aqueles parentes, ou com aqueles amigos ou com aqueles primos indicando ao terapeuta onde estavam sentados no famoso encontro coletivo. Os vinte e três personagens desta sessão extraordinária permanecem "esculpidos" na sala de terapia e continuam a serem testemunhas ativas do progresso da garota e de sua família.

É com essas palavras que, na última sessão, a garota ressalta a importância que a autenticidade das relações assumiu para a recuperação de uma visão positiva da vida:

> Eu tento ser como Pollyanna, procuro a beleza nas coisas, houve uma seleção natural, por exemplo, de pessoas que não poderiam ter me feito outra coisa senão bem, porque foi melhor perder algumas pessoas do que encontrá-las. Eu também fiz bem em vir à terapia, conheci o papai, retomei meu relacionamento com minha irmã.

Giovanni e o cão na sessão

Quando estão presentes em família bichos de estimação, especialmente gatos e cães, eles sempre têm um valor afetivo muito importante para os integrantes da família, principalmente para as crianças e os adolescentes. Estas são, frequentemente, "histórias de amor" muito profundas, especialmente quando nascem entre animais abandonados ou maltratados e seus salvadores.

Cães e gatos podem ser um ponto de referência para os marginalizados, ou podem ajudar após a morte de um ente querido, absorvendo o carinho e a atenção que antes recaiam sobre aquele que morreu; muitas vezes, podem desempenhar funções substitutas ou complementares em relação aos relacionamentos humanos (Bruni, 2009). Um cão, por exemplo, pode, por um lado, enriquecer o mundo dos afetos e, por outro lado, cobrir as funções de substituição. Esse é o caso de Giovanni, o menino de quem falamos no capítulo anterior, aquele que havia se deitado várias vezes nos trilhos de trem desativados, pronto para ser atingido.

Giovanni é um menino de 14 anos, filho único de dois médicos, profundamente deprimido, que dá sinais muito claros e alarmantes em uma tentativa de pedir o cuidado dos dois pais, um casal extremamente hostil, em constante guerra um com o outro. A situação dele é desesperadora, o que é de algum modo aliviado apenas pela presença de seu cachorro Charlie, um esplêndido pastor alemão. Por esta razão, Giovanni é convidado a trazer seu cão para a sessão, um pedido que o menino aceita de bom grado, abrindo pela primeira vez em um grande sorriso.

A família vem da Sicília e enfrenta uma longa viagem para trazer Charlie para Roma. O trecho a seguir enfoca o valor desse cão na vida de Giovanni.

Terapeuta (*dirigindo-se para Giovanni*): Se em vez de Charlie houvesse outra criança, um irmão ou uma irmã, o que teria acontecido na família, você teria gostado?

Giovanni: Não.

Pai (*com distanciamento*): Podemos dizer que houve também uma situação real, ou seja, a Maria trabalhava, e eu também estava ocupado, o tempo para se dedicar ao menino não era muito. Giovanni, na verdade, foi criado pela sua avó. Nós deveríamos ter dado outro menino para a avó cuidar dele (*Giovanni chama o cachorro para perto dele*) sem nem conseguir administrar um. Se os dois trabalham, acho difícil ter mais filhos. Eram condições objetivas!

Mãe (*irritada*): Mas não foi isso, se falou sobre a possibilidade de eu poder estar esperando outro filho e você disse de maneira peremptória que, nesse caso, eu devia fazer um aborto, então você sabe!

Terapeuta (*aproxima-se do menino, agacha-se entre ele e o cachorro e começa a acariciar Charlie; depois, dirigindo-se a Giovanni*): Nessa família é mais fácil ser um filho ou um cachorro?

Giovanni: O cachorro!

Pai: Giovanni está dizendo mentiras, você sabe que não é assim!

Terapeuta: Mas nesta família outra criança não poderia ter tido ...

Giovanni: Outro azarado como eu!

Terapeuta: Bem, talvez a má sorte que você teve você poderia ter compartilhado ...

Pai (*sempre com um tom irritado*): Mas por que você não diz todas as vantagens que você tem em casa? Tudo o que você faz? Você faz tudo o que quer, você sempre quer comandar!

Mãe (*dirigindo-se para Giovanni, ignorando completamente o marido*): A má sorte de ser filho único, você diz?

Pai (*irritado*): Não é possível, mas vocês não me escutam? É o mesmo em casa, eu falo e ninguém me escuta!

Terapeuta (*dirigindo-se aos pais*): Peço que vocês fiquem calados por três minutos e tentem abrir os ouvidos. (*Em seguida, para o menino*) Eu pedi à mamãe e ao papai para ficar em silêncio por alguns minutos para ouvirem você, talvez até mesmo o seu cão, a sua tristeza, a tristeza de Charlie, como você pode ver, está procurando por um monte de carinho. O que você acha, talvez eles consigam escutar?

Giovanni (*visivelmente emocionado*): Sei lá! (*O cachorro se deita com o fucinho no chão aos pés do seu jovem dono*)

(*Após alguns momentos de silêncio, carregados de dor*)

Terapeuta: Então, o que você acha, se tivesse outro filho?

Giovanni (*com lágrimas nos olhos*): Eu acho que ele teria sido muito azarado ...

Terapeuta: Por que você teve muito azar?

Giovanni: Muito.

Terapeuta: Você parece tão triste agora. Na sua opinião, quem entendeu que você está triste?

Giovanni: Quem entendeu? Charlie!

(*O cachorro, ao ouvir em seu próprio nome, fica imóvel, mas olha para Giovanni*)

Terapeuta (*acariciando a cabeça do cachorro*): Charlie entendeu, por que você talvez se sinta um pouco como Charlie?

Giovanni: Não exatamente como Charlie ... Eu tive o carinho da minha mãe por um tempo, antes de começarem a brigar.

Terapeuta: Você acha que ainda tem isso?

Giovanni: Eu acho que sim.

Terapeuta: E do papai também?

Giovanni: Não!

Terapeuta: Como você acha que Charlie se sente?

Giovanni: Sozinho.

Terapeuta: Sozinho? Sozinho como um cachorro?

Giovanni: Sim.

Terapeuta: E como você acha que esta solidão é, como você acha que um cachorro pode sentir quando está sozinho?

Giovanni: Infeliz!

Sem Charlie esta sessão não teria sido a mesma coisa. A presença do cão permitiu trazer à luz a solidão e a tristeza desse menino, representá-la visualmente, na esperança de que esses pais possam ver o que não conseguem ouvir. Giovanni, de fato, parece representar mais um filho-fardo do que um filho-alegria para esses dois cônjuges, mais profissionais do que pais, mais ocupados a competir do que colaborar. Para eles, Giovanni parece representar um filho que tem que ser administrado, um compromisso para ser delegado, enquanto que para o cachorro o menino é sua estrela guia, seu dono para amar e nunca perder. Estas são duas relações opostas.

O comportamento não-verbal do menino durante a sessão, os carinhos no cachorro, a sua tristeza projetada em seu *irmão imaginário* (Andolfi; Haber, 1994) criam um contexto particular no qual até os pais conseguem, talvez pela primeira vez, sentir a dor de um filho que vive sua adolescência sozinho, fechado em seu quarto, felizmente acudido por um cão fiel. Mas se um cachorro pode sentir a tristeza de um menino, o que deve acontecer para que os pais também percebam isso?

A CONSULTA DOMICILIAR

Se partirmos do pressuposto de que as famílias se conhecem melhor em seu contexto natural do que em nossas salas de terapia, podemos entender bem a utilidade da visita domiciliar.

Não é coincidência que nos anos 1970 e 1980, quando a ênfase foi particularmente marcada na compreensão dos componentes sociais e contextuais de uma certa sintomatologia pessoal ou de um conflito relacional, a *home visit* era uma prática muito comum em nossas instituições psiquiátricas e oferecia contribuições extraordinárias para o tratamento do paciente e de muitas famílias. Nathan Ackerman foi o primeiro a falar e experimentar a visita domiciliar nos primeiros anos do pós-guerra. Com Salvador Minuchin e Braulio Montalvo na Child Guidance Clinic (localizada no coração do gueto de South-Philadelphia), ele fazia supervisão até no supermercado e foi muitas vezes para atender famílias nas áreas mais degradadas da cidade. Em Nova York, como descreveremos em breve, havia equipes multidisciplinares que iam regularmente ao encontro de pacientes e familiares em casa.

Mesmo na Itália, naqueles anos, era uma prática comum para os profissionais de saúde mental fazerem visitas domiciliares regularmente. Isso acontece até hoje, mas apenas esporadicamente e em serviços particularmente esclarecidos. As razões são as mais variadas, do trânsito à falta de tempo, ao excessivo número de casos; mesmo que sejam razões válidas, em nossa opinião, o que mudou foi a filosofia geral da intervenção, cada vez mais técnica, mediada por medicamentos e por práticas cada vez mais burocráticas e impessoais; o paciente, sozinho ou acompanhado por membros da família, está sempre "de passagem" em nossos espaços terapêuticos, muitas vezes esquálidos quando são públicos, e mais confortáveis quando são particulares, mas baseados no mesmo princípio: nós operadores não somos obrigados a renunciar à nossa segurança institucional, porque são eles que pedem ajuda e que precisam se adaptar à nossa cultura, as nossas regras, um pouco o que acontece com os imigrantes.

Com o aumento significativo das terapias biológicas e o crescimento paralelo do individualismo cada vez mais crescente, hoje a ida ao domicílio do paciente se tornou uma operação cada vez menos frequente. E, mesmo se voltarmos a fazer essas experiências, poderemos descobrir outro mundo, poderemos modificar muitos dos nossos preconceitos e entrar em contato mais familiar com nossos usuários, reduzindo a barreira entre quem trata e quem precisa do especialista. Ao explorar os espaços familiares, os quartos dos pais e dos filhos, a cozinha, a sala, o *layout* do banheiro e ao ouvir como eles vivem, poderíamos ter, em menos de meia hora, muito mais informações sobre a qualidade das relações familiares e sobre suas dificuldades do que fazer várias sessões em nossos consultórios profissionais. Em muitos casos, poderíamos entender em pouco tempo a natureza de tantas distorções relacionais.

Eu sei que você sabe que eu sei!

Falando de jogos familiares decididamente disfuncionais, poderíamos nos lembrar de uma visita domiciliar muito significativa, realizada por Andolfi com um colega psiquiatra que remete há mais de 30 anos a uma pequena cidade a duas horas de distância de Roma. Eles nunca teriam compreendido tão bem a cumplicidade e o jogo anoréxico da família se não tivessem ido até esse domicílio.

A garota não se encontra em casa, então os dois visitantes se encontram com seus pais idosos, felizes em poder mostrar-lhes livremente o que está acontecendo em sua casa. Eles são imediatamente levados à cozinha, o território ocupado pela filha anoréxica durante todo o dia, onde os pais não têm direito de acesso e onde a menina cozinha alimentos frescos várias vezes por dia, para depois vomitar regularmente no banheiro adjacente. Deve-se notar que o pai, um agricultor, vai ao mercado três vezes ao dia para comprar comida para sua filha e, quando ele vem a Roma para as sessões, leva consigo uma quantidade enorme de notas fiscais e cupons de compras, que ele guarda como se quisesse demonstrar de modo palpável o quanto ele a ama, mas também o quanto está desesperado.

Os visitantes deixam a cozinha para entrar no quarto dos pais, onde a surpresa é ainda maior. De maneira cautelosa, como se a filha pudesse descobri-los a qualquer momento, mostram a Andolfi e seu colega o que guardam debaixo da cama de casal: uma pequena despensa de comida dentro de uma caixa, comida que os pais comem escondidos no quarto quando estão com fome.

Ainda mais chocante é o que mostram depois, uma espécie de jogo de espelhos, para espionar e ser espionado pela filha: a menina regularmente mantém a porta da cozinha entreaberta, sabendo que seus pais a observam segurando a porta do armário semiaberta, onde tem um espelho, para poder controlar, sem serem vistos, os rituais alimentares da menina.

A história que cura

Ao longo dos anos, muitos psicoterapeutas disseram que, quando vamos até casa do paciente, "há o risco de perder o poder terapêutico", como se ser convidado a tomar um café ou comer algo junto com nossos pacientes constituíssem ameaças reais à nossa competência, ignorando que, o que nos torna verdadeiramente terapêuticos, é justamente compartilhar algo com eles em um nível de igualdade.

A experiência e a competência não se perdem comendo um prato de massa com as famílias que costumamos ver em terapia em nossos consultórios. Certamente, se nossa humanidade e normalidade devem ser constantemente monitoradas por trás da máscara do papel e do desempenho terapêutico, a situação pode se tornar dolorosa e prejudicial!

Mas se é a história que cura, como insistentemente repetimos nas páginas deste livro, que lugar seria melhor que o da casa onde vivem nossos pacientes e que fala de seus lugares de pertencimento, para poder apreendê-la e enriquecê-la com novos elementos?

O *crisis intervention* team de Nova Iorque

Andolfi lembra, ainda hoje, da experiência vivida no início dos anos 1970, quando em Nova Iorque ele fazia parte de um *crisis intervention team*, ou seja, uma equipe interdisciplinar que, duas vezes por semana, participava de um Centro de Saúde Mental de South Bronx para ir até as casas de famílias que eles haviam chamado depois de uma crise aguda de um membro da família: poderia ser uma *poussée* psicótica de um jovem adulto, ou um comportamento violento de um adolescente em casa, ou de uma mulher abusada pelo marido ou outra coisa. Tratava-se de situações de emergência.

Teoricamente, as visitas domiciliares por ocasião de episódios de ameaças ou de violência poderiam parecer inúteis ou, pelo menos, muito perigosas, mas se você estiver disposto a superar a barreira do medo e do preconceito poderá descobrir realidades humanas muito variadas e recursos inesperados, porque, onde há violência, no quarto ao lado há desespero, e, imediatamente depois, pode haver esperanças inesperadas. Então, talvez, seja necessário atravessar toda a casa e não parar na soleira da porta!

A faca debaixo do travesseiro

A título de exemplo, relatamos a história de uma família ítalo-americana que há muitas décadas foi transferida para Nova York com um garoto de 22 anos que, dito por quem ligou para o Serviço de Saúde Mental, empunhou uma faca de cozinha para atingir a mãe. Entrando em mais detalhes, é relatado que o garoto mantém essa faca debaixo do travesseiro no quarto, como se fosse uma arma pronta para ser usada a qualquer momento.

A *crisis intervention team* que chega nessa casa é composta por três pessoas: Andolfi, assistente social e uma enfermeira profissional. A mãe, visivelmente abalada, os recebe na sala, dizendo que seu filho está trancado em seu quarto. Os três perguntam à senhora se ela pode chamá-lo, porque eles gostariam de falar com ele também. John apresenta-se como um garoto alto e robusto que não parece particularmente hostil e incomodado com a presença deles.

Os visitantes se apresentam e Andolfi diz ser um profissional italiano que vive temporariamente nos Estados Unidos e depois troca algumas palavras em italiano com o rapaz, que não fala bem a língua, mas entende e essa troca de palavras é um bom *joining*. Obviamente, quem trabalha com imigrantes sabe bem que retornar à história do passado e ao caminho migratório é sempre um recurso incrível, ainda mais se aqueles que fazem perguntas vêm de seu país de origem. Assim, voltamos às passagens migratórias, começando pela cidadezinha dos avós perto de Pisa, que emigraram na década de 1940 para Nova York, até a mais recente, a mais dura, a história da violenta separação dos pais quando John, filho único, tinha 14 anos.

Na realidade, a mãe pensava que, para o bem de seu filho e para salvar uma fachada de uma unidade familiar, a casa poderia ser dividida em duas: no andar térreo, a mãe mora com o filho, e no andar superior, mora o ex-marido com a sua nova companheira, que a mãe intitula "*the bitch*" (literalmente "cadela", uma maneira vulgar de dizer "puta"). Deve ser explicado que os dois andares estão ligados por uma escada interna de madeira, absolutamente visível do piso inferior, por isso que as fronteiras entre as duas casas são absolutamente virtuais. O pai raramente é visto, quando sai de casa de madrugada e volta muito tarde, e John praticamente não tem mais contato com ele, a quem ele também detesta por ter preferido a "puta" à sua mãe.

Mãe e filho vivem juntos como um casal e certamente o rapaz, na adolescência, passou a mostrar uma agressividade verbal e física progressiva em relação à mãe, passando de ser seu guarda-costas a detestá-la por ter organizado de maneira tão distorcida seu crescimento.

John trabalha como porteiro em um prédio onde é apreciado por seu comportamento: a violência é, portanto, seletiva e o seu alvo preferido é a mãe. Ao falar sobre coisas muito cruas e ameaçadoras, o discurso continua por quase uma hora e, em um contexto protegido, mãe e filho parecem capazes de enfrentar temas espinhosos sem animosidade; o rapaz, principalmente, parece estar livre de um fardo, como se contar tantas histórias de família, mesmo que muito dolorosas, tivesse um efeito benéfico.

Durante a entrevista, Andolfi pede ao rapaz para pegar a faca, porque ele está interessado em vê-la. É um pouco como entrar em contato com o objeto que resume a violência relacional dessa família. John lhe entrega uma faca de cozinha serrilhada, como aquela de cortar pão. Andolfi a pega, a observa, a repousa sobre a mesa na sala e depois, justamente através da faca, como um objeto metafórico, começa a ligar fatos, os sentimentos e ressentimentos familiares, tentando redefinir as ameaças que John faz à mãe, empunhando a faca na frente de seu corpo, como um gesto extremo de impotência por parte de um rapaz que expressa com raiva a violência sem precedentes que circula na casa há anos, onde uma escada de madeira une dois fragmentos de uma família em guerra entre si. Trata-se daquela violência da qual John se alimentou por muitos anos.

A mãe, ao final do encontro, parece notavelmente aliviada, oferece a todos um café e, junto com filho, mostra fotos dos antepassados que ficaram na sala de estar. Andolfi, finalmente, convoca mãe e filho para um encontro no centro de saúde mental, depois de ter sido assegurado pelo rapaz que a faca voltaria para a cozinha, pronta para cortar o pão.

Vão para Eritréia!

Conhecer um problema e observar as fronteiras familiares e sociais nos parece ainda mais fundamental para as famílias de imigrantes, dado o crescente número de comunidades estrangeiras na Itália, que tendem a se reunir em zonas e bairros fortemente caracterizados pela presença de compatriotas. É interessante observar os avanços de uma visita domiciliar que aconteceu após uma recente consulta solicitada a Andolfi pela equipe de tratamento de um Departamento de Saúde Mental de uma cidadezinha da Toscana, devido a suas dificuldades em face da tentativa de suicídio de Samba, um jovem de origem eritreia.

Trata-se, neste caso, de uma mãe eritreia com três filhos adolescentes, nascidos do casamento que tivera com um italiano, que posteriormente abandonou a família para ir morar no norte da Itália com a babá de seus filhos. A partir desse momento, a mãe fez o melhor que pôde para criar os seus três filhos sozinha e cuidar do sustento deles, trabalhando o dia todo como faxineira de um prédio. Samba, o jovem em questão, viu-se na família como pai substituto, cuidando do crescimento das irmãs mais novas. Mas, como costuma acontecer com filhos parentalizados, Samba quando se deparou com a típica crise de identidade da adolescência, deixou de ser o principal recurso emocional para se tornar o problema mais sério para toda a família, com as suas inesperadas e sérias tentativas de suicídio.

Samba e a família estão sendo tratados pelo DSM: um psiquiatra acompanha o menino do ponto de vista farmacológico, um psicólogo acompanha Samba na psicoterapia e outro realiza sessões familiares. Certamente há um grande compromisso da instituição, mas os resultados são descritos como muito escassos pela equipe de tratamento, também devido à insuficiente colaboração da família.

A consultoria, na realidade, se dirige mais diretamente à equipe de atendimento, que inicialmente se sente deslocada e confusa com a sugestão do consultor de "ir à Eritreia", uma metáfora para indicar a casa da família. Na verdade, foi suficiente insistir com a equipe para "ir à Eritreia", para aprender mais sobre o problema e os recursos de Samba e sua família, para desencadear a curiosidade na cabeça dos terapeutas, um antídoto muito eficaz contra o preconceito. Realmente, a primeira resposta que se obteve foi: "Não acreditamos que nos aceitarão dentro da casa deles e dentro do bairro deles!".

Todavia, uma vez que a proposta de visita domiciliar foi explicitada à família, foi uma surpresa se sentir bem-vindo na casa eritreia; a mãe, por alguns dias, anunciou a suas amigas eritreias que três médicos viriam visitá-la em casa e que participariam do ritual dominical de tostar os grãos de café, uma prática muito difundida na comunidade da Eritréia!

Mais interessante ainda foi o encontro subsequente com toda a equipe do DSM, quando os três terapeutas mostraram com grande entusiasmo os slides de encontro com a família, decantando o café eritreu, como se um mundo até então desconhecido, se abrisse para eles. Neste ponto, a terapia pode tomar uma direção diferente, porque terapeutas e familiares podem ser descritos como o *terceiro planeta*, onde a competência é mais amplamente compartilhada, pois não existe mais a barreira entre quem trata e detém o conhecimento e quem está doente e, consequentemente, não sabe o que fazer (Andolfi, 2004).

Quando a visita domiciliar se torna um ritual

Gostaríamos de concluir este parágrafo sobre visitas domiciliares falando sobre uma intervenção, recém-concluída, conduzida em coterapia em duas fases de tempo sucessivas, primeiro por Andolfi e por um colega, depois por outros membros da equipe da Academia da Família.[11]

Na realidade, a visita domiciliar, solicitada pelo próprio Andolfi e posteriormente realizada por dois de seus colaboradores, foi o ato final de um trabalho que durou mais de dois anos com uma família devastada pela perda de um filho com menos de vinte anos, morto de forma violenta e acidental por um homem desequilibrado, enquanto realizava um nobre trabalho voluntário em um país atingido pela guerra. Houve muita conversa sobre a casa durante os encontros, juntamente com a sensação de vazio e de desespero de dois dedicados pais e de uma irmã da mesma idade. O quarto do filho ficou como ele havia deixado desde

[11] A organização sem fins lucrativos de utilidade social Academia da Família desenvolve estudos, pesquisa e intervenção sobre a família. Inclui os seguintes serviços clínicos: centro de comediação familiar (no qual atuam juntos psicoterapeutas e advogados); serviço de consultoria para famílias adotivas e de acolhimento temporário; serviço de consultoria psicológica para a reprodução assistida; serviço de aconselhamento de casal; serviço de consultoria clínica para lutos e perdas familiares; serviço clínico para a criança e a família; serviço clínico para o adolescente e a família.

a sua partida, nada foi tocado desde aquele trágico momento e o pai, para proteger a esposa de eventuais choques emocionais, havia escondido a chave do quarto.

Foram necessários vários meses de terapia para dar um importante primeiro passo na história de dor desta família: a mãe, que na verdade sabia onde estava a chave (as mães sempre sabem tudo!), cruza pela primeira vez a soleira daquele quarto-simulacro e, chorando, entra em contato novamente com os objetos, com o travesseiro, com as roupas do filho. É um primeiro momento na elaboração do luto deste filho tão amado, que será seguido por numerosas passagens adicionais que permitirão aos pais e à irmã recuperar a força para viver e honrar a memória do rapaz de várias maneiras, privadas e públicas.

A visita domiciliar é um comovente ritual cheio de sentimentos, de familiares e de terapeutas, ritual que começa no cemitério para depois entrar juntos em casa e visitar o quarto do filho, que agora está sempre aberto, para terminar de maneira em comunhão.

A visita ao cemitério, ao quarto do filho, o almoço juntos são momentos íntimos e únicos, onde as lágrimas e a comoção se unem e dão força à família, bem como, aos terapeutas, em um verdadeiro encontro, no qual a essência do humano é tocada e nos livramos de tantas superestruturas inúteis que nós, terapeutas, frequentemente construímos para desempenhar essa profissão fantástica.

GLOSSÁRIO

Abandono dissimulado: modo de cuidado aparentemente irretocável, mas inadequado em substância.

Abandono ignorado: modalidades de cuidadores disfuncionais decorrentes da perpetuação, por parte dos pais, de experiências insatisfatórias vivenciadas na família de origem por meio do encobrimento do desconforto relacional.

Abuso afetivo: modalidade relacional baseada em um desequilíbrio de poder entre um sujeito fraco (frequentemente uma criança ou um cônjuge) e um forte dentro de um relacionamento com conteúdo emocional intenso.

Adolescência tardia: também chamada de pós-adolescência, inclui a conquista de um *eu* orgânico e integrado e a constituição de um eu coeso.

Adolescente como porta de entrada para o sistema familiar: uma metáfora usada para se referir a crianças e adolescentes como meio de alcançar os dilemas existenciais e evolutivos da família.

Adolescente coterapeuta: valorização, por parte do terapeuta, das habilidades relacionais do adolescente dentro da família e na terapia.

Adolescência prolongada: fenômeno evolutivo em relação aos sujeitos que, apesar de terem atingido a idade de jovens adultos, ainda são fortemente dependentes da família de origem.

Aikido: expressão moderna das artes marciais japonesas. Aikido é uma disciplina não violenta na qual você treina junto com seu parceiro e não em competição, com o objetivo de melhorar progressivamente juntos. Por meio das técnicas de defesa, entra-se em sintonia com o próprio corpo e com o do companheiro, aprendendo a administrar ações, emoções e movimentos de maneira harmoniosa, desenvolvendo assim a própria centralidade.

Aliança terapêutica: relação terapêutica de confiança que se estabelece entre o terapeuta e o paciente, seja uma pessoa, seja um grupo familiar.

Ambivalência: característica típica do status do adolescente necessária para alcançar a autonomia individual; manifesta-se como uma alternância entre um espírito de independência insolente e um comportamento regressivo com relação à dependência infantil.

Balança dos afetos: uma metáfora usada para indicar a relação do equilíbrio dinâmico entre a necessidade de pertencimento e de separação do indivíduo.

Bang-bang: videogame de ação em que a média dos assassinatos por minuto aumenta para os níveis mais altos.

Batalha pela estrutura: metáfora introduzida por Carl Whitaker para descrever o debate, às vezes difícil, às vezes acalorado, que já é criado no primeiro encontro com a família para definir a estrutura terapêutica.

Beat Generation: movimento artístico, poético e literário desenvolvido após a Segunda Guerra Mundial no final dos anos cinquenta nos Estados Unidos.

Binge drinking: termo inglês que indica o hábito de consumir quantidades excessivas, mínimo de 6 copos, de bebidas alcoólicas em uma única ocasião.

Binge eating: termo inglês que indica um comportamento alimentar caracterizado por crises recorrentes de gula incontrolável.

Brincadeiras e humor na terapia: ingredientes essenciais da sessão para dar vida a um contexto de criatividade e leveza que permite abordar de forma positiva os nós afetivos problemáticos da família.

Bullying: um fenômeno caracterizado por uma série de comportamentos agressivos em grupo e bullying perpetrados por adolescentes contra seus pares, especialmente nas escolas.

Caregiver: pessoa que cuida da criança desde o nascimento, geralmente a mãe.

Ciclo de vida familiar: processo evolutivo de um grupo com história dividida em estágios de desenvolvimento e eventos críticos no decorrer das gerações.

Códigos afetivos primários (teoria dos): segundo Fornari, os afetos baseiam a linguagem humana, portanto a partir dela pode-se identificar os afetos que lhe estão subjacentes. Cada indivíduo nasce com a semântica do alfabeto afetivo e, a experiência histórica de cada um os fará evoluir para códigos afetivos inconscientes, que determinam as escolhas e o comportamento do indivíduo.

Complexo de Peter Pan: expressão metafórica para indicar a dificuldade do adolescente em crescer e assumir as responsabilidades da vida adulta.

Compulsão alimentar: episódios recorrentes caracterizados pela ingestão de grandes quantidades de alimentos em um curto espaço de tempo.

Conceito de resistência familiar: dificuldade em passar de uma condição de homeostase familiar a um estágio de transformação; concretamente, descreve uma postura defensiva com pouca disponibilidade a entrar no jogo.

Condutor: terapeuta que usa a própria personalidade, incluindo a intuição e a criatividade, como instrumentos de avaliação e intervenção, e que se coloca como um guia ativo na relação terapêutica.

Conhecimento implícito: campo de conhecimento e de representação não verbal, não simbólico, não narrado, não consciente, que consiste em procedimentos motores, padrões afetivos, expectativas e esquemas cognitivos.

Consciência intersubjetiva: sincronismo entre algo que um dos dois interlocutores mostra de si e que o outro apreende, o que cria um novo campo intersubjetivo entre os participantes capaz de modificar o seu relacionamento e induzi-los a qual estrada pegar.

Consultoria em terapia familiar: intervenção pedida pelo terapeuta, durante a sessão, de um especialista externo por causa de uma situação de *impasse* terapêutico.

Contenção: forma de aceitação que visa uma compreensão autêntica do sofrimento e das necessidades do paciente.

Constelação mítica: veja "mito familiar".

Construcionismo social: uma abordagem teórica que sustenta a ideia de que o sujeito constrói a realidade junto a outros indivíduos, deslocando a atenção das representações mentais para a linguagem, para os processos conversacionais através dos quais os indivíduos constroem seus próprios mundos, entendidos como mundos compartilhados.

Consulta e psicoterapia breve de individuação: um modelo de intervenção com adolescentes que visa interferir o mínimo possível com os processos evolutivos naturais do adolescente, com o único objetivo de reativá-los rapidamente.

Coordenadas familiares: identificam as pessoas envolvidas nos triângulos relacionais, colocando-as em seu próprio plano de pertencimento.

Coping system: estratégias operacionais de um grupo implementado para ativar os recursos necessários para superar eventos estressantes.

Couple stalling: dificuldade prolongada ao longo do tempo para superar o relacionamento de um casal.

Crise pantoclástica: forte explosão de raiva acompanhada pela necessidade de destruir tudo o que está no ambiente

Cultura da "loucura total": cultura de diversão confundida com aturdimento e perda de consciência.

Cyber-bullying: também chamado de bullying eletrônico, consiste na transmissão eletrônica de ameaças.

Cyber-relational addiction: termo inglês para definir uma tendência obstinada de estabelecer relações de amizade ou amor com pessoas que se encontram online.

Cyber-sexual additcion: termo em inglês usado para indicar o uso compulsivo de sites dedicados ao sexo virtual e à pornografia.

Dance drugs: também conhecidas como "drogas leves", elas incluem essencialmente anfetaminas, metanfetaminas e ecstasy e são principalmente tomadas na discoteca para melhorar o desempenho da resistência à fadiga.

Dependência alimentar: comportamento irregular e caótico em relação à comida, comportamento que tende a excessivo controle do peso corporal e que, com o tempo, prejudica significativamente tanto a saúde física quanto o funcionamento psíquico e social.

Dependência de substituição: dependência de um elemento externo, como álcool, drogas, alimentos etc., que surge para substituir a falta de uma dependência fisiológica.

Dependência patológica na Internet: um sintoma variado e complexo de dependência da Rede.

Depressão maior: síndrome psiquiátrica grave que produz uma perda total de sentimentos e dos prazeres da vida, com características de persistência ao longo do tempo e de renúncia, que interferem fortemente na vida intrapsíquica e relacional do indivíduo.

Depressão mascarada: síndrome depressiva encoberta por sintomas aparentemente incongruentes ou por comportamentos excessivos, em consonância com a típica ambivalência da adolescência.

Depressão reativa: forma depressiva devido a um fator externo que pode ser identificado como um evento traumático, como a morte de um ente querido, o fim de um relacionamento amoroso ou uma separação conjugal hostil.

Desvinculação: fase do ciclo de vida que corresponde a uma etapa do processo de individualização. A complexidade de tal operação requer que o sujeito consiga a integrar dentro de si os sentimentos de autonomia e de separação com aqueles de pertencimento.

Desvio do conflito do casal: estratégia relacional que visa evitar o encontro-confronto do casal através da triangulação de um terceiro (muitas vezes um filho ou outro membro significativo da família).

Diferenciação do Self de sua própria família de origem: um processo que visa favorecer a emancipação e a aquisição de uma posição diferenciada através de uma transformação progressiva da dependência intergeracional.

Dismorfia muscular: também chamada de *anorexia reversa* ou *vigorexia*, consiste em um transtorno caracterizado por uma preocupação contínua e obsessiva em relação à sua própria massa muscular, mesmo à custa de sua saúde.

Dismorfofobias: preocupações anormais sobre a estética do próprio corpo.

Distorção da imagem do Eu: percepção errada do esquema corporal e das aquisições cognitivas na adolescência.

Double thinking: diz-se do processo mental que leva à censura de um pensamento específico, imediato e direto, e a substituí-lo por outro de natureza defensiva.

Drogas de ocasião: anfetaminas, metanfetaminas e ecstasy. São assim definidas, porque geralmente são consumidas em tempos e espaços bem delineados (no final de semana e na discoteca).

Empatia: modalidade relacional que permite ao terapeuta compartilhar os estados emocionais do paciente com uma escuta participativa e com intervenções respeitosas em relação a ele.

Epigênese: Erikson, tomando emprestado o termo da embriologia, fala da epigênese ao entender a organização progressiva do indivíduo em termos de construção de identidade, que depende tanto dos fatores genéticos quanto das informações disponibilizadas pelo ambiente.

Escultura familiar: técnica terapêutica na qual um membro da família fornece uma representação espacial e não verbal das relações familiares, posicionando os membros da família no espaço terapêutico, indicando o mimetismo, a postura e a proximidade/distância física.

Espelhamento: experiência emocional e relacional que dá a ideia de pertencimento através do reconhecimento de semelhanças, tanto somáticas quanto psicoafetivas.

Espelho unidirecional: ferramenta técnica que permite à equipe terapêutica e/ou ao supervisor (com o consentimento prévio da família) observar a sessão a partir de uma sala de observação, sem ser vista; útil no processo de formação do aluno e da equipe de trabalho no âmbito institucional.

Experiência terapêutica: elemento central e fundador de todo o projeto terapêutico, baseado na construção de experiências compartilhadas em sessões com alto valor transformador.

Famílias emaranhadas: famílias em que há um modo relacional caracterizado por forte proximidade, pouca diferenciação individual, superproteção intergeracional e rigidez fusional.

Família interna do terapeuta: o mundo familiar internalizado pelo terapeuta em sua família de origem.

Família multiproblemática: família caracterizada pela presença simultânea de uma série de doenças/problemas em vários de seus membros, pertencentes a uma ou mais gerações.

Filhos das flores: movimento *hippie* dos anos 60, pacifista e dedicado ao amor livre, tendo como referência a dimensão místico-religiosa oriental, caracterizado por roupas decoradas com flores ou tecidos de cores fortes.

Filho crônico: uma expressão metafórica que serve para indicar a incapacidade de alguns adultos de sair de uma forma de dependência psicoafetiva em relação a seus pais, de modo a minar o processo de crescimento individual e, com isso, as habilidades relacionais de cônjuge e pai.

Filho parental: expressão figurativa usada para indicar uma situação afetiva de inversão geracional que leva a uma precoce adultização de uma criança.

Filho parentalizado: veja "filho parental".

Follow-up: histórico médico baseado na revisão de material clínico (sessões de psicoterapia, cartões telefônicos, registros médicos, entrevistas ...) ou em reuniões de avaliação realizadas durante ou no final da terapia, ou após algum tempo do término da terapia.

Fronteiras familiares: metáfora concreta que indica o grau de individualidade e, portanto, o nível de autonomia que é alcançado por um sujeito ou por um subsistema familiar (sistema de irmãos, de pais, avós) com relação a um outro ou pelo grupo familiar com relação ao contexto social.

Função protetora paterna: diz-se do papel paterno que visa separar os processos de fusão mãe-filho em determinados momentos evolutivos, especialmente na primeira infância, mas por vezes também presentes na adolescência, de modo a permitir a emancipação do filho.

Fusão: relação de união total e de forte dependência afetiva no relacionamento mãe-filho ou no relacionamento conjugal.

Genograma trigeracional: representação gráfica da estrutura familiar ao longo de, pelo menos, três gerações, o que permite visualizar eventos e movimentos emocionais da família durante sua história.

Grupo de amigos adolescentes: sistema de amigos e pares.

Heavy generation: geração de jovens dos anos 70, nascidos após o fracasso dos ideais de paz e amor ovacionados pelos jovens da década anterior.

História adotiva: inclui toda a história da família adotiva, como as origens do filho, as suas primeiras experiências de institucionalização, as experiências de não-geratividade do casal, o encontro com o filho adotado, bem como o processo de adoção com seus diversos atores (serviços sociais, tribunais, instituições para adoção etc.).

Identidade difusa: definição de Erikson para indicar a desintegração do Self em partes internas divididas.

Identidade negativa: a soma de todas as identificações e os fragmentos de identidades negativas que o adolescente constrói sobre si mesmo para se reconhecer no grupo de amigos.

Instigação relacional: modalidade comportamental caracterizada pela ostentação de uma relação pai-filho aparentemente privilegiada tendo, na realidade, a função implícita de posicionar o filho contra o outro genitor.

Imobilidade intersistêmica: a impossibilidade de articular sincronicamente os vários subsistemas de pertencimento e, assim, de acessar os recursos que deles decorrem.

Impasse terapêutico: situação na qual nenhum progresso no processo terapêutico é verificado.

Information overload: termo em inglês que indica o comportamento compulsivo para navegação na Web.

Irmão imaginário: diz-se da introdução de um pensamento "como se" com a construção imaginária de um irmão, visando explorar a flexibilidade do sistema familiar no que diz respeito a métodos relacionais e a papéis menos rígidos.

Joining: modo relacional ativo para entrar em contato com cada membro da família, de modo a capturar a situação psicológica atual de cada um.

Lealdades familiares: determinantes motivacionais que expressam o sentimento individual de forte pertencimento aos valores transmitidos através das gerações.

Light generation: é a geração de jovens do ano 2000, nascida depois do fracasso do binômio compromisso-sucesso típico da geração anterior (*yuppie generation*) e caracterizada pela busca de atalhos para obter benefícios sem ter que lutar para ganhá-los.

Linguagem ***como se***: linguagem destinada a expandir os planos da realidade familiar, instigando a pensar indireta e figurativamente, para sair da lógica formal da linguagem.

Lipotimia: sensação de fracasso, perda de consciência a curto prazo.

Lunch session: sessão de almoço em que a família com paciente anoréxico e o terapeuta comem juntos, para entrar no mundo afetivo da família através da dimensão alimentar.

Mandatos familiares: o processo de delegação que, de geração em geração, perpetua o pedido para satisfazer as necessidades originais da família.

Massa indiferenciada do Ego familiar: uma espécie de estado fusional de grupo, onde não se pode distinguir onde o eu de um começa e onde o eu do outro termina.

Mediação familiar: intervenção concreta de profissional habilitado durante o processo de separação e/ou divórcio, visando suavizar possíveis conflitos entre os cônjuges e utilizar os recursos evolutivos presentes, especialmente em vista do bem-estar e da gestão afetiva e educativa das crianças por parte dos pais.

Memorando de entendimento: documento final de acordo entre os cônjuges sobre os bens afetivos que são produzidos no final de um processo de mediação familiar.

Metáfora: figura retórica baseada na analogia de significados. É usado na terapia para representar, de forma efetiva e indireta, comportamentos, interações ou regras da família e para ampliar o potencial criativo e imaginativo da família e do terapeuta.

Midlife crisis: crise de meia-idade dos pais, que ocorre frequentemente ao mesmo tempo em que a crise dos filhos na adolescência.

Mito familiar: leitura da grade da realidade em que elementos reais e elementos fantásticos coexistem, em parte herdados pela família de origem e, em parte, construídas pela família atual.

Mobilidade intersistêmica: articulação sincrônica dos diferentes sistemas de pertencimento que permite ao adolescente utilizar todos os recursos que dele decorrem.

***Modeling* na sessão**: comportamento do terapeuta adotado durante a sessão que assume valor educativo para os pacientes.

Modelo biopsicossocial: modalidade de intervenção multidisciplinar baseada na coexistência de vários modelos terapêuticos (biológicos, psicológicos e sociais).

Modelo triádico: um modelo que usa o triângulo como unidade de medida para relações interpessoais.

Modelo trigeracional: orientação teórica que considera as dinâmicas da família segundo uma perspectiva histórico-evolutiva: suas extensões horizontais, *família atual* (pai e filho), estão entrelaçadas com as verticais, *família de origem* (plano das gerações anteriores).

Momento presente: um evento fugaz que constitui o nosso mundo de experiência e que gera consciência, pois representa um ponto de referência no enredo das relações cotidianas mais profundas.

Motivação conjunta: motivação contemporânea para participar da experiência terapêutica por todos os presentes na sessão.

Motivação para a terapia: expressa o desejo e a curiosidade de começar uma busca ativa por si mesmo e pelo mundo de relações com a participação de um terceiro, o terapeuta.

Mutualidade de casal: modalidade relacional baseada na troca autêntica e no respeito mútuo entre parceiros.

Negligência: modalidades de não-cuidado e de abandono efetivo e real por parte dos pais em relação aos filhos.

Net compulsion: termo em inglês para jogos de azar e compras on-line compulsivas.

Obesidade: excesso de massa gorda que envolve excesso de peso corporal; é uma doença crônica, evolutiva e recidiva que leva à piora da qualidade de vida.

Obesologia: nova disciplina hipotética capaz de desenvolver técnicas médicas e psicológicas originais para curar a obesidade.

Onda de choque emocional: grande entrelaçamento de contragolpes subterrâneos que podem ocorrer em qualquer parte do sistema familiar, estendido nos meses ou anos que se seguem depois de um importante luto.

Pertencimento: sensação de forte enraizamento no corpo e nas raízes familiares, base sobre a qual se constrói o processo de individuação.

Politically correctness (politicamente correto): opinião e atitude social de extrema atenção com respeito formal da linguagem, especialmente na tentativa de não discriminar certas categorias de pessoas.

Posição-Eu: condição de diferenciação do Self que envolve a assunção de responsabilidades autônomas dentro da própria família.

***Poussée* psicótica**: termo francês que se refere a explosões repentinas de comportamento ativo e agressivo, confusão acentuada e excitação psicomotora. Às vezes, podem causar alucinações visuais ou ideação paranoica.

Pré-adolescência: período de preparação para a adolescência caracterizado por um aumento da tensão instintiva ligada à puberdade.

Primeira adolescência: inclui o início do processo de separação dos pais, a renúncia à ilusão infantil da bissexualidade e a construção dos ideais do Self.

Processo de filiação múltipla: uma expressão que indica a confiança básica na relação terapêutica por todos os membros da família.

Processo de imaturidade: história evolutiva caracterizada por uma fraca diferenciação do Self, apreendida dentro da família e transmitida às gerações subsequentes.

Superproteção: modo relacional de proteção excessiva e autocensura na expressão do que se pensa ou sente para não ameaçar o outro ou colocar em risco o relacionamento.

Psicologia do *Eu*: teoria psicanalítica segundo a qual, mesmo em situações de forte conflito intrapsíquico, o eu possuo processos funcionais "livres de conflito", substancialmente autônomos e distintos em relação ao Id. (O ego, o id e o superego são conceitos-chave que correspondem à subdivisão estrutural e funcional da mente humana segundo a metapsicologia psicanalítica freudiana.)

Psicologia Sistêmico-Relacional: novo ramo da psicologia, voltado ao estudo das relações interpessoais de acordo com a psicologia uma abordagem sistêmica, baseada na observação de processos de comunicação dentro da família e de organizações complexas, com especial atenção à linguagem (verbal e não verbal) e ao contexto social mais amplo.

Pub crawl: expressão inglesa que literalmente significa "rastejando para pubs". Consiste em um comportamento jovem, na moda em nossos dias, para tomar uma grande quantidade de bebidas alcoólicas e rapidamente chegar à intoxicação.

Puer condominialis: neologismo que indica a criança com excesso de peso que mora na cidade, passa pouco tempo ao ar livre, usa o elevador em vez das escadas e passa seus dias em frente à televisão ou ao Playstation.

Rave party: grandes festas organizadas em lugares isolados, prédios abandonados ou em locais alternativos, onde se ouve música no volume máximo durante toda a noite, senão por dias, entre tantas pessoas.

Recursos familiares: apresentam habilidades e competências relacionais, às vezes apenas em nível potencial, que podem ser ativadas pela família em situações de estresse particular ou diante de eventos altamente emocionais.

Reescritura da história em terapia: modalidade terapêutica que visa coletar fragmentos da história familiar pregressa e permitir uma compreensão diferente dela no presente, através da superação de preconceitos e distorções muitas vezes transmitidas através das gerações.

Ressonâncias afetivas: ecos emotivos, ligados à própria experiência pessoal, que nascem de um autêntico compartilhamento de situações relacionais especialmente significativas.

Rito de passagem: ritual familiar ou social que marca a mudança de um indivíduo na passagem de um estágio de desenvolvimento para o seguinte.

Roteiro familiar (*family script*): recipiente de expectativas compartilhadas pelos membros da família sobre como os papéis devem ser representados.

Segunda adolescência: o período da adolescência que é caracterizado pela busca do objeto do amor.

Self-disclosure: atitude terapêutica voltada para a revelação de si, ou seja, o uso de ressonâncias emocionais na sessão, associações livres e fragmentos de experiências e histórias familiares do terapeuta que vão ao encontro com as experiências trazidas pela família.

Ser diretivo: modalidade relacional baseada em direcionar o paciente de acordo com práticas e intervenções já empacotadas, sem a construção de um projeto compartilhado.

Ser direto: modalidade relacional que permite ao terapeuta abordar pacientes com verdadeira curiosidade e franqueza, colocando as suas opiniões em jogo e as suas percepções da situação, indo direto ao núcleo do problema, fazendo um ótimo uso das respostas emocionais da família.

Serenidade terapêutica: conceito descrito por Roustang como uma capacidade de entrar em contato profundo com a dor dos outros, sem colocá-la sobre os ombros.

Setting: termo que define o contexto espaço-temporal em que ocorre o encontro terapêutico. O conceito de *setting* nasce na psicologia ecológica de Roger Barker (1968) como o conjunto de fenômenos comportamentais, de padrões circunscritos e estáveis de atividades humanas com um sistema integrado de forças e controles que mantém essas atividades em um equilíbrio semi-estável.

Single- mother family: família composta por filhos e pela mãe.

Single-parent family: família composta por filhos e por um só dos pais.

Sistema de amigos em terapia: significa a convocação de amigos na sessão, que são considerados pelo terapeuta como seus consultores.

Sistema de apego: o sistema que orienta (mesmo na vida adulta) interações e trocas relacionais emocionais. Baseia-se em processos de processamento de informação que vem do ambiente externo e é organizado de acordo com um processo homeostático. A proximidade da mãe e a exploração do ambiente são os dois polos desse processo: quando a criança está em perigo, o sistema de apego é ativado e a criança implementa comportamentos que levam à proximidade da mãe; quando as circunstâncias ambientais mudam e o sistema dá o sinal de "perigo encerrado", a criança retoma a exploração; enquanto isso, a segurança é mantida em um nível ótimo.

Sistema reflexivo: sistema que permite à criança perceber no comportamento dos pais uma atitude mentalizadora e, em especial, apreender a atitude dos pais em relação a uma imagem de si mesmo dotada de habilidades, desejos e crenças.

Sistema do *Self*: um sistema de organização complexo capaz de conectar os subsistemas intrapsíquicos entre eles e estes com os interpessoais.

Sociedade líquida: uma expressão criada recentemente pelo sociólogo Zygmunt Bauman, para descrever as características do mundo em que vivemos. A sociedade líquida é uma sociedade em que parece não haver pontos fixos e onde tudo muda muito rapidamente.

Sombras do contexto: o efeito produzido pela revelação de fragmentos de experiências passadas de pacientes ou do terapeuta sobre o que foi dito ou sentido anteriormente na terapia.

Subsistema fraterno: numa dimensão estrutural, o subsistema fraterno é o conjunto do fraternal que interage com outras subunidades da família (ver subsistema parental, avós etc.).

Subsistemas interpessoais: incluem o sistema familiar, o sistema de pares e o sistema relacional adulto.

Subsistemas intrapsíquicos: incluem o sistema cognitivo, o sistema emocional e o sistema motório-instintivo.

Subtipo bulímico: define o tipo de anorexia em que há regularmente compulsão alimentar e/ou comportamentos de eliminação, como vômitos autoinduzidos ou uso inadequado de laxantes, diuréticos ou enteroclorismos.

Subtipo restritivo: define o tipo de anorexia em que a perda de peso é alcançada exclusivamente através de dieta, do jejum e da atividade física excessiva.

Supervisor: destaca-se indiretamente com base no monitoramento e revisão crítica de protocolos e / ou material clínico registrado no contexto de uma equipe de trabalho; ou na supervisão direta ao vivo de um caso clínico, seguido por um terapeuta.

Supervisor interno: expressão que indica o nível de experiência clínica e autoconsciência que permite ao terapeuta observar "de fora" o que está sendo ativado dele na relação com a família, de modo a supervisionar todo o processo terapêutico.

System purists: terapeutas e estudiosos da família que se colocam em uma posição de neutralidade e distância relativa de qualquer tipo de envolvimento pessoal e/ou ressonância emocional.

Tech abuse: abreviação do termo inglês *Technological Abuse*, usado para se referir à ampla gama de consequências geradas pelo uso excessivo e compulsivo das tecnologias de mídia.

Technological Addiction: termo inglês que define a dependência comportamental que tem a ver com a interação entre homem e máquina, tanto de um tipo predominantemente ativo, como no caso dos computadores, quanto do tipo passivo, como no caso da televisão.

Temperamento fenomenológico: orientação da terapia familiar na qual o interesse visa compreender a própria essência da família e não apenas suas funções e disfunções; a pesquisa não é tão guiada pela mente, mas nasce da experiência que vem do encontro terapêutico.

Temperamento tecnocrático: orientação da terapia familiar que favorece a técnica e baseia a intervenção na identificação dos princípios e regras com base nos quais o sistema familiar organiza seu comportamento; ressonâncias afetivas e movimentos contratransferenciais do terapeuta são absolutamente estranhos ao cenário terapêutico.

Tempo da metamorfose: definição da adolescência como um período de distorção de todos os pontos de referência anteriores, de somáticos a intrapsíquicos e relacionais.

Teoria do apego: desenvolvida por John Bowlby, esta teoria enfoca os aspectos que caracterizam o vínculo mãe-filho e aqueles relacionados à realização de laços afetivos dentro da família.

Teorias pós-modernas: modelos de observação e intervenção que surgiram na década de 1980 e incluíram, juntamente com o construcionismo social, a terapia narrativa e conversacional.

Terapia de casal "disfarçada": uma situação em que o filho ou o adolescente, através de um dos seus problemas, conduz os pais à terapia, para que eles possam enfrentar suas dificuldades.

Terapia de rede: uma intervenção clínica que é caracterizada como uma terapia de família estendida (para amigos, parentes, vizinhos etc.) que permite ativar todos os recursos terapêuticos contidos no tecido social ao qual a família pertence.

Terapia familiar narrativa: juntamente com as teorias pós-modernas e o construcionismo social, um conceito emergente na terapia familiar é o da narrativa, segundo o qual as pessoas constroem vidas e expectativas em relação aos outros na forma de histórias, não recorrendo, portanto, ao pensamento paradigmático das teorias científicas, mas ao pensamento narrativo.

Terapia Simbólico-Experiencial: diz-se do modelo terapêutico originado por Virginia Satir e Carl Whitaker, baseia-se em um amplo uso de metáforas e linguagem simbólica e visa favorecer profundas experiências entre terapeuta e família em sessão.

Terapia sistêmica individual: enquadra-se no campo das terapias duplas seguindo uma prática sistêmico-relacional, visando uma intervenção ativa que tende a explorar as relações familiares do sujeito, ao invés de uma análise introspectiva do cliente.

Toxicodependência de transição: dependência de drogas que surge para compensar os transtornos de personalidade graves.

Toxicodependência de proteção: toxicodependência com o objetivo de "autocura" de problemas neuróticos, como perturbações fóbico-obsessivas, do humor ou psicossomáticas.

Toxicodependência sociopática: dependência de drogas que ocorre em indivíduos com transtornos de personalidade sociopatas.

Toxicodependência traumática: quando a dependência de drogas surge após um evento súbito e doloroso.

Toxicomania objetal: uma forma de dependência, muitas vezes não percebida como perigosa, na qual nenhuma substância química está presente, mas um comportamento ou atividade socialmente lícita.

Transtorno de pânico: início súbito de intensa apreensão, medo ou terror, frequentemente associado a sentimentos de morte iminente.

Transtorno afetivo bipolar: também chamada de "desordem bipolar", esta patologia grave é caracterizada pela alternância de duas fases de humor oposto: uma fase de humor depressivo alterna com um humor exageradamente eufórico. São duas condições emocionalmente diferentes, mas ambas têm ansiedade em segundo plano.

Transtorno étnico: transtorno típico de uma cultura específica ou minoritária em um determinado período histórico e em um contexto sociopolítico específico.

Trash-food: termo inglês que significa literalmente "junk food".

Triângulo primário: a tríade formada por pai, mãe e filho como unidade de estudo das relações humanas.

Triângulo relacional: unidade mínima de observação, típica de teorias sistêmicas, padrões relacionais dentro de uma família.

Triângulo trigeracional: as pessoas envolvidas no triângulo relacional estão localizadas em três níveis geracionais diferentes (por exemplo, avô, pai, filho).

Tristeza existencial: resposta afetiva constituída por sentimentos comuns no cotidiano, pouco ou muito intenso, mas pouco duradouro, que aparece diante de situações de estresse, frustrações e perdas.

Videogames de ação: videogames baseados essencialmente em ação, cheios de lutas frenéticas, com e sem armas. Para o jogador é, portanto, necessário a prontidão e agilidade em mover os controles do jogo, enquanto o raciocínio também pode ter importância marginal, dependendo do caso.

Videogames violentos: como qualquer jogo, o videogame reproduz simbolicamente certos contextos culturais, abstraindo-os de sua esfera de inadimplência, aplicando-os a contextos e situações que podem variar da simulação mais fiel à paródia. Em cada nível desse tipo de videogame, o jogador é encorajado a realizar cenas de violência brutal, atrocidades, assassinato. Matar oponentes significa ganhar e colher os benefícios.

Vínculo de apego romântico: ligação adulta entre parceiros sexuais.

Vínculo de cuidado: baseia-se no amor e cuidado da mãe em relação ao recém-nascido, de modo a proporcionar-lhe um contato seguro.

Violência reativa: é aquele tipo de violência que nasce e se nutre no contexto familiar e social daquele que a coloca em prática, caracterizado por um forte componente interpessoal.

Yuppie generation: *Yuppie* é a forma abreviada de *Young Urban Professional*. Um termo inglês que se espalhou internacionalmente, a partir da década de 1980, para indicar um jovem profissional "desenfreado" que abraça a comunidade econômica capitalista e ali encontra realização.

BIBLIOGRAFIA

ADDAZI, A., MARINI, R., RAGO, N. (Orgs.). *Metodo e risultati di una comunità per tossicodipendenti. L'esperienza di Città della Pieve*. Milão: Franco Angeli, 2009.

ALIPRANDI, M.T.; PELANDA, E.; SENISE, T. *Psicoterapia breve di individuazione. La metodologia di Tommaso Senise nella consultazione con l'adolescente*. Milão: Feltrinelli, 1990.

ALONSO-FERNANDEZ, F. *Le altre droghe*. Roma: Edizioni Universitarie Romane, 1999.

AMMANITI, M. *Manuale di psicopatologia dell'adolescenza*. Milão: Raffaello Cortina, 2002.

AMMANITI, M.; NOVELLETTO, A. (Orgs.). *Psicopatologia dell'adolescente*. Milão: Masson, 1994.

ANDOLFI, M. Accademia di Psicoterapia della famiglia. In: GURMAN, A. S.; KNISKERN, D. P. (Orgs.). *Manuale di terapia della famiglia*. Torino: Bollati Boringhieri, 1995.

ANDOLFI, M. *Atti del convegno "The Growing Edge. Un tributo alle idee e agli insegnamenti di Carl Whitaker"*. Roma: Università Cattolica del Sacro Cuore, 1996.

ANDOLFI, M. Dov'è il South Bronx? La marginalità come strategia dell'esclusione. *Terapia Familiare*, v. 54, 1997.

ANDOLFI, M.Tre generazioni in terapia: un modello evolutivo di terapia familiare. *Gruppi*, v. 2, 2000a.

ANDOLFI, M. Terapia con l'individuo e terapia con la famiglia. *Rivista di Psicoterapia Relazionale, numero speciale Terapia Sistemica con la Famiglia e l'Individuo*, v. 11, 2000b.

ANDOLFI, M. Panta rei: la filosofia del divenire di Carl Whitaker. *Terapia Familiare*, v. 68, 2002.

ANDOLFI, M. *Manuale di psicologia relazionale. La dimensione familiare.* Roma: APF, 2003.

ANDOLFI, M. (Org.). *Famiglie immigrate e psicoterapia transculturale.* Milão: Franco Angeli, 2004.

ANDOLFI, M. Il ritorno al sociale: utopia o necessità per gli psicoterapeuti della famiglia? *Terapia Familiare*, v. 77, 2005.

ANDOLFI, M.; ANGELO, C. Il terapeuta come regista del dramma familiare. *Terapia Familiare*, v. 7, 1980.

ANDOLFI, M.; ANGELO, C. Famiglia ed individuo in una prospettiva trigenerazionale. *Terapia Familiare*, v. 19, 1985.

ANDOLFI, M.; ANGELO, C. *Tempo e mito nella psicoterapia familiare.* Torino: Bollati Boringhieri, 1987.

ANDOLFI, M.; ANGELO, C.; D'ATENA, P. *La terapia narrata dalle famiglie.* Milão: Raffaello Cortina, 2001.

ANDOLFI, M.; ANGELO, C.; MENGHI, P., NICOLÒ-CORIGLIANO, A. *La famiglia rigida. Un modello di psicoterapia relazionale.* Milão: Feltrinelli, 1982.

ANDOLFI, M.; CALDERÓN, L. (Orgs.). *The Oaxaca Book. Working with Marginalized Families and Communities in the Trenches.* Roma: APF, 2008.

ANDOLFI, M.; D'ELIA, A. (Orgs.). *Le perdite e le risorse della famiglia.* Milão: Raffaello Cortina, 2007.

ANDOLFI, M. et al (Orgs.). *Il bambino come risorsa nella terapia familiare.* Roma: APF, 2007.

ANDOLFI, M.; HABER, R. (Orgs.). *La consulenza in terapia familiare. Una prospettiva sistemica.* Milão: Raffaello Cortina, 1994.

ANDREOLI, V. La violenza della metamorfosi. *Terapia Familiare*, v. 81, 2006.

ANGELO, C. L'uso dell'oggetto metaforico in terapia familiare. *Terapia Familiare*, v. 5, 1979.

ANGELO, C. Maltrattamento infantile: stereotipi concettuali e percorsi di ricerca. *Terapia Familiare, numero speciale sull'Infanzia negata*, v. 46, 1994.

ARDOVINI, C.; LIBERTI, S.; RAMACCIOTTI, A.; CAPUTO, G. Indicazioni alla psicoterapia. In: BOSELLO, O. (Org.). *Obesità: un trattamento multidimensionale*. Milão: Kurtis, 1998.

AVENI, F.; CAPUTO, G.; CUZZOLARO, M. La dimensione psichica del soggetto obeso. In: BOSELLO, O. (Org.). *Obesità: un trattamento multidimensionale*. Milão: Kurtis, 1998.

AVENIA, F. Le generazioni della droga". *Rivista di Sessuologia*, v. 3, n. 25, 2001.

BALDASCINI, L. *Vita da adolescenti*.Milão: Franco Angeli, 1993.

BANK, S.; KAHN, M. D. *The Sibling Bond*. Nova York: Basic Books, 1982.

BARRETO, A. Community therapy: Building webs of solidarity. In: ANDOLFI, M.; CALDERÓN, L. (Orgs.). *The Oaxaca Book. Working with Marginalized Families and Communities in the Trenches*. Roma: APF, 2008.

BAUMAN, Z. *Modernità liquida*. Roma-Bari: Laterza, 2000.

BECKER, S.; CURRY, J. F. Outpatients interventions for adolescent substance misuse: A quality of evidence review. *Journal of Counsulting and Clinical Psychology*, v. 76, n. 4, 2008.

BELL, R. M. *La santa anoressia. Digiuno e misticismo dal Medioevo a oggi*. Roma-Bari: Laterza, 1980.

BERTRANDO, P.; TOFFANETTI, D. *Storia della terapia familiare*. Milão: Raffaello Cortina, 2000.

BION, W. *Gli elementi della psicoanalisi*. Roma: Armando, 1963.

BLAZER, D. G. *The Age of Melancholy: Major Depression and Its Social Origins*. Londres: Routledge Taylor & Francis Group, 2005.

BLOS, P. *L'adolescenza. Un'interpretazione psicoanalitica*. Milão: Franco Angeli, 1962.

BLOS, P. *L'adolescenza come fase di transizione*. Roma: Armando, 1979.

BOSELLO, O.; CUZZOLARO, M. *Obesità e sovrappeso*. Bolonha: Mulino, 2006.

BOSZORMENYI-NAGY, I.; SPARK, G. *Lealtà invisibili*. Roma: Astrolabio, 1973.

BOWEN, M. *Dalla famiglia all'individuo. La differenziazione del sé nel sistema familiare*. Roma: Astrolabio, 1979.

BOWLBY, J. *Attaccamento e perdita. (Vol. 1: L'attaccamento alla madre)*. Torino: Boringhieri, 1969.

BOWLBY, J. *Attaccamento e perdita. (Vol. 3: La perdita della madre).* Torino: Boringhieri, 1980.

BOWLBY, J. La violenza nella famiglia. *Terapia Familiare*, v. 20, 1984.

BRUCH, H. *Patologia del comportamento alimentare.* Roma: Feltrinelli, 1973.

BRUNI, F. *Lo psicoterapeuta e il cane.* Torino: Antigone, 2009.

CANCRINI, L. *Quei temerari sulle macchine volanti.* Roma: Carocci, 1982.

CARETTI, V.; LA BARBERA, D. *Psicopatologia delle realtà virtuali.* Milão: Masson, 2001.

CERVERA-ENGUIX, S. La depressione tra malessere e malattia. *Dolentium Hominum, Rivista del Pontificio Consiglio per la Pastorale della Salute*, v. 55, n. 1, 2004.

CIGOLI, V.; GIULIANI, C. La possibile trasformazione. *Famiglia Oggi*, v. 10, 1997.

CIRILLO, S.; BERRINI, R.; CAMBIASO, G. *La famiglia del tossicodipendente.* Milão: Raffaello Cortina, 1996.

CLARK, D. M.; FAIRBURN, C. G. *Science and Practice of Cognitive Behaviour Therapy.* Oxford: Oxford University Press, 1997.

CRISP, A.; JOUGHIN, N.; HALEK, C. *Il desiderio di cambiare. Il primo approccio all'anoressia nervosa.* Verona: Positive Press, 1997.

CUZZOLARO, M. Obesità: aspetti psicologici e psicopatologici. In: *Enciclopedia Medica Italiana.* Vol. X. Firenze: USES, 1983.

CUZZOLARO, M. Disordini alimentari in adolescenza. In: AMMANITI, M. (Org.). *Manuale di psicopatologia dell'adolescenza.* Milão: Raffaello Cortina, 2002.

DAMASIO, A. *The Feeling of What Happens: Body and Emotion in the Making of Consciousness.* Londres: Heinemann, 1999.

DEAS, D.; THOMAS, S. E. An overview of controlled studies for adolescent substance misuse treatment. *American Journal of Addictions*, v. 10, n. 2, 2001.

DE LEO, G. Per un'analisi sistemica dell'azione violenta. *Terapia Familiare*, v. 30, 1989.

DEVEREUX, G. *Saggi di etnopsichiatria generale.* Roma: Armando, 1973.

DI NICOLA, V. F. Tipologia familiare ed epistemologia sistemica: i due punti di vista che si fronteggiano a Milano. *Terapia Familiare*, v. 32, 1990.

DOGANA, F. *Le piccole fonti dell'Io.* Firenze: Giunti, 2000.

DUNN, J.; PLOMIN, R. *Vite separate: perché i fratelli sono così diversi?*. Firenze: Giunti, 1990.

EHRENBERG, A. *La fatica di essere se stessi*. Torino: Einaudi, 1998.

ERIKSON, E. H. *Gioventù e crisi d'identità*. Roma: Armando, 1968.

FALCUCCI, M.; MASCELLANI, A.; SANTONA, A.; SCIAMPLICOTTI, F. (Orgs.). *La terapia di coppia in una prospettiva trigenerazionale*. Roma: APF, 2006.

FIORIN, M. *La fabbrica dei divorzi. Il diritto contro la famiglia*. Milão: San Paolo, 2008.

FIVAZ-DEPEURSINGE, E.; CORBOZ-WARNERY, J. *Il triangolo primario*. Milão: Raffaello Cortina, 1999.

FONAGY, P.; TARGET, M. *Attaccamento e funzione riflessiva*. Milão: Raffaello Cortina, 2001.

FRAMO, J. L. *Terapia intergenerazionale*. Milão: Raffaello Cortina, 1992.

GOLDBERG, I. *Internet Addiction Disorder*. 1996. Disponível em: <http://physics.wisc.edu/shalizi/InternetAddiction criteria.html> Acesso em: 01 jul. 2019.

GORDON, R. A. *Anoressia e bulimia*. Milão: Raffaello Cortina, 1990.

GRIFFITHS, M. D.; HUNT, N. Computer game playing in adolescence: Prevalence and demographic indicators. *Journal of Community Applied Social Psychology*, v. 5, n. 3, 1995.

GURMAN, A. S.; KNISKERN, D. P. *Manuale di terapia della famiglia*. Torino: Bollati Boringhieri, 1981.

HALEY, J. Terapia della famiglia, un cambiamento radicale. In: HALEY, J. (Org.). *Fondamenti di terapia della famiglia*. Milão: Feltrinelli, 1971.

HALEY, J. *Il distacco dalla famiglia*. Roma: Astrolabio, 1980.

HARRISON, T. R. *Principi di medicina interna. Il manuale*. Nova York/Milão: McGraw Hill, 2006.

HERZ, J. C. *I surfisti di Internet*. Milão: Feltrinelli, 1995.

HOFFMAN, L. *I principi di terapia della famiglia*. Roma: Astrolabio, 1981.

HORWITZ, A.; WAKEFIELD, J. *The Loss of Sadness: How Psychiatry Transformed Normal Sorrow into Depressive Disorder*. Nova York: Oxford University Press, 2007.

KLEIN, M. *La psychanalise des enfants*. Paris: PUF, 1959.

LA PERRIERE, K. Terapie con coppie in una società disgregante. In: ANDOLFI, M. (Org.). *La crisi della coppia*. Milão: Raffaello Cortina, 1999.

LIDDLE, H. A. Family based therapies for adolescent alcohol and drug use: Research contributions and future research needs. *Addictions*, v. 99, n. 2, 2004.

MAGGIOLINI, A.; PIETROPOLLI CHARMET, G. *Manuale di psicologia dell'adolescenza: compiti e conflitti*. Milão: Franco Angeli, 1994.

MELTZER, D.; HARRIS, M. *Psicopatologia dell'adolescenza*. Roma: Borla, Roma, 1979.

MINUCHIN, S. *Famiglie e terapia della famiglia*. Roma: Astrolabio, 1974.

MINUCHIN, S. Dov'è la famiglia nella terapia familiare narrativa? *Terapia Familiare*, v. 60, 1999.

MINUCHIN, S.; ROSMAN, B.L.; BAKER, L. *Famiglie psicosomatiche*. Roma: Astrolabio, 1978.

NOVELLETTO, A. *Psichiatria psicoanalitica dell'adolescenza*. Roma: Borla, 1986.

OSTUZZI, R.; LUXARDI, G. L. *Un boccone dopo l'altro*. Milão: Baldini Castoldi Dalai, 2007.

PIETROPOLLI CHARMET, G. *I nuovi adolescenti*. Milão: Raffaello Cortina, 2000.

PIETROPOLLICHARMET, G.; ROSCI, E. *La seconda nascita*. Milão: Unicopli, 1992.

RISÉ, C. *L'assente inaccettabile*. Milão: San Paolo, 2003.

ROUSTANG, F. Che fare delle proprie sofferenze? *Terapia Familiare*, v. 76, 2004.

SANTONA, A.; ZAVATTINI, G. C. *La relazione di coppia*. Roma: Borla, 2007.

SANTONASTASO, P.; FAVARO, A. Trattamento psicoterapeutico dei disturbi dell'alimentazione". In: MINISTERO DELLA SANITÀ. *Annali della Sanità Pubblica*. Vol. 3. Roma, 1998.

SATIR, V. *Conjoint Family Therapy: A Guide to Theory and Technique*. Palo Alto, CA: Science and Behaviour Books Inc., 1964.

SCABINI, E. *L'organizzazione della famiglia tra crisi e sviluppo*. Milão: Franco Angeli, 1985.

SCABINI, E. *Giovani in famiglia fra autonomia e nuove dipendenze*. Milão: Vita e Pensiero, 1997.

SELVINI PALAZZOLI, M. *L'anoressia mentale.* Milão: Feltrinelli, 1981.

SELVINI PALAZZOLI, M.; BOSCOLO, L.; CECCHIN, G.; PRATA, G. *Paradosso e controparadosso.* Milão: Feltrinelli, 1975.

SELVINI PALAZZOLI, M.; CIRILLO, S.; SELVINI, M.; SORRENTINO, A. M. *I giochi psicotici della famiglia.* Milão: Raffaello Cortina, 1988.

SELVINI PALAZZOLI, M.; CIRILLO, S.; SELVINI, M.; SORRENTINO, A. M. *Ragazze anoressiche e bulimiche.* Milão: Raffaello Cortina, 1998.

SPECK, R. V.; ATTNEAVE, C. L. *La terapia di rete.* Roma: Astrolabio, 1975.

STERN, D. *Il momento presente.* Milão: Raffaello Cortina, 2004.

UGAZIO, V. *Storie permesse, storie proibite.* Torino: Bollati Boringhieri, 1998.

VARELA, F.; THOMPSON, E.; ROSCH, E. *La via di mezzo della conoscenza.* Milão: Feltrinelli, 1991.

VEGETTI FINZI, S. *Nuovi nonni per nuovi nipoti.* Milão: Mondadori, 2008.

VOLPI, R. *La fine della famiglia.* Milão: Mondadori, 2007.

WALSH, F. (Org.). *Stili di funzionamento familiare.* Milão: Franco Angeli, 1982.

WHITAKER, C. Psychotherapy with couples. *American Journal of Psychotherapy*, v. 12, n. 1, 1958.

WHITAKER, C. (Org.). *Il gioco e l'assurdo.* Roma: Astrolabio, 1958.

WHITAKER, C. *Considerazioni notturne di un terapeuta della famiglia.* Roma: Astrolabio, 1989.

WHITAKER, C.; KEITH, D. Symbolic experiential family therapy. In: GURMAN, A. S.; KNISKERN, D. P. (Orgs.). *Handbook of Family Therapy.* Nova York: Brunner/Mazel, Inc., 1981.

WHITAKER, C.; SIMONS, J. La vita interiore del consulente. In: ANDOLFI, M.; HABER, R. (Orgs.). *La consulenza in terapia familiare.* Milão: Raffaello Cortina, 1994.

WILLIAMSON, D. S. La conquista dell'autorità personale nel superamento del confine gerarchico intergenerazionale. *Terapia Familiare*, v. 11, 1982.

WINNICOTT, D. W. Adolescenza: il dibattersi nella bonaccia. In: *La famiglia e lo sviluppo dell'individuo.* Roma: Armando, 1965.

WINNICOTT, D. W. *Gioco e realtà.* Roma: Armando, 1971.

YOUNG, K. S., ROGERS, R. C. The relationship between depression and internet addiction. *Cyberpsychology and behavior*, v. 1, n. 1, 1998.

ZATTONI, M. (2009), "Accettiamo la tristezza dei figli". In *Famiglia Oggi*, 1, p. 36.

PSICOTERAPIA COM A FAMÍLIA

M. Andolfi, R. Haber (Orgs.), *La consulenza in terapia familiare*

M. Andolfi, C. Angelo, M. de Nichilo, *Sentimenti e sistemi*

J. L. Framo, *Terapia intergenerazionale*

M. Andolfi (Org.), *La crisi della coppia*

E. Fivaz-Depeursinge, A. Corboz-Warnery, *Il triangolo primario*

M. Andolfi, C. Angelo, P. D'Atena, *La terapia narrata dalle famiglie*

M. Andolfi, P. Forghieri Manicardi, *Adolescenti tra scuola e famiglia*

M. Andolfi, A. D'Elia, *Le perdite e le risorse della famiglia*

F. Walsh, *La resilienza familiare*

Este livro foi composto com tipografia Bembo
e impresso em papel Lux Cream 70g. na Gráfica Formato.